オリックスは
なぜ優勝できたのか

苦闘と変革の25年

喜瀬雅則

光文社新書

目次

プロローグ　2021年キャンプ

1

プロ野球のキャンプインは「球界のお正月」と呼ばれる。

私も、四半世紀近くプロ野球界を追い続ける日々を送っているうちに、2月1日になると、なぜか、また新しい年が来たな、という実感が湧くようになってきた。

その年の〝元日〟を、どこで迎えるのか。

サンケイスポーツでの番記者時代は、当然ながら、担当球団のキャンプ地にいた。

フリーになった今は、その年、重点的に追う球団を選ぶことになる。

2021年（令和3年）2月1日。

私は、JR宮崎駅前の定宿から、国道269号を南西方向に車を走らせていた。

住宅街を抜け、郊外の街に共通の大型スーパーやファストフードのチェーン店が立ち並ぶ一角も過ぎると、周辺は途端に、のどかな田園風景へと切り替わっていく。

駐車場は「第１」から「第７」まで。車で来ることが前提ともいえる山間を切り開いた敷地面積は42・３ヘクタール。甲子園球場のおよそ11個分という広大さでもある。

宮崎市街から、車でおよそ30分。

オリックスは２０１５年（平成27年）から1軍が、翌２０１６年（平成28年）からは１、２軍合同で、この「清武総合運動公園」で２月の１カ月間、キャンプを行っている。

中堅１２２メートル、両翼１００メートルの本拠地・京セラドーム大阪と同じスケールでもあるプロ仕様の球場が、敷地内に２つ隣接している。

ブルペンでは、10人が一斉に投げられる。

多目的グラウンドでは、２カ所で内外野のノックができるスペースがある。

室内練習場には、トレーニングルームも併設されている。

2021年、オリックスキャンプ初日の様子

12球団でも、それこそ１、２を争う恵まれたキャンプ施設でもある。

メーン球場、キャンプでは「Ａ組」が主に使用する「ＳＯＫＥＮスタジアム」は、清武町が生誕地である江戸時代の儒学者・安井息軒《そっけん》にちなんで命名されたものだ。

その正面玄関前の広場は「バファローズタウン」と呼ばれ、毎年、地元グルメのブースが出店し、オリックスのグッズも販売されている。週末には球団のダンス&ヴォーカルユニット「ＢｓＧｉｒｌｓ」のライブステージも開かれる。

キャンプ中は、常に華やかで、楽しい空気に包まれている。

２０２１年の宮崎キャンプは、コロナ禍のため、無観客で行われることになった。だからそのスペースはガランとしたままで、人の気配が全くない。

キャンプ地から、にぎわいが消えた。

しかし、その「静けさ」は、間違いなくそれだけに起因するものではなかった。

これがキャンプだ、という、活気やざわめきが、どこからも伝わってこないのだ。

どうなっているんだ、オリックス？

それが〝年の初め〟に抱いた、私の率直な思いだった。

淡々と、時が過ぎていく。

太陽の光が、少し斜めから差そうかという頃になると、全体練習が終わる。

しかし、むしろ〝キャンプらしさ〟は、その夕方前あたりから表れてくる。

若手の野手が土まみれになって、コーチが打つノックの打球に飛び込んでいく。

捕れずに悔しがる。ノックバットを手に、コーチがハッパをかける。

観客が見ていれば、そこで拍手が起こったり、歓声が湧いたりする。

メーン球場では、主力打者が特打でバットを振りまくっている。豪快な打球が何本も外野スタンドへ飛び込んでいくシーンは、まさしく圧巻だ。

投手は、サブグラウンドでひたすら走り込んでいる。

オレンジ色の夕日がグラウンドを染め始める頃、ユニホームを泥まみれにした選手たちが、汗びっしょりになって引き揚げてくる。

それを待ち構えて取材するのが、我々番記者の仕事でもある。

「特打２時間、サク越え連発」「鬼のノック連発１時間」「エース２００球投げ込み」

しかし、そんな見慣れたはずの光景が、どこにも見当たらない。

キャンプ地では、練習メニューを記した報道用資料が毎日配られる。

２０２１年２月１日、オリックスＡグループ。

メーン球場での練習メニューは、表形式の枠の中に、練習内容とそれに取り組む選手たちの背番号が記されている。これを片手に、私も施設内を動き、練習をチェックする。

全体練習終了の予定時刻「14:00」の横に、私はこう記していた。


30分ほど早く終了。B組よりも早く終了。

15時過ぎにはほぼ終了。引き揚げる選手。


宮崎の夕方は、日が差している場所に立っていると、まだまだ温かかった。

しかしその頃から、ユニホームからトレーニングウエアに着替えた選手たちが、宿舎へ戻るバスへと、三々五々、乗り込んでいくのだ。

どこか消化不良のような思いを抱いたまま、夕刻前に私もグラウンドを後にした。

２日目。旧知の野球評論家から「練習を見たいんだけど」と連絡が入った。

「早く来ないと、すぐ終わっちゃいますよ」

冗談交じりにそう伝えた。ブルペン、メーン球場、室内練習場と、一緒にぐるりと見終わったのは、午後2時過ぎのことだった。

やっぱり、球場には選手の姿が見えなくなる。

「ひょっとして、もう終わりか？」

あまりの練習時間の短さに、その球界ＯＢは首をひねっていた。

「このチーム、最下位だろ？　もっとやることあるやろ？」

実は、私も同じ疑問を持っていた。

弱いのに、練習やらんって、どういうことやろ？

練習時間が長ければいいというものでもないのは百も承知だ。

それでも、やっぱり、どうしても、こう思ってしまうのだ。

「最も優勝から遠ざかっている球団」のキャンプが、これで大丈夫なのか？

開幕前の下馬評も、軒並み低いものばかりだった。

日刊スポーツの野球評論家25人のうち21人、フジテレビＯＮＥ「プロ野球ニュース２０２1」の22人のうち21人が、オリックスをＢクラスに予想。日刊スポーツの４人、フジテレビの1人がAクラスとしたが、その順位は5人とも「3位」だった。

ただ、あの「静けさ」が変革の予兆だったとは、後々、この本のための取材を本格化させる頃まで、不覚にも私は気づけなかったのだ。


2021年（令和3年）から「代行」の肩書が取れ、監督に正式就任した中嶋聡は、キャンプイン前日の1月31日、こんな〝所信表明〟を発していた。

「厳しく、明るく、自分でどこまで追い込めるか。練習は、こちらから言うことでもないし、それぞれに求めたい。妥協なきキャンプにしたい」

宮崎での中嶋は、神出鬼没だった。メーン球場で姿が見えなくなったかと思うと、隣の第2球場のグラウンドで調整中のベテラン選手と話し込んでいたりする。

このキャンプ地の、そこが最大の良さでもある。監督もコーチも、思いついた時に、気になる選手の動きをすぐに、さっと見に行けるだけの範囲内に、球場も、ブルペンも、室内練習場も、多目的グラウンドも、すべてあるのだ。

その「観察」が、コーチ陣へ与えた最大の課題でもあった。

「コーチは、自分の色を出していこうという考えもあると思います。でも、まずは見てからにしてほしい」

若い選手を指名して、ノックの雨を降らせる。

若い投手を呼んできて、ブルペンで投げ込みをさせる。

そうやって、まずは数をこなす。プロとしての練習を体に覚え込ませる。そうしてやらなければ、まだ右も左も分からないレベルの若手選手もいる。

だから、若いやつは練習しろ。理屈じゃない。バットを振れ。球を投げろ。

キャンプは、そのための時間もたっぷりと取ることができる絶好の機会でもある。

その手助けを、コーチがする。プロとして、より高いレベルに到達できるよう、そこまで引っ張り上げてやるのがコーチの役目であり、その思いで強いる猛練習は〝愛のムチ〟という、何とも便利な言葉で包み込まれ、肯定的に捉えられてきた。

それが、これまでのプロ野球界の半ば〝常識〟でもあった。

しかし、中嶋はそれをコーチ陣に求めなかった。

プロとして、今の自分に何が足りないのか。選手が自分で模索し、見つけ出したその課題を克服しようと、まずは自ら動いてみる。ただ、その過程で選手が迷い、助けを求めてきた時に初めてコーチの出番になる。

その時まで、じっと待つ。やらせるのではなく、気づかせる。

それが、中嶋の方針だった。

キャンプ初日の練習メニュー表も「14：00」の下は「個別練習」と記されている。

しかし、ただ「自分でやれ」というだけではない。気づかせるためのきっかけと、そこへ至る道筋への〝入り口〟を設定してあった。

2021年のオリックスは、大胆な人事を行っている。

「巡回ヘッドコーチ」に、中垣征一郎というトレーニングの専門家を置いたのだ。

2

中垣には、プロ野球の選手としての経験は一切ない。

筑波大を卒業後、運動学を学ぶために米・ユタ大学大学院へ。その留学中に、MLBのニューヨーク・メッツで臨時トレーナーも務め、帰国後の2004年（平成16年）から7年間、北海道日本ハムでチーフトレーナーの要職についていた。

野球というスポーツの動きを徹底的に解析した上で、その動きに応じたトレーニングを行うべきだというのが、中垣の持論だった。

その単純明快なコンセプトは、その当時の日本の野球界にはまだ、いや全くといっていいほど、浸透していなかった。

野球で使う筋肉は、バットを振って、ボールを投げて、ノックを受けて、走り込んで養うものだ。トレーニングの機器でつけた筋肉は、野球とは関係ない。むしろ邪魔になる。だから、素人が口を出すな。

そうした三段論法からの〝固定観念〟は、令和の新時代でも、いまだに根強い。


中垣の理論や方法論に共感し、積極的に取り組んでいたのが、日本ハムの当時のエース、ダルビッシュ有（現サンディエゴ・パドレス）だった。

メジャーのテキサス・レンジャーズに挑戦の場を移した２０１２年（平成24年）に、ダルビッシュは中垣とともに渡米。中垣はダルビッシュの専属トレーナーを務めている。

翌２０１３年（平成25年）に、中垣は日本ハムへトレーニングコーチとして復帰。２０１７年（平成29年）から2年間、今度はサンディエゴ・パドレスの応用スポーツ科学部長に就任し、メジャーリーガーたちのトレーニングを指導している。

その〝最新鋭の野球トレーニング〟に着目したのが、オリックスＧＭ・福良《ふくら》淳一と中嶋聡だった。２人はともに、日本ハムでのコーチ時代を中垣とともに過ごしている。

中嶋は、２０１５年の現役引退後、日本ハムのチーム統括本部ＧＭ特別補佐に就任し、パドレスに２年間、コーチ留学している。

その中垣を１、２軍に「巡回」させるというのが、今回の人事の〝ミソ〟だった。

基本的な、理にかなった体の正しい動きは、最も力を出せる動きへと繋がる。

それを教え込んでいくために、中垣がチーム全体のトレーニングを統括していくのだ。

プロ野球界には、いまだに〝プロ未経験者〟に対する厳しい見方がある。

中垣のヘッド就任に対する疑問の声は、球団内外でも多かったのは事実だ。

トレーニングコーチならまだしも、ヘッドコーチという現場の中核に、野球の素人が入ることへの抵抗感は、いまだに強いものがある。

さらにコーチ陣には「最初は教えるな」という中嶋の基本方針が伝えられている。

猛練習を否定しているのではない。ただ必要ならば、自分から取り組むようになる。こちらから、決して無理やりにやらせるものではない。

いや、それでは気づけないレベルの選手もいる。だからこそ、ある一定のレベルに達するまでは、指導者が引っ張ってやらないといけない。

そこは、指導者の信念や指導方針にも繋がる部分でもある。選手の性格や体力、年齢などによって取り組める、取り組めないというレベルの練習だってあるだろう。

だから、どちらの指導法がいいとか悪いとか、一刀両断に決められるものではない。

ただ、この真逆ともいえる〝認識の違い〟に、納得できないコーチ陣も多かったという。

中嶋の２軍監督２年目となる２０２０年、さらには２０２１年の新体制発足に際し、中嶋とともに現役時代を過ごし、オリックスでも長くコーチを続けてきた複数のコーチたちが現場を離れている事実は、決して見逃せない。

繰り返すが、その〝別離〟の理由は、個々のコーチの能力云々ではない。「育てる」「教える」ことに取り組む際の、方法論の違いに過ぎない。

しかし、新たなる方針が〝弱いチーム〟のやり方ではないという感は、見ている私にもあった。成績が伴っていないのに、このやり方ではどうしても「緩い」と映ってしまうのだ。

コロナ禍で、キャンプ中の取材も、なかなか思うようにはいかない。

選手の移動中に、歩きながらちょっとした会話を交わす「ぶら下がり」も、新型コロナの感染予防対策のために禁止となっている。

それでも、旧知の選手たちに会うと、ついつい、どちらからともなく、話し込んでしまう。

「弱いのに、練習、少なくない？」

プロ9年目、捕手の伏見寅《とら》威《い》に、ぶしつけな質問を投げ掛けてみた。

「そりゃ、そう思いますよね」

笑いながら、伏見はこう続けた。

「結局、勝てないから、できないんだったら、もっとやんなきゃダメだって言われるわけですよ。分かりますよ、やんなきゃいけないのは。でも、それでダメなら、もっとやんなきゃダメだ、となって、さらにまた、もっとやんなきゃダメだと。じゃあ、どれだけやったらいいんだよ、という話じゃないですか？」

確かに、その通りだろう。

弱いからやれ。その言葉には、選手に反論の余地を与えないほどの恐ろしい力がある。

ナイター後に特打をやり、試合前の全体練習前にも指名されて早出の練習をこなす。そのハードな日々の中で故障した若手選手たちを、私は何人も知っている。

「もっと練習しないと強くなれない」「壊れたら、そこまでの選手や」

ほんの10年、20年前は、そんな話がまかり通っていた。

むしろ、潰れた側の方が非難されるようなところが、プロ野球界にはあった。

しかし、野球という競技はチームスポーツである一方で、投手なら先発とリリーバー、野手でも捕手、内野手、外野手に分かれ、求められる技術は当然のこと、打順や与えられた仕事に応じて、力の出し方も、試合に出ている時間すらも違う。

役割が違う個々の選手が取り組むべき課題は、まさしく十人十色のはずなのだ。

そうやって順を追って考えてみれば、個別練習を重視するという中嶋の方針に、異論を唱える余地など、全くないのだ。


中垣の理論は、決して難しいものではない。

野球に必要な動きを、トレーニングの中でつかんでいく。

「シンプルなんですよ。バーを持って、かついでサイドステップみたいなのをやっているのを見たことないですか？」

伏見に、そう問い掛けられた。あれだなと、即座に思い出せるシーンがあった。

キャンプでの全体練習が終わると、グラウンドの片隅や室内練習場で、その単調で、実に地味なトレーニングを繰り返している選手たちの姿を見ることができた。

バーベルの重りを抜いたバーを両肩に担いだまま、左右へのステップを繰り返す。

その動きの中で、両足首、両膝、股関節の３関節の角度をキープすることで、下半身にたくわえた力を最大限に発揮させる瞬間を体に覚えさせるのが狙いだ。このエクササイズを繰り返していくことで、バッティングや送球の際に、バッと力を爆発させるようになってくるのだ。

重さを変えられるメディシンボールを、左右に体を捻りながら壁に向かって放り投げている。これはバッティングやピッチングを始動するのに伴って生じる体のねじれを〝ほどく〟時に、最大の力を発揮できるよう、その基本的な動きを身につけるための練習でもある。

「どちらも結局、出力の問題なんです。力をためて、体重移動をしっかりやって、そのインパクトにどんと力を持っていく。バーを持ってサイドステップをする時、体重の乗りどころを感じながらやるんですけど、それってバッティングもそうだけど、結局投げる時とかも一緒なんです。そういう動作を反復練習することで、守備でここ、っていう時、グッと踏ん張った時に、いいところに体重が乗って、バーッと力が発揮できるようになったりする、という感じなんです」

伏見の説明は、何とも分かりやすい。つまり、それだけシンプルなのだ。

その〝動きの基礎〟が身についたところに、技術を上乗せしていく。

伏見は、その絶大な効果も体現していた。

「僕、スローイングとか全然ダメだったんですよ。でも、あれも中嶋監督に教わってからですね。落とし込めている感じです、自分に」

動きの基礎ができた。そこに、最多実働年数29年というプロ野球最長タイ記録を作ったかつての名捕手でもある監督の中嶋が、送球のコツを教えてくれたのだという。

２０２０年、伏見の盗塁阻止率は27回の盗塁企画のうち、８つを刺しての・２９６。

これが２０２１年は、41回の盗塁企画に対し、17回刺しての・４１５でパ・リーグの２位。

ちなみに１位は、その強肩で「甲斐キャノン」と呼ばれるソフトバンク・甲斐拓也の・４５２だ。

２０２１年の快進撃を支えた女房役は、格段の成長を遂げていたのだ。

3

野球選手は、とにかく走れ。

そうやって下半身を鍛え、スタミナをつけていくんだ。

その〝不朽の固定観念〟にも、中垣は異を唱え続けてきた。

例えば、打者が打って走り出し、一塁ベースに到達するまでの時間は、足の速い選手なら４秒前後だ。二塁打でも８秒前後、三塁打なら12～13秒だ。

ならば、その短い時間で、一気にトップスピードに乗せるための練習が必要になる。

野球界で「走り込み」といえば、イコール長距離走のことであり、それは運動中に酸素を取り入れながらエネルギーを生む「有酸素運動」になる。

しかし、野球のプレーにおいては、爆発的な力を一瞬で出す「無酸素運動」の要素が必要とされるシーンの方が、明らかに多いのだ。

ダルビッシュ有が２０２０年３月24日、自らのＴｗｉｔｔｅｒでこんな発信をしている。

「自分が日本ハムに入った２００５年より前ぐらいから当時のコーチと半ば喧嘩しながらも、

無駄なランニングを排除していったのが現オリックス中垣征一郎さんです。球団首脳にも理解があったから２００５年にはすでに日本ハムには無駄なランニングがなかった」

キャンプのスタートは、投手と野手が隊列を組み、号令を掛けながら、球場内を走るランニングから。そんなシーンも、オリックスからは消えた。

ならば、短いダッシュを繰り返すのか。

それだって、ポジションや個人の役割に応じて、やり方も本数も、狙いも変わってくる。

だから、全員で同じことをやる時間は必然的に減っていく。個々でやるべきことがあるからこそ、個人練習の時間が増えるのも、当然のことなのだ。

選手個々が、それぞれのメニューを、それぞれで考えながら取り組んでいく。

そこで迷いが生じた時、その方向を修正してやるのがコーチの役割でもある。

好調の時と、調子が狂った時は、どう違うのか。その指摘ができるように、そのための準備と知識を蓄えるためにも、コーチ陣には「見る」ことが必要なのだ。

その練習スタイルと指導方針が、チーム内できっちりと統一されたのだ。

２軍で結果を出して、１軍に上がってくる。

その若手に「お前、２軍で何教えられてきたんや」。そう言い放ち、いわばマウントを取って、また新しいことを教えようとする古株のコーチの姿を、私もよく見たものだ。

しかし、２０２１年のオリックスからは、その１、２軍間の〝齟齬《そご》〟がなくなった。

明確な指針に基づいて、コーチが動く。だから、選手も判断しやすい。

無駄を省き、やるべきことがチーム内で明確にされている。

だから、泥だらけになって球に飛び込むノックや、コーチの怒鳴り声といった、お決まりのシーンが一つ、また一つと消えていく。

そうした〝新たな潮流〟の一環が、試合前のシートノックの廃止だった。


試合前、ビジターチームの打撃練習が終わるのが、試合開始の45分前。

その後、およそ15分ずつ両チームにシートノックの時間がある。

野手が全守備位置に散り、ノックを受ける。

これが、試合に臨むための一種のルーティンでもある。また練習の一環として捉える見方をすれば、ノックの１本１本に真剣に取り組むことで、守備も少しずつ進歩していく。

そこは、何とも日本らしい〝練習観〟でもある。

しかし、例えばナイターの試合前には、午後2時から2時間近く、ホームチームには練習時間が設定されている。その前に球場へ来て「早出」の打ち込みや、守備練習をする若手選手だって少なくない。

　ビジターで訪れた球場なら、季節によって、芝の状態、太陽や屋根の見え方、風の吹き方など、そうしたところをチェックする必要は確かにある。オリックスも、遠征初日や地方球場でのゲーム前には、その「確認」のために、シートノックを行うことはある。

　それ以外に、一体何の意味があるのか。練習した後に、もう一回改めて、それも試合直前にノックを行う必要があるのか。

　オリックスは、チームの総意で試合前のシートノックをやめることを決めた。

　中嶋から、選手たちにこう告げられたという。

「試合開始したら、１００％の力で臨めるようにしておいてくれたらいい」

　試合前、たった一人で、耳にイヤホンを突っ込み、音楽を聴きながら集中力を高めている選手がいれば、試合開始直前までベンチ裏の室内練習場で打ち込んでいる選手もいる。プレーボール直前に、外野でダッシュを始める選手もいる。

　それぞれのスタイルで、試合に入ってくれたらいい。

　中嶋は、毎週月曜日、基本的に試合のない日の投手練習も、個人でやらせる形にした。通常は、各チームとも調整したい投手が集まるスタイルだったが、それもやめた。

それが、プロフェッショナルだ。

個を重視する、そのスタイルが、２０２１年のオリックスだった。


投手起用にも、大胆な変革が施されていた。

リリーフ陣は「2連投」すると、翌日はベンチから外れるというルーティンになった。

だから、２０２１年のペナントレースでのオリックスには、３日連続登板の「3連投」の投手は一人もいなかった。

守護神の平野佳寿は、4月16日からおよそ1カ月間、頸部の痛みから登録抹消されている期間もあったが、東京五輪までの前半戦で、22試合に登板したうち、２日連続での「連投」は4度だけ。激しい優勝争いを展開した後半戦でも3度しかない。

「監督をはじめ、コーチもみんな、そういう風にやってくれている。僕はどちらがいいとかはないですけど、疲労度も全然違うだろうし、僕だけじゃなくて、若い子も2連投したら次の日に休みとかにしてもらっているから、体的にはすごくいいことだと思います。それが一貫している。そういうところをしっかりやってくれているのは、選手にとってはすごくありがたいですし、なので、すごくよく選手のことを考えて、選手ファーストにやってもらっているると思いますね」

平野佳寿は、プロ4年目の2010年（平成22年）に先発から転向して以来、メジャーでの3年間も含め、ここまで「リリーフ」の役割を務め続けている。

無事これ名馬とは、平野のためにある言葉であろう。

2010年から2020年までの11シーズンで、50試合以上の登板を果たしたのが9シーズン。70試合を超えたのも3シーズン。100セーブ・100ホールドという日本でも平野を含めて6人しかいない偉業をすでに成し遂げ、最優秀中継ぎと最多セーブのタイトルも、各一度ずつ獲得している。

2012年には3連投が2度、2013年には3連投3度、4連投も1度。

まさしく投げて投げて、投げまくってきたのが、平野佳寿というピッチャーなのだ。

2014年、平野は当時のパ・リーグ新記録の40セーブを挙げた。

ただ、8月終了時までに49試合に登板し、2連投が8回、3連投も2回。その登板過多が響いたのだろう。9月に入って、平野は調子を落としていた。

9月の11試合で、平野一人で4敗を喫し、チームは優勝したソフトバンクと2厘差の2位に終わった。机上の計算と結果論ではあるが、そのうち1つだけでも負けを減らしていれば、オリックスは優勝していたのだ。

ところが、２０２１年のシーズン中は「3連投回避」という方針が最後まで貫かれた。50試合以上登板したのは、3年目の左腕・富山《とみやま》凌《りよう》雅《が》だけ（51試合）。

こうした登板頻度や球数を綿密に管理していくやり方は、平野によると、メジャーでは半ば、当たり前のコンセプトなのだという。

「しっかり管理をしてくれて、怪我をしないように、最後までシーズンを乗り切れるようにというのを念頭に置いて、ピッチャー交代とかをやってくれていました。それは、こっちでも一緒ですね、今は」

２０２１年、オリックスと最後まで優勝を争ったロッテのストッパー・益田直也は67試合に登板。2連投は13回、しかもそのうち、3連投に至ったのが5度ある。

8回のセットアッパーは5年目の佐々木千隼。リリーバーに本格転向したばかりの右腕も9度の2連投、うち5度が9月以降のことだ。

確実に勝利をものにする。そのために、信頼できるリリーバーにベンチも頼ってしまうものなのだ。

２０２１年のオリックスは、まさしく〝大変革〟の中で、勝ち続けたのだ。

4

ここで自己紹介もかねて、私の野球記者人生とオリックスとの関係に触れておきたい。

サンケイスポーツで初めての「番記者」を務めたのは、１９９４年（平成６年）の近鉄だった。翌１９９５年、近鉄からロサンゼルス・ドジャースに移り、メジャーで大旋風を巻き起こした野茂英雄の密着取材を命じられ、７月からおよそ３カ月間、全米中を旅していた。

その帰国直後の仕事が、オリックスとヤクルトとの日本シリーズの応援取材だった。

オリックスが３連敗と、後のない状態で迎えた第４戦。延長11回１死一、二塁で、小林宏（現オリックス２軍監督）は、４番のトーマス・オマリーとの対決を迎えた。

ヒットが出れば、その瞬間にシリーズは決着する。徳俵に足がかかった状態での、まさにギリギリの戦いで、小林はオマリーを三振に取ってピンチを切り抜け、逆転勝利に繋げた。

今も語り継がれる「小林―オマリーの14球」の名勝負を、グラウンドレベルにある神宮球場の記者席で、その迫力に息をのみながら見ていた。

１９９６年は、巨人を倒しての日本一。グリーンスタジアム神戸の一塁ベンチ前で取材していると、関学大の２年後輩にあたる田口壮が、満面の笑みで近寄ってきてくれた。

「先輩、オリックスに行って、よかったです」

握手した右手が、マメでごつごつしていたその感触を忘れない。

２００４年、球団合併騒動の真っ只中では、オリックスの番記者だった。

オーナーの宮内義彦の自宅がある東京では、試合の遠征で行く度に、ナイター翌朝の朝駆け取材。それがルーティンにもなっていた。

合併球団の監督に就任した仰《おお》木《ぎ》彬《あきら》を、定宿にしている大阪のホテルで待っていた。

「おっ、どうした？　メシ、食ったか？」

一見に近いはずの私を、ホテル内の中華料理店に招いてくれた。

食べながらの会話でメモは取れない。必死に仰木の言葉を覚え込む。

「どうだ？　原稿、大丈夫か？」「はい」「そうか、じゃ、また」

右手を挙げて、さっそうと去っていった仰木の背中を、今も忘れない。

２００８年（平成20年）に産経新聞運動部へ異動した。一般紙の運動面でも、関西色をより出すために、プロ野球のメーンは毎日が阪神。だから、番記者も２人いた。

私は阪神以外の西日本の球団、オリックス、中日、ソフトバンクを任された。

普段は京セラドームに通った。しかし優勝争いが激しくなると、ソフトバンクや中日にシフトし、福岡や名古屋へ飛び回る日々へと切り替わる。

「あ、今年はもう、オリックスはいいんですね？」

ソフトバンクでも、中日でも、広報や選手たちから、そう言って冷やかされた。

２０１４年、ソフトバンクとの一騎打ちになった優勝争い。10月２日は、ヤフオクドーム（当時）の記者席にいた。会社からは、ソフトバンクが勝って優勝したら「優勝原稿」、オリックスが勝ったら「Ｍ１、優勝王手」の原稿を書くようにと言われており、まさに両にらみの状態だった。

オリックスは、延長10回にサヨナラ負け。捕手の伊藤光（現ＤｅＮＡ）が泣き崩れ、Ｔ－岡田が一塁と本塁の間付近で呆然と立ち尽くす姿に、胸がつまる思いをしながら、男泣きのソフトバンク監督・秋山幸二の原稿を書いた。

取材生活の記憶は、なぜか、オリックスと結びついていた。

ダイエー（現ソフトバンク）の番記者時代の監督は、王貞治だった。

担当を離れてからも、何かと気にかけていただいている。

「どうだい、最近、君のチームは？」

周りの記者や関係者が笑っている。もちろん、オリックスのことだった。

チームが低迷し、監督と選手の関係が良くないという原稿を書くと、王に呼ばれた。

「どうなってるんだ？　喜瀬君が中に入って、ちゃんと言ってあげなさい」

いただいた年賀状の添え書きには「お互い、頑張ろう」

勝手に〝王派〟を自認していた私だったが、王との会話はいつも「オリックスはどうなっているんだ？」という質問に対する「報告」のようなものだった。

2019年、山岡泰輔《たいすけ》が勝率1位、山本由伸《よしのぶ》が最優秀防御率、吉田正尚《まさたか》がベストナイン。

2020年、吉田正尚が首位打者と2年連続ベストナイン、山本由伸が最多奪三振。

タイトルホルダーがこれだけいて、投打の主軸がいながら2年連続の最下位。

長くオリックスを見続けてきて、何度となく聞かれた。

なんで、弱いの？

ある時、ソフトバンクの球団首脳に、こんな疑問を投げ掛けられたことがあった。

「分析したら、強いんだよ、オリックスは。だから、ウチもオリックスを調べて、対策を立てて、ものすごく警戒していたんだ。でも、いざグラウンドに立ってみたら、ウチの選手たちが、あれ？　って顔をして戻ってくるんだよね。戦ってみたら、何だ？　っていう感じなんだよ。なんでだろうね、あれ？　弱くないし、いい選手もいるのに、チームとして戦ってみたら、強さを感じないんだよね」

覇気がない。元気がない。リーダーがいない。

ぼんやりとした根拠は、いくらでも思い浮かんでくる。しかし、間違いなく〝何か〟が足りない。球団も、簡単に見つけ出せないその答えを探し求め、模索し続けてきたのだろう。

１９９６年の日本一の後、監督を務めたのは25シーズンでのべ13人。

外国人監督も２人、他球団をリーグ優勝または日本一に導いた監督も４人。

仰木彬、石毛宏典、レオン・リー、伊原春樹、仰木彬、中村勝広、テリー・コリンズ、大石大二郎、岡田彰布《あきのぶ》、森脇浩司《ひろし》、福良淳一、西村徳文、そして中嶋聡。

監督を務めた順に並べてみた。

そこには、貫かれているチーム方針のようなものが見えてこない。

規律に厳しいタイプがいれば、個人重視の放任タイプも見受けられる。

振り子が右から左へ、左から右に振れるかのように、これがダメならこっちで、という球団の迷いが透けて見えるような人選にも映る。

とにかく、強くしてほしい。立て直してほしい。

その近視眼的な戦略が、過去の実績重視に繋がり、生え抜きの監督の少なさに表れているともいえるだろう。

これから書き進んでいく中で、こうした〝負の局面〟も掘り下げていく。だから、優勝を機にまとめた著書ながら、おそらく、暗い歴史に言及していくほうが長くなる。

勝ったぞ、優勝だぞ、というお祭り感のような色合いを期待されていた読者の方々には、ひょっとしたら、少々期待外れの内容になるかもしれない。

そのことを踏まえた上で、この先を読み進めていただければ幸いに思う。

長き低迷の中にいた、オリックスの「四半世紀」を、これからたどっていきたい。

※文中のカッコ内は基本的に２０２１年時の肩書です。

第一章　がんばろうＫＯＢＥ

1

神戸港のシンボルとして知られる「神戸ポートタワー」は、１９６３年（昭和38年）に完成した、高さ１０８メートルの展望台だ。

地上からその中央付近にかけて次第に細くなっていく〝くびれ〟を境に、今度はそこから天に向かって再び広がっていく。その「双曲面構造」が特徴的でもある。

そのタワーのすぐ西。中突堤中央ターミナルとの間に、２枚の「壁」が建っている。

横10メートル、縦１メートル。

その表面には、およそ9センチ四方の白いレンガが、隙間なく張り巡らされている。その１枚１枚にサインが焼き込まれ、神戸へのメッセージが添えられたものもある。

海を背にして、左側のボード。その中央の１枚に目を引かれた。

「がんばろう神戸〝Ｋｏｂｅ〟」

オリックスの創業メンバーの１人で、自他ともに認める野球好き。

阪急から球団を買収して以来、一貫して球団オーナーを務め続けている宮内義彦は、自らの署名とともに〃あのメッセージ〃を添えていた。

宮内のレンガを囲むように、オリックスの選手たちのサインも飾られていた。

仰木彬、イチロー、田口壮、中嶋聡、佐藤義則、藤井康雄。

1996年（平成8年）、神戸に日本一をもたらしたオリックス・ブルーウェーブ。

あの時、神戸の地で躍動した男たちは、神戸への熱き思いと、鎮魂の思いを込め、神戸の象徴である港のほとりに、自らのサインを書き残していた。

宮内オーナーのメッセージ（左）

〃サインの壁〃とはポートタワーを挟んで逆、東側にあるのがメリケンパークだ。

その一角に「神戸港震災メモリアルパーク」と名付けられたエリアがある。

阪神・淡路大震災で大きな被害を受けたメリケン波止場の一部を、震災当日、被災後の状態のままで保存しているのは、あの大震災の教訓を後世に伝えるためだ。

桟橋が傾き、街灯が折れ、地割れした部分に、今も変わらず波は打ち寄せている。あの日の揺れが、神戸にとてつもない被害をもたらしたことを、いやがうえにも思い出させる。

死者・行方不明者６４３７人、住宅被害は約64万棟。

その傷ついた神戸を癒やし、そして勇気づけたのが、仰木彬が率いたオリックス・ブルーウェーブの存在だった。

ユニホームの右袖には「がんばろうＫＯＢＥ」のワッペンがつけられていた。

神戸には、あの〝青波〟の歴史がしっかりと刻み込まれ、そして今なお、その絆が繋がっている。

社会とスポーツ。フランチャイズとスポーツクラブ。その相互関係を「地域密着」というコンセプトでくくり、ともに歩んでいくことで、相乗効果を生み出していく。

田口壮は、その机上の理論を超えるような〝力〟を「あの時の神戸」に、いつも感じていたという。

個人的にもそう、チームもそう、地域もそう。あまりにも大きなものを抱えていたんだなと思いますね。神戸のファン、街の人たちの、それこそ祈りのような、願いのような、普段の応援とは違うものが伝わってきましたからね。何とかしたいという思いが強かったんです。プロの球団がそこにあって、仰木彬監督がいて、イチローという象徴がいた。神戸の皆さんが、そこに救いを求めているようなところもありました。

みんなの力が、一緒になっていました。すごかったです。僕らじゃなくて、神戸の市民の思いがすごかったんです。これだけ一体化すると、選手は動かされるんだなと。そして、願いは叶うんです。神戸の人たちが、それを教えてくれたんです。

そういう強い気持ちって、普通の状況では、絶対に出ないんです。

田口は、１９９１年（平成3年）のドラフト１位指名を受け、関西学院大からオリックスへ入団した。

前身の阪急が本拠地としていた西宮球場のほど近くで生まれ育った野球少年は、まさしく相思相愛で〝地元球団〟に迎え入れられたのだ。

走攻守三拍子揃った遊撃手として、即戦力の期待は高かった。しかし、プロ入りして間もなくイップス、つまり「送球難」に悩まされることになる。

監督の仰木彬は、その強肩と俊足を買って、遊撃から外野手への転向を命じた。

正確な送球が求められる内野より、少々大雑把でも、より遠くへ、より速く投げられるその強い肩を生かすことで、外野手の適性があると見込んでいたのだ。

阪神・淡路大震災が発生した１９９５年（平成7年）は、田口にとって外野転向の1年目だった。

ライト・イチロー、レフト・田口、センター・本西厚博の布陣は、その守備力の高さゆえに、外野の間を打球が抜けない「鉄壁の外野陣」と呼ばれ、イニング間にイチローと田口が見せる遠投でのキャッチボールで、イチローが頭越しのボールを捕る「背面キャッチ」は、オリックスの名物にもなった。

後にＦＡ権を行使、海を渡ったのは２００２年（平成14年）のことだった。

8年間のメジャー生活では、セントルイス・カージナルスとフィラデルフィア・フィリーズの2球団で、ワールドシリーズ制覇の一員として貢献した。野球人なら誰もが憧れる勝者の証「チャンピオン・リング」を、田口は2つ手にしている。

２０１０年（平成22年）からオリックスへ復帰、その2年後に現役引退。野球評論家を経て、２０１６年（平成28年）からオリックスの2軍監督に就任。２０２１年は1軍の外野守備走塁コーチとして、試合中は一塁コーチャーを務めている。

歓喜の日本一から四半世紀という、長い時間が過ぎていった。

応援の後押し、地域全体のバックアップというものが、決して綺麗ごとではなく、本当に選手たちの力に変わるということを神戸で、そしてメジャーで、田口は体感してきた。

震災から20年を迎えた２０１５年（平成27年）。

マスコミは、どうしても、勝手に〝区切り〟のいい年を設定し、その大きな出来事のまとめや振り返りを、大々的に取り上げる傾向がある。

あの年のことを、田口に改めて聞かせてもらおうと、インタビューのために選んだその場所は、冬の神戸だった。

当時、ユニホームを脱ぎ、野球評論家として活動していた田口は、自分一人で車を運転して、慣れ親しんだ「ほっともっとフィールド神戸」へとやって来た。

観客は、もちろん誰もいない。

しかし、田口の熱い言葉を聞いていると、あの日のスタンドをぎっしりと埋め尽くした被災者たちの姿が、目の前に浮かんでくるようだった。

「原点はここですよ、僕は」

プロ野球選手・田口壮の原体験。

その〝神戸のオリックス〟の歴史を、今だからこそ振り返ってみたい。

1994年（平成6年）12月に、田口は選手寮「青濤館《せいとうかん》」を退寮。神戸市北区のマンションで一人暮らしを始めていた。

1995年（平成7年）1月17日。

引っ越しから3週間足らず。2月のキャンプへ向けての自主トレも始めていたことで、部屋の片づけも、どうしても億劫《おっくう》になってくる。

テレビも「地べたに置いたままでした」という10階の部屋が、突然跳ね上がった。

「めちゃくちゃ揺れました。マンションがこのまま、ぽきっと折れるんじゃないかと思いました。ああ、こうやって、僕は死んでいくんだ。走馬灯のように、頭の中にいろいろと思い浮かんできて、ああ、こんなことになるんや……って。大げさに思えるかもしれないですけど、あの時、ホント、地面まで見えたような……。マンションが90度くらい曲がっている感覚でした。何もできなかったですね」

これは、大変なことになった……。

揺れは、いったん収まった。まだ暗い神戸の街は、不気味なほどに静まり返っている。

状況を把握するために、田口はマンションの1階まで降りてみた。

「地震……みたいですね」

マンションの管理人も、あまりの事態に呆然としている。

駐車場に停めてあった自分の車に乗り込んで、ラジオをつけた。

停電、火事、道路の隆起。しかし、どれも断片的な情報で、一体、どんな状況に今、自分が陥っているのか、全く把握できない。

避難と状況確認を兼ね、つい最近まで暮らしていた神戸市西区にある選手寮へ行ってみようと、田口は車のエンジンをかけた。

見慣れた景色が、一変していた。

道路標識が何本も倒れている。街路樹もぽっきり、真っ二つに折れている。道路のアスファルトはめくれ上がり、地割れしたその筋から土が盛り上がっている。

「到底、たどり着かないんですよ」

普段なら15分の道のり。その近いはずの寮すら、車で行けない。

「何も情報がなかったんです。でも、体だけは動かさないといけないじゃないですか」

途方に暮れた。何しろ、2月1日のキャンプインは、2週間後に迫っていた。

神戸の中心地・三宮とオリックスの本拠地・グリーンスタジアム神戸（当時）がある神戸市の北西部をダイレクトに繋ぐ、およそ8・5キロの「新神戸トンネル」がある。

その入り口から田口の自宅までは、およそ2キロの道のりがあった。

被災直後から、田口はトレーニング代わりのランニングとして、トンネルの入り口まで往復することにした。

通行止めのトンネル付近には、警察官が警戒のために立っている。

「通れるようになりましたか？」

復旧のメドを、毎日のように確認した。

食料の買い出しのため、スーパーへも走っていった。

長い行列の末、店に入れたのは2時間後。商品が欠乏し、まばらになった棚から、田口はわずかな個数しか残っていなかった缶詰を8個手に取った。

そこからレジで代金を計算してもらうまで、また2時間並んだ。

「もう、何も残ってなかったですね」

食事も、トレーニングもままならない。やむを得ず田口は、いったん福岡へ避難することにした。そこを拠点に体を作り直し、キャンプ地の宮古島へ入るプランに切り替えたのだ。

キャンプ中も連日、テレビで目にする神戸の光景に、心がうずいた。

「こんなところで、俺たち野球やってていいのか、という感じでした」

ライフラインが途絶え、寒さの中、たき火を囲む神戸の人たちが、テレビの画面に映し出されている。

それを見ている南の島では、３食が確保され、風呂にも毎日入ることができる。

俺たちは、神戸の人間なのに、これでいいのか？

その〝罪悪感〟のような思いが、拭い去れなかった。

2

当時32歳の藤井康雄は、プレーヤーとしてまさしく脂の乗った時期だった。

社会人野球の強豪・プリンスホテルから１９８６年（昭和61年）にドラフト４位指名を受け、前身の阪急に入団した。ちなみに、その年の３位指名を受けたのが秋田・鷹巣《たかのす》農林高の捕手で、２０２１年（令和３年）にオリックスを25年ぶりの優勝に導いた監督・中嶋聡だった。

現役時代の満塁本塁打14本は、あの世界の本塁打王・王貞治（元巨人）の同15本に次ぐ、当時歴代2位の記録だった。なお２０２１年現在、おかわり君の愛称で親しまれている西武のスラッガー・中村剛也が22本で、その記録を更新中だ。

藤井は、スマートなプレースタイル、勝負強いバッティング、さらにオリックス一筋での現役生活から「ミスター・ブルーウェーブ」と称された。イチローや田口の兄貴分としてチーム内から、そしてファンからも、チームリーダーとして一目置かれる存在でもあった。キャンプインに備えての1月、藤井は毎年、鳥取のトレーニング施設に通い、そこで泊まり込んで、体作りを行っていた。

その合間に、必ず一度、帰阪する日がある。

母校の大阪・泉州高（現近畿大学泉州高）野球部のＯＢ総会が行われる日だ。年に一度、苦楽を共にした仲間たちとの旧交を温める一日を、藤井は毎年、楽しみにしていた。

１９９５年は、それが1月16日だった。

下戸《げこ》の藤井も、この日ばかりは、とことんまで仲間たちに付き合う。

大阪・ミナミの街で、藤井は率先してカラオケで美声を披露し、深夜のファミリーレストランに場所を移し、思い出話に花を咲かせた。

店員から「閉店です」と告げられたのは、翌17日の午前5時過ぎのことだった。

藤井は愛車を運転し、同期の2人を家に送り届けた。それから、神戸の自宅へ向かって阪神高速道路の神戸線に乗った。

冬の夜明け前。高速を走る車もまだ少ない。スムーズな運転で、自宅最寄りの神戸・月見山インターチェンジで高速を降りた。

1月17日、午前5時46分。ちょうど、その時だった。

「揺れたんですけど、車の中だったんで、最初はタイヤがパンクしたのかな、というような感覚だったんです。最初、だから分からなかったんです」

気が付くと、周囲がいやに静まり返っている。

再び車を走らせた。しかし、いつもと、どうも雰囲気が違う。

「何か様子がおかしいなと思ったら、停電になっていたんです。家に近づいてきても、周りが真っ暗で……」

車のヘッドライトが、周りから浮き上がっているかのごとく、真っすぐに光を放っていた。

家から、妻が飛び出してきたという。

「明るくなってから、家の中を見たら、うわー、って。物が散乱しているような状況で」

被害のすさまじさに、藤井は心の動揺を隠せなかった。

「もう10分ほど遅れていたら、多分、高速が倒れたところを走っていました。数分の差ですよ。でも、まさか……。高速が倒れるなんて……ね」

高架もろともなぎ倒された阪神高速が、昼過ぎのテレビニュースで何度も映し出された。

藤井は、高速が倒れるほんの数十分前、そこを走っていたのだ。

オリックスの選手たちは、避難先や片付けの終わらない自宅から、キャンプ地の沖縄・宮古島へ、それぞれの都合に合わせて向かうことになった。

「間に合わないようなら、無理はしなくてもいい」

球団からは、その注釈付きで「現地集合」の連絡が回ってきたという。

1月31日、選手たちは誰一人欠けず、全員がキャンプ地へやって来た。

「練習にホントに身が入るかといわれれば、そんな状況ではなかったですよね」

広島・福山の実家から宮古島入りした藤井も、何かと落ち着かない思いだった。

焦り、葛藤、迷い。

そんな選手たちに、監督の仰木彬はただ「怪我をせんようにやれよ」

意気込み過ぎず、入れ込み過ぎず。その微妙な手綱さばきで、混乱と動揺が続く中、１９９５年の戦う態勢を築いていかなければならなかった。

３

１９９４年（平成６年）。

オリックス監督就任１年目の仰木は、その前年の３位から２位へと順位を押し上げていた。

近鉄の監督就任は１９８８年（昭和63年）。

その２年目、昭和から平成に元号が変わった１９８９年にパ・リーグ優勝。近鉄での５年間は、すべてＡクラス入りを果たしている。

退任直後から、水面下で監督就任への打診が相次いだといわれている。

その引く手あまたの仰木が、次なる挑戦の場として選んだのが、近鉄のライバルで同じ関西の神戸を本拠地とするオリックス・ブルーウェーブだった。

前身にあたる阪急時代の知将・上田利治のもと、１９８４年（昭和59年）のリーグ優勝を最後に、オリックスは長く栄光の座から遠ざかっていた。

西武は1985年（昭和60年）からの10年間で、9度のリーグ制覇。その黄金期真っ只中の1989年（平成元年）に、西武を制して優勝したのが仰木近鉄だった。

ちょうど阪急からオリックスへと歴史のバトンが渡った過渡期にあたるその10年間、前身の阪急とオリックスで8度のAクラス入りも、優勝には手が届いていなかったのだ。

近鉄監督の退任から、わずか1年で再び、闘いの場に戻ってきた。

仰木の代名詞でもある〝マジシャン〟としての手腕を存分に発揮するのは、ここから8年間のオリックス監督時代と断言してもいいだろう。

就任直後、仰木は後に「希代のスーパースター」となる若き日のイチローと出会い、その育成手腕やチームマネジメントの巧みさに、後に大きな注目が集まることにもなる。

その仰木にとって〝知恵袋〟の存在にあたるのが、新井宏昌だった。

新井は仰木の近鉄監督時代、2番打者として活躍した。

1986年（昭和61年）に南海（現ソフトバンク）から近鉄へ移籍。きっかけは、その年に34歳となる新井を、体力的な限界と判断した南海側がトレードを検討していることを聞きつけた当時近鉄コーチの仰木が、球団側に獲得を進言したことにあったという。

移籍翌年の１９８７年（昭和62年）には打率３割６分６厘で首位打者。さらに１９９２年（平成４年）には、40歳で通算２０００安打を達成している。

その活躍ぶりからも、選手を見抜く〝仰木の目〟の確かさが分かる。

仰木が近鉄監督を退任した１９９２年、通算２０３８安打を放った新井も18年間の現役生活にピリオドを打った。

野球評論家を１年間務めた後、仰木に請われ、オリックスで初めてのコーチ職を務めることになった。

その卓越した技術と打撃理論を、仰木はかねてから高く評価していた。

現役時代のことだったという。

「新井、ちょっと来てくれ」

仰木に呼ばれると、その場で早速、新外国人候補の映像を見せられた。

「これ、どう思う？」

一介のプレーヤーに、意見を求めたのだ。

１軍打撃コーチへの就任要請を受けた当時、新井は41歳。しかし仰木にとって、若いとか、コーチ経験がないとか、そういった序列や縦社会の理屈など、全く関係ない。

任務は「1軍打撃コーチ」。その重要ポジションを新井一人で務めることになった。指導歴のないコーチ1年目の新井に、打撃部門を完全に任せたというわけだ。

「だから、自分のアイディアとか思いを、最初から出させてもらえたんです」

大きなやりがいを感じていた新井が、仰木に強く推薦した一人の若手選手がいた。

「誰が見ても、この選手はいいと思います。レギュラーで使わない手はないでしょう」

それが、若き日の「鈴木一朗」だった。

プロ3年目を迎えたばかりの20歳。1993年（平成5年）の成績は12安打、打率1割8分8厘。身長180センチ、体重71キロの華奢《きやしや》な外野手で、当時は決して目立った存在でもなかった。

仰木は新井の提案に、すぐにピンときた。

オリックスの監督に就任した直後、仰木は米ハワイで、日本の各球団から若手選手たちが参加、混成チームを結成してプレーする「ウィンターリーグ」を視察していた。

その中に、鈴木がいた。

シュアなバッティング、のびやかな動き、守っても強肩、しかも俊足。その高いポテンシヤルには、目を引かれるものがあった。

2月の宮古島キャンプ、さらには3月のオープン戦。仰木は鈴木を使い続けた。

「こいつはええぞ」「今年、最初から使うぞ」

マスコミにも積極的に若きホープの存在をアピールし続けた。

「イチローの実力を認めたんです。これはブレークするから使い続ける。仰木さんは、やれると思ったらずっと使うんです」

イチロー抜擢《ばってき》の経緯を、仰木の傍らで見続けてきた横田昭作（現オリックス球団本部長補佐兼国際渉外部長）は当時、広報部の一員だった。

仰木は、その若きレギュラー候補を全面的に売り出すために、奇抜なアイディアを繰り出してきた。

「鈴木、では目立たんやろ？」

仰木がひらめいたというプランは「イチロー」というカタカナでの登録だった。

横田も「面白いアイディアだなと思いました」と即座に賛同した。

ただ「一人だけだったら違和感があるじゃないですか。そこを配慮したんでしょうね。仰木さんがうまかったのは、そこですよ」と横田は振り返る。

確かに「イチロー」という前例のないカタカナ登録とはいっても、まだ実績のない、無名の鈴木一朗という選手では、ただの物珍しさだけですぐに話題も途切れてしまう。

そこで仰木はもう一人、このプランに組み入れていた。

パンチパーマやユニークな発言で、そのキャラクターが際立ち、仰木が〝スポークスマン役〟として指名していた、当時5年目の外野手・佐藤和弘だった。

「パンチ」と「イチロー」

2人同時に、登録名をカタカナにする。

すると、メディアの注目は、まず言動が目立つ「パンチ」に向く。

そのついでに「イチロー」も露出する。

そうすれば、活躍して目立ち始めた時に「仰木監督が絶賛していたあの選手だな」と思い出してもらえる。

そうしたマスコミ対応も、仰木にはお手の物だった。

仰木の目論見は、見事なまでに的中した。

それどころか、仰木の想像もはるかに超えた大ブレークを果たし、日本中にイチロー・フィーバーを巻き起こすことになるのだ。

仰木オリックスの打順は、1番イチロー、2番は当時33歳のベテラン・福良淳一（元オリックス監督、現ゼネラルマネジャー兼編成部長）の並びとなった。

福良は右打ちやバントなど、チームバッティングをそつなくこなせる。

堅実な二塁の守備でも、その年に二塁手連続無失策守備機会836の日本記録を達成するなど、仰木野球には不可欠なプレーヤーの一人だった。

イチローという、打って走れる若きスターとの1・2番コンビ。ただ、その意図を仰木から説明されたことは「一度もなかった」と、福良は笑いながら説明してくれた。

「ホントに、何も言われたことないんだよ。練習でも、ゲームでも、会話という会話、したことなかったと思うよ」

それは、仰木からの信頼の証でもある。

福良なら、イチローの良さや、さらなる能力を、きちんと引き出してくれる。

それは、現役時代の新井に対しても全く同じだった。

仰木は近鉄で、2番・新井の前、1番には大石大二郎（元オリックス監督）を置いた。

大石は、現役時代に4度の盗塁王に輝いた俊足巧打のプレーヤーだ。出塁した大石が相手をかき回し、クリーンアップが大石を本塁へ還す。

その繋ぎ役を、新井に委ねたのだ。しかも新井は、後に名球会プレーヤーになったほどの安打製造機。繋ぎでも、ヒットでのチャンス拡大でも、それこそ何でもできる。

「大石と２人でノーサインでした。それは、プレーヤーとして信頼されていたということなんでしょう」


仰木は、イチローに対して、出塁したら「いつ走っても構わない」と告げていた。つまり盗塁に関しては、常に「グリーンライト」というわけだ。

そこで福良は、イチローに「走れない時だけ、サインをくれ」と要望した。

塁上のイチローからフラッシュサインが出たら、福良はその時、最初から打って出る。

そのシグナルがなければ、イチローの動きを見ながら、二盗をアシストするために、まずは打たずに、様子を見ながら待つ。同時に相手の守備隊形、捕手の警戒ぶりも確かめ、状況を的確に判断し、自分の動きも決めていかなければならない。

そうした難しい制約のかかった中で、通常のプレーができる選手もなかなかいない。

それでも福良は、仰木１年目の１９９４年、１１４試合出場で打率・３０１をマーク。その時、イチローの打率は・３８５だから、何とも恐ろしい１、２番コンビでもあった。

「あの時のメンバーは、個々で考えられるというかな、レベルが高かったですよ。スタメンでも、途中から行くメンバーでもね」（福良）

当時、仰木の組む打線は「日替わりオーダー」「猫の目打線」と揶揄《やゆ》された。

相手投手との相性、球場、調子によって、前日に本塁打を打った好調な選手ですら、翌日にはスタメンから外すこともあり、周囲を度々驚かせた。

１９９４年は、１番・イチロー、２番・福良のコンビは１３０試合中90試合。イチローが１番を務めたのは１１０試合あるが、福良以外の20試合での２番打者は６人も使っている。翌95年、福良は６月に右膝十字靭帯断裂の大怪我を負ったことで、シーズン中盤以降の２番打者は、入れ替わり立ち替わりの８人を起用せざるを得なかった。

仰木が、福良というイチローへの〝アシスト役〟をいかに重視し、全幅の信頼を置いていたかが、よく分かるだろう。

そうした仰木の大胆な選手起用や巧みな戦略で、オリックスは上位争いを繰り広げた。

イチローの勢いも、とどまるところを知らなかった。

4

1994年6月29日。

オリックスの63試合目は、大阪・日生球場での近鉄戦だった。

この試合でイチローは4安打を放ち、打率を・407とした。

日本球界で、いまだにシーズン打率4割超を達成したプレーヤーはいない。その〝未踏のゾーン〟に、シーズン半ばの時点で、20歳の若きバッターが足を踏み入れたのだ。

若きスーパースターの誕生に、メディアの取材が殺到した。

広報にとっては、かつてない大反響に、それこそてんてこ舞いの日々だった。当時はまだ携帯電話やメールも普及していない。取材申請は、球団への電話とFAXだった。

遠征先のホテルに届いたメッセージやFAXも、部屋のドアの隙間から入り切らないほどになり、広報の横田の部屋の前には試合後、数センチの束となった取材依頼書がうずたかく積まれていたという。

日本中の注目を浴びる中で、イチローは打ちまくった。

１９９４年、チームは2位に終わったが、イチローは史上初のシーズン２００安打超えとなる２１０安打を放ち、打率・３８５で首位打者、パのＭＶＰにも輝いた。

「イチロー」はその年の流行語大賞となり、球団の観客動員も、当時の球団史上最高となる１４０万７０００人をマーク。さらに、日本一に輝いた１９９６年には１７９万６０００人に伸ばし、これは２０２１年（令和3年）に至るまで、依然として球団史上最高の数字である。

仰木の演出した〝イチロー旋風〟が吹き荒れた1年だった。

「本人もさることながら、仰木さんもすごいですよね。あれが『鈴木』というままだったら、どうだったんだろうと思ったりしますよ。イチローは絶対にレギュラーになる、絶対にやる。その確信はあったでしょうけどね」

その横田の指摘は、何とも興味深い。

平成の時代が終わりを告げようとしていた２０１９年（平成31年）３月。

東京ドームで行われたシアトル・マリナーズの開幕カードを最後に、イチローも28年の現役生活に幕を閉じた。

日米通算４３６７安打、19年の長きにわたってプレーしたメジャーリーグでも「ＩＣＨＩＲＯ」の名前は定着している。

これが果たして「SUZUKI」なら、どうだったのか。ちょっと想像がつかない。

その「ICHIRO」をメジャーに送り出したのも、仰木だった。

野茂《のも》英雄、長谷川滋利、吉井理人《まさと》、田口壮。

日本球界からメジャーにチャレンジした男たちは、仰木が監督を務めた近鉄、オリックス時代の選手が目立つ。

体全体を大きくひねって投げる、野茂の「トルネード投法」に対し、批判する外野からの声を仰木は一切無視し、コーチ陣にも「触るな」と厳命した。

イチローにも、右足を揺り動かしながらタイミングを取る「振り子打法」に対して、フォームの矯正《きょうせい》や手を加えることなど、一切しなかった。

「個」を尊重しながら、その一方で実力をシビアに見極め、勝利という目的に向かって最善の手を打つ。

1995年のオリックスには、その〝仰木イズム〟に、ぴたりと当てはまる、実力と個性を兼ね備えたタレントが、ずらりと顔を揃えていた。

野手ならイチロー、田口壮、藤井康雄、福良淳一、中嶋聡。

投手なら佐藤義則、野田浩司、星野伸之、長谷川滋利、平井正史。

若手、中堅、ベテランのバランスも良く、チームがうまくかみ合っている。

これなら、優勝できる――。

仰木には、確信があった。

阪神・淡路大震災の発生は、その勝負の2年目を迎える矢先だった。

「絶対に勝つ。その強い思いはあったと思いますよ。でも、口では選手に『震災が……』とは言わなかったんじゃないですかね。ただ、自然とそういう流れにもっていくのは、うまかったです」

横田の証言を裏付けるように、福良もこう振り返った。

「それ、よく聞かれるんだけど、そういうミーティングとか、話とか、ホントになかったんですよね」

5

2月の1カ月間のキャンプを打ち上げ、宮古島から神戸へ戻ってきた。

バスの中から見た光景は、震災直後となんら変わりはない。復興どころか、瓦《が》礫《れき》の山で三宮の街は、埋め尽くされているような状態だった。

車内が、無言になった。

「オープン戦、ましてやシーズン、これでスタートするの？　どれだけ神戸を立て直すのに時間がかかるんだろう。そう思いました。野球、でけへんやろ、と」

田口の絶望感。それは、オリックスの誰もが感じていたことだった。

こんなの、野球どころじゃない……。

球団側も、京都や岡山・倉敷など、プロ野球開催が可能な別球場でのオープン戦、さらには開幕以降も使える球場の選定を、ひそかに進めていたという。

神戸の中心地・三宮から、本拠地・グリーンスタジアム神戸（当時）の最寄り駅・総合運動公園をおよそ20分で繋いでいる神戸市営地下鉄は2月中旬に全線運転を再開していたものの、大阪と神戸を繋ぐＪＲ、阪急、阪神の鉄道3線は、3月の時点ではまだ復旧していなかった。

お客さんにも来てもらえない。何より、球場に来て、野球を〝楽しむ〟という環境が整っていない。日々の生活すらままならない状況で、野球など二の次、三の次だろう。

そこから〝逃げるな〟と声を上げたのが、オーナーの宮内義彦だった。

「こんな時に神戸を逃げ出して、何が市民球団だ」

数々の困難が山積していることは、承知の上だった。

「お客さんが一人も来なくていいから、スケジュール通りに絶対、神戸でやれ」

今だからこそ、神戸で野球をやる意義がある。

それが、神戸に本拠地を置いたプロ野球球団としての宿命であったかもしれない。

本当に、お客さんが来てくれるのか。

田口の心に、ちょっとだけ芽生えていたその疑問は、一瞬にして吹き飛ぶことになる。

グリーンスタジアム神戸の近くにも、仮設住宅が建てられていた。

その仮の住まいから、被災者たちが球場にやって来た。

あの大地震から、まだ２カ月も経っていない。瓦礫の山が、まだそこかしこに積み上げられていた。３月４日、気温７度、氷雨の降る神戸でのオープン戦初戦に、なんと８５００人の観客が詰めかけたのだ。

「スタンドを見た時ですね。その時です。『やったらアカンやろ』から『やらなアカンやろ』という感じになりました」

田口は、外野のポジションへ走っていく時に見えた観客の姿に、心が震えたという。

「頼むぞ、オリックス」「頑張ってくれよ」

家を失い、親しい人、身近な人を亡くした人たちだっているはずだ。

明るい希望が見出せない中、被災者たちにとって、躍動するオリックスの姿は、未来への光であり、一服の清涼剤であり、そして復興へと立ち上がる神戸の街と、ともに歩んでいくシンボルになっていたのだ。

グリーンスタジアム神戸（現ほっともっとフィールド神戸）

４月１日、ロッテとの開幕戦。

黙祷の後、プレーボールのコールが掛かった。

開幕投手は佐藤義則。40歳での大役は、当時の「最年長開幕投手」だった。

３万人の大観衆で、本拠地・グリーンスタジアム神戸のスタンドがぎっしりと埋め尽くされた。

前年２位。戦力が整った。イチローがいる。

強くなってきたという実感が、藤井にもあった。

そこに「震災」が重なった。やるんだ。やらなきゃいけない。

「僕らが、神戸の震災に遭われた人たちに、何で勇気を与えるか、何ができるのかといったら、野球で頑張っている姿というのを見せるしかない。ありきたりですけど、そうですよね。やっているうちに、毎試合、お客さんが満員になるわけですよ。そうすると、逆に我々の方が、こう、励まされているような、そんな感じになってくるんですよ」

藤井も、神戸との「一体感」を感じながら、野球をやっていたという。

開幕戦も、2回に先制を許し、終始追いかける展開となりながら、7回に藤井が放った右翼線突破の二塁打が口火となり同点、8回に勝呂《すぐろ》壽統《ひろのり》が左翼席へ勝ち越しソロを放ち、3－2での逆転勝利。「きょうは負けゲームかな、捨てゲームかな、というのを、最後は逆転して勝ってしまうっていうような、そういうゲームが何試合かあったんですよ」と藤井は言う。

7月22日には、オールスター前でありながら、優勝へのマジックナンバー「43」が点灯。神戸の力を結集したかのような圧倒的な強さで、優勝へ突っ走っていく。

そのオリックスの戦いぶりを、熱いまなざしで見つめていた野球少年の一人が、後にオリックスで11年間、中心選手として活躍する坂口智隆（現ヤクルト）だった。

坂口は、兵庫・明石の自宅で、阪神・淡路大震災に遭遇した。

「棚とか、がっしゃんがっしゃんになっていました。寝てたんですけど、起きて、危ないからって、家の外へ出されて、みたいな感じでした」

冬の早朝。その寒さと、揺れの大きさに、10歳の小学4年生は、何が一体、自分の周りに起こったのか、よく分からなかったという。

阪神・淡路大震災の被害が甚大だった地域の一つが、神戸市長田区だった。

飛び込んでくるニュース映像は、長田の街が大きな炎に包まれているシーンだった。

坂口の親類縁者は、多くが長田に住んでいたという。

祖母の自宅は全壊。坂口は母とともに、食料や日用品を自転車に乗せられるだけ乗せ、明石から長田へ通い続けたという。

「僕もいろいろと持っていって、避難所で何泊かしましたね」

これから、どうなるんやろ。

その重苦しい思いを振り払えたのは、大好きな「野球」の存在だった。

「オリックス、好きやったですけどね。まあ、野球はする方が好きだったですけど」

明石に引っ越す前は、グリーンスタジアム神戸のすぐ近くに住んでいたという。

「だから、よく球場に行ってたんですよ」

イチローの、田口の姿に、心を躍らせる野球少年だった。

少年野球のチームでの練習が終わると、ユニホームのまま、グリーンスタジアム神戸に立ち寄って、オリックスの試合を見ることも多かったという。

「明石に行ってからは、頻度は減りましたけど、練習の帰りに試合があれば、という感じでした」

プロ入りは近鉄。しかし、オリックスとの球団合併で、坂口は、幼い頃に憧れ、見続けていたオリックスのユニホームを着ることになる。

「近鉄も大阪ですし、なんか、地元だな、と」

野球少年が憧れた、その「神戸の球団」は、快進撃を続けていた。

ユニホームの右袖には「がんばろうＫＯＢＥ」のワッペンがつけられた。

田口は「あれをつけることで、一体感がありました」

6月に西武を抜いて首位に立つと、トップを快走。最終的には2位のロッテに12ゲーム差をつけ、11年ぶりのリーグ制覇。オリックスとして、初の優勝を決めた。

翌96年にはリーグ連覇を果たし、巨人を倒して日本一。イチローというタレントを見出し、育て上げた仰木は、オリックスの黄金期を作り上げた。

「震災は、絶対的に大きかったです。野球なんかしていいのかという状況だったんでね。ホント、プロ野球なんで、人と同じポジションで、出ているやつが打ったら、打つな、打つなと思うもんなんですよ。でも、95年というのはそうじゃなかった。チームとして、個々が力を発揮することで、チームワークみたいなものが出てきた感じですね」

あの日の熱き思いが、藤井の言葉からひしひしと伝わってくる。

1995年、神戸での〝地元胴上げ〟を誓い、マジック1にまで持ち込みながら、神戸での4試合で足踏み。埼玉・所沢の西武ライオンズ球場（当時）での優勝決定となり、ヤクルトとの日本シリーズも敗退。結局、神戸での胴上げはお預けとなった。

翌1996年、神戸でのリーグ連覇決定は9月23日の日本ハム戦。延長10回、イチローのサヨナラ二塁打で決め、巨人を倒しての日本一も、神戸で達成した。

藤井はただ、その格別な喜びと満足感の〝反動〟も、また大きかったと振り返る。

「神戸で、全部達成できたんですよ。何か一種、そこで完結した部分が若干、出たのかなと……。今、考えればですけどね。ある意味、震災に対しての一つの目標みたいなものがあったのかもしれないですね」

それは、ちょっとした〝燃え尽き症候群〟だったのかもしれない。

震災、優勝、日本一。その「頂《いただき》」での体験は、確かに大き過ぎるものがある。

１９９７年以降の順位は、２位、３位、３位、４位、４位。

「メンバー的にも、少し抜けてきた部分はあるけど、そこでうまく補強ができていなかったというのはあるんでしょうね」

ベテランの域に入っていた藤井は、チーム力の低下をはっきりと感じ取っていた。

福良淳一は１９９７年、佐藤義則も１９９８年に現役を引退した。

中嶋聡は１９９８年、ＦＡ権を行使してメジャー移籍を模索も夢は叶わず、最終的には西武へ移籍。長谷川滋利は１９９７年、アナハイム・エンゼルス（現ロサンゼルス・エンゼルス）へ、星野伸之もＦＡ権を行使、２０００年に阪神へ移籍することになった。

７年連続首位打者という前人未到の大記録を打ち立てたイチローも、２００１年からシアトル・マリナーズへ挑戦の場を移していた。

神戸の街を歓喜に包んだ男たちは、それぞれの思いを胸に、また新たなる野球人生へ向かって、神戸から踏み出していった。

つわものどもが、夢の跡――。

そして、〝あの日の歓喜〟を神戸に置き忘れてきたかのように、長き低迷が続くことになる。

第二章　契約金0円

1

プロ野球の球団経営は「儲からない」と言われ続けてきた。

昭和の時代には、赤字経営がむしろ当たり前だと見なされていたほどだ。

「子会社にあたる球団の欠損金を補填するための支出は、親会社の『広告宣伝費の性質を有するもの』として取り扱うものとすること」

１９５４年（昭和29年）8月10日付、国税庁による「職業野球団に対して支出した広告宣伝費等の取扱について」の表題がつけられた通達は、平成を経て、令和の新時代に入った今も、球団経営への優遇措置として続いている。

だから、プロ野球は「親会社の節税対策」の一環と揶揄されたこともあった。

何とも古めかしい「興行」という名称でくくられ、コスト感覚とは無縁の「どんぶり勘定」と呼ばれる、どこかしら道楽的な捉え方だった時代が長く続いてきた。

そうした旧態依然の産業構造に危機感を持ったのは、パ・リーグの方だった。

プロ野球発足時の〝オリジナルメンバー〟から球団を買収した新規参入組にとって、それまでの緩い経営感覚は、全く受け入れられるものではなかったのだ。

そこに「フロント主導」という新たな経営の概念が、海の向こうから押し寄せてきた。

２０００年（平成12年）から２００３年（平成15年）にかけ、メジャーを席巻《せっけん》したのは、低年俸の球団、オークランド・アスレチックスの快進撃だった。

金満球団と言われたニューヨーク・ヤンキースなど、裕福なビッグネームの老舗《しにせ》球団とは正反対、選手年俸の総額では、メジャー全球団の中でも下から数えた方が早い〝超・低予算球団〟だった。

２００２年（平成14年）のシーズン開幕時点で、ヤンキースの選手年俸総額は1億２６００万ドル（約１５１億円＝当時）。一方のアスレチックスはその3分の1、４０００万ドル（約48億円＝同）程度だった。

お金がなければ、ビッグネームのプレーヤーは獲れない。いい選手が来なければ、チームは強くならない。その図式から導き出されるのは、資金力のない球団は弱い、という単純明快な、実に味気ない見解でもあった。

ところがアスレチックスは、２０００、２００２、２００３年にア・リーグ西地区を制覇した。2001年は同地区2位だったが、この4年連続でポストシーズン進出を果たした。

おカネのないアスレチックスが、どうして強くなったのか。その秘密を紐解いた一冊の本が、瞬《またた》く間に世界的なベストセラーになった。

『マネー・ボール』（マイケル・ルイス著）で詳述されていたのは、試合における選手のパフォーマンスを、データ面から徹底的に分析したことだった。

ただそれは、打率、本塁打、打点といったベーシックな指標ではなく、四球数、出塁率といった、これまで注目されておらず、活用し切れていなかったデータを新たに組み合わせることで、新たな評価基準を作り、その〝新指標〟が優れた選手を活用していったのだ。

出塁率や四球数など、アスレチックスが活用した新たなる基準で選ばれた選手たちは、それまで全くといっていいほど目立たない存在だった。

だから、その年俸も決して高くなかった。それらの〝安い選手たち〟を集めれば、低予算のチームでも賄《まかな》えるのだ。

資金力不足であっても、経営の工夫で新たに活路を見出せるという一種のビジネス論としても、アスレチックスの取り組みは日本だけでなく、世界的に注目されたのだ。

それまでのプロ野球は、監督の経験やカリスマ性で選手たちを引っ張り、チームの補強面においても、監督の人脈やそのネットワークに頼る、それこそ現場任せに近かった。

プロ野球の世界を大きく変える、革命的な取り組みでもあった。

素人が口を出すな。野球を知らないやつらが、ごちゃごちゃ言うんじゃない。

日本の野球界は、プロ・アマを問わず、いまだにその〝古き伝統〟が色濃く残っている。

その反対語ともいえるのが「フロント主導」という言葉になる。

アスレチックスが実践した『マネー・ボール』のコンセプトは、プロ野球ビジネスに「フロント」の関与する比重を増やしていくという新たな潮流を意味していた。

メジャーでも、チーム編成を統括する「ＧＭ」のポジションは、かつてはプロでのプレーを経験した〝選手上がり〟が大半だった。しかし今では、ハーバードやイェールといった全米トップクラスの名門大を卒業し、プロ野球の経験がないビジネスエリートたちを起用するのが主流になってきた。

ビジネスからの観点を踏まえ、経済理論やマーケティングの専門家らも交えながら、あらゆる角度から見たデータも駆使して、チームの補強に関しての決定を行っていく。

フロント、つまり球団が揃えた戦力を動かしていくのが監督だ。だからメジャーでは、監督を「フィールドマネジャー」と呼ぶ。

経営サイドと、現場の実働部隊との明確な分離。

ビジネスの世界では、当然の感覚だろう。オリックスはその、最新鋭ともいえる「ベースボール・ビジネス」に取り組もうとしたのだ。

阪神・淡路大震災を乗り越え、球界の盟主・巨人を倒して日本一に輝いたのは、１９９６年（平成8年）。しかし、その後のオリックスは緩やかな下り坂を下るがごとく、順位もチーム力も年々、次第に落ちていくことになる。

リーグ3連覇を目指した１９９７年（平成9年）は2位。98、99年は3位。

２０００年（平成12年）は、分水嶺《ぶんすいれい》ともいえるシーズンだった。

阪急から球団を買収して以来、初となるＢクラス転落の4位。そのオフ、ポスティング・システムという「入札制度」を活用することで、イチローがメジャー移籍を果たした。

翌01年にＦＡ権取得が濃厚だったイチローの保有権を持っている間に、メジャー球団へ入札制度で移籍させる。イチローの夢を叶えさせたという美談の側面もあるが、球団ビジネスとしては、ＦＡでのメジャー移籍なら、球団側に金銭的なメリットは全くない。

主力選手が一人、チームから抜けてしまうという戦力的なダメージしか残らないのだ。

ところが、ポスティング・システムなら、球団は「入札金」を手に入れることができる。イチローのシアトル・マリナーズへの移籍に伴ってのその金額は、１３１２万５０００ドル。当時の換算で日本円にすると、約14億円になる。

そこに、企業のシビアな決断が見える。

ただ当時は、プロ野球界にそうしたビジネスの感覚が薄かったのも事実だ。選手を売って儲けた、とも見えるオリックスの決断を、全面的には受け入れがたい空気も残っていた。

この〝イチロー放出〟と同じ延長線上ともいえる、新たな取り組みがあった。

それが「契約金０円」での新人採用だった。

2

契約金０円は、選手を「商品」に例えれば、その仕入れ値が「０」だということだ。

何千万円、何億円という契約金を払って入団させても、それに値するような活躍を見せないまま、球界を去る選手も多い。もちろん、その逆もある。

契約金の高さは、アマ時代の実績と、そこから導かれる期待値の高さでもある。

それがプロ野球界の掟《おきて》であり、球団経営とは、そうした〝博打《ばくち》性〟を帯びたものである。

それは、スポーツビジネスという名前になっても、変わらない部分ではある。

今は芽が出ていなくても、野球への意欲がある。鍛えたら化けるかもしれない。

未知の魅力に賭ける、といえば、もっともらしく聞こえるが、要は元手をかけずにいい選手を発掘できないのかという、人件費抑制のための新機軸でもあった。

そこでオリックスは、２０００年ドラフトからの３年間で、11人の「契約金０円選手」を指名した。うち10人が入団、１人が入団拒否している。

先に結果から書いておこう。

投手３人のうち、１軍登板を果たしたのは２人。勝ち星は「１」のみ。

野手７人のうち、１軍出場を果たしたのは４人。うち安打を記録したのは２人。

その10人のうち、オリックス、近鉄の合併初年度となる２００５年（平成17年）までに、７人が退団している。

ついでに、皮肉な事実を付け加えておこう。

12年間の長きにわたってプロで活躍した中島俊哉は、２００２年（平成14年）ドラフトで

８位指名を受け、オリックスに入団した最後の「契約金０円選手」だが、近鉄との球団合併に伴う「分配ドラフト」で、２００５年からは東北楽天へ移籍している。

オリックスでの２年間では１軍で１安打。しかし、移籍後に素質が開花し、通算２９６試合に出場し、４番も打つまでに成長した。


さらにオリックスは、ファーム組織の改革にも乗り出していた。

２軍で育てた選手が１軍に上がって活躍し、いわゆる稼ぐ選手になる。そのための〝準備期間〟を過ごす場所でもあるが、そこは「コストセンター」の位置づけになる。

選手一人、１年間の育成にかかる年俸以外のコストは、約１０００万円といわれている。

遠征の移動費、寮での食事、ユニホームの洗濯費といった、選手を育成するための諸経費は、ドラフト１位のスター候補でも、契約金０円選手でも、球団に所属している間、その一人一人にかかるコストという面から見れば、何ら変わらない。

こうした支出を、少しでも軽減できないか。

そこでファームの「独立採算化」を目指し、スポンサーをつけたのだ。

ファームのチーム名を、穴吹工務店が３年総額３億円で購入。穴吹工務店側は、同社が建設・販売しているマンションのブランド名をつけた。

ファームのチーム名は2000年から「サーパス神戸」となり、ユニホームのロゴも「SURPASS」に変わった。

つまり、1軍と2軍では、ユニホームも違うのだ。

マイナーからメジャーに上がるという、メジャーの感覚も持ち込み、ハングリー精神を鍛えるという意味合いもあったという。

「契約金0円」と「1軍と名前の違うファーム」

サーパスは、2008年（平成20年）まで続いた。

つまり、この2つの試みが同時進行していたのは3シーズンというわけだ。

その3シーズンのうち、2001年と2002年は現役選手としてサーパスのユニホームでもプレーした経験を持ち、2003年には2軍打撃コーチとして「契約金0円選手」を指導していたのが、藤井康雄だった。

3

阪急ブレーブスからオリックス・ブレーブス、そしてオリックス・ブルーウェーブ。

現役時代に球団売却と愛称変更の両方を経験した藤井は後に、ソフトバンクでも打撃コーチを務めている。

ソフトバンクは２０１１年（平成23年）から、育成選手を中心に構成する「３軍制」を本格稼働させている。そこから東京五輪の金メダルメンバーとなった千賀滉大、甲斐拓也、２０２０年に盗塁王を獲得した周東佑京といった多くのスターも生み出している（詳しくは拙著『ホークス３軍はなぜ成功したのか？　才能を見抜き、開花させる育成力』〈光文社新書〉をお読みいただきたい）。

「ホークスの育成の方針って、何かしら一つ秀でたものがそれぞれにあって、例えば足が速い、肩が強い、遠くへ打球を飛ばせる、そこから鍛え上げていくという感じがあったんですけど、あの時（契約金０円）は、そういう感じではなかった気がしますね。このレベルでは、というより、何かこう、秀でたものという点でも、こりゃちょっと違うんじゃないの、というのがあったような……」

藤井の〝比較論〟には、興味深いものがある。

確かに、プロ入りに際しての〝コスト低減〟という見方をすれば、育成制度の先取り、と

「契約金0円選手」を指導した藤井康雄

もいえる部分はある。ただそこに、ソフトバンクのように、一芸に秀でた無名の選手を育て上げるといった、確固たる育成方針があったとは言いづらい。

契約金0円選手で獲得した10人のうち、9人が20代。しかも、25歳以上の選手が4人いた。プロ野球の世界では、新人選手の契約金を〝減価償却〟する期間が、育成して1軍で活躍するまでの時間と見なすことができる。

その基準は、高校生なら5年、大学生なら1～2年。社会人なら即戦力。だから、新人としての獲得のリミットは「25歳」が、一つの判断基準ともされている。

2003年（平成15年）にサーパス神戸の監督も務めた元阪急の名捕手・中沢伸二も、シビアに野球人としての見解を語ってくれた。

「テストケースだったんとちゃうかな？　獲ってきて、2、3年、教育して良くなってくれれば、新しい方法だなと取り入れていくことになったと思うし、それは多分に計算のうちに入っていたと思います。でも、言葉は悪いんだけど、サラブレッドはいつかは良くなっていくけど、その辺の問題なんだろうと思うんです。本人は自信を持って入ってくるんだけど、その年代の上位にランクされる人たちと全く注目されない人たちとの差というのは、結構あるからね。だから、これは難しいのと違うかな、という疑問はあったよ」

年俸1億円の選手と５００万円の選手。ドラフト1位は1位。5位は5位。0円は0円。

その「最初の看板」をひっくり返すのは、プロ入り後の実績しかない。

中沢の考え方は、決して偏っているわけでも何でもない。

こうした「プロの視点」というのは、長く取材してきた中でも、ひしひしと感じる部分でもある。選《え》りすぐりの人材が集まってくるプロの世界。その中でも、序列がつくのだ。

その悲哀を味わい、苦しみ、夢破れた男が、香川県高松市にいた。

4

２０００年ドラフトは、5位から9位までが「契約金0円」の対象選手だった。

香川・志度高の捕手・高橋浩司は、8位でオリックスから指名を受けた。

高校通算38本塁打。3年夏の香川県大会準決勝では、優勝した丸亀高に延長10回の激闘の末、２―５で敗れ、甲子園の舞台には一度も立てなかった。

それでも、県内では評判のスラッガーだった。準々決勝と準決勝では、先発のマウンドにも立った。二刀流の高橋には、３球団から「指名したい」という話があったという。

「一番熱心にお声がけいただいたのが、オリックスだったんです」

関東の強豪大学からも、誘いの声が複数あった。それでも、プロへの憧れの思いがやまなかったという。

「指名していただけるのなら、前向きに考えさせていただきたい、オリックスで頑張りたい、とにかくプロ野球の世界でやりたいという思いがすごく強かったんです。小学校の頃から、その思いだけで、ずっと野球をやってきたんで」

夢が叶った喜びに包まれていた高橋に、わずかな〝影〟が差したのは、ドラフト指名を受けてからのことだった。

球団側との初の入団交渉の席上で「契約金は０円です」

指名前の打診では、そういった方針は一切聞かされていなかったという。

「契約どうこうよりかは、プロ野球の世界でできるという思いの方が強かったんです」

意欲に満ちた18歳。提示された条件は、年俸４８０万円、支度金１００万円。

そして、契約金０円に代わる「インセンティブ」は２０００万円だった。

10日間、１軍登録されれば１０００万円。以後、10日ごとに１００万円ずつ上積みされて、満額だと２０００万円という出来高制度になる。

高校卒のルーキーでも、ファームで結果を出し、有望株と認められれば、１年目からシーズン終盤、順位が確定した後の消化試合に、お試しの形で１軍昇格できるケースもある。

そうすると「10日間」というのは、簡単ではないが、無理めのハードルでもない。それでも「０円」での入団は、多感な若者には酷なものがある。

「契約金って、なんぼ？　いっぱいもらってるんやろ？　って言われるんです。いや、俺、ゼロなんやって、当時は若かったというのもあるんですけど、プライドもあったんで、やっぱり言いづらかった面もありますね」

日本で「育成選手制度」が正式採用されたのは、２００５年（平成17年）のドラフトからだった。育成入団だと契約金はなく、支度金の上限が３００万円程度。しかし、れっきとした「システム」がある。チャンスにかけて育成で入った。周りもそう見てくれる。

ところが、当時はその制度がない。だから、契約金０円という概念もない。

その年のドラフト３位は上村和裕（現オリックススカウト）だった。

北海道・北照高出身の捕手で、甲子園にも出場。同じ高校生で同じ捕手だ。

しかし、実績から来る期待値の差は、契約金と順位の違いとなって表れる。それが、プロ野球という実力の世界での掟だ。

上村は、契約金６５００万円（推定）でプロ入りした。

初期投資に６５００万円をかけた商品と、０円で手に入れた商品に、どちらに多大な期待をかけるかと問われた時の答えは、明快だろう。

０円の自分の存在の〝軽さ〟を、高橋は入団直後から知ってしまった。

「同学年の上村君は、どんどん試合に出してもらえる。なんでしょう、やっぱり、お金がかかっているからですよね。もちろん僕が逆の立場でも、たぶん、使いたくなると思うんです。そういうのもありましたし、上村君のポテンシャルも高かった。どこかで認めたくない部分、負けたくない部分もあったんで、難しかったです。

もう、扱いの差はすごかったです。先輩からも言われたりしますからね。あいつは3位、お前は8位やから、って。僕の中では、すごく悔しかったですし、でもやっぱり結果を残さないといけない世界だなというのはあったんで……。しんどかったです」

実戦経験を積み重ね、その中で自分の実力を測り、課題を見つけていく。そうしないと、野球選手は成長できない。

そのチャンスを与えるために、ソフトバンクも巨人も「3軍制」を採用した。ソフトバンクは、3軍単体で年間80試合前後を組んでいる。

しかし、高橋がプロに入ったその時代には、そうしたコンセプトも前例もない。

2軍の試合に出たければ、結果を出して、チャンスをつかめ。それが競争社会の原理でもある。しかし、その与えられる機会が決して平等ではないのも、またプロ野球の現実だ。

ドラフト上位指名の有望株、さらには1軍予備軍、ベテランの調整の場としても、ファームの試合への出場機会が優先的に与えられる。

それは、実績や実力、期待度に応じた〝傾斜配分〟でもある。

その狭間で、高橋も使ってもらえることはある。しかし、1年目はわずか18試合。2年目も36試合。これでは、結果を出せと言われても、その機会すら少な過ぎる。

しかも、当時のオリックスは低迷期の真っ只中。高橋がオリックスに在籍した2001年からの4年間で、1軍の監督は4人も入れ替わった。

上の方針が変わると、2軍監督も代わる。高橋の在籍4年間で2軍監督も4人。

「上も代わるから下も代わって、ぐるぐる回って……。ホント、めちゃくちゃでしたね」

指導方針が一貫しない。チャンスは少ない。結果が出ない。

その悪循環の中で、高橋はもがき続けていた。

1軍に上がるチャンスがないまま、高橋は4年目のシーズンを迎えていた。

2004年、球界再編騒動という嵐が吹き荒れた。

「4年間で、戦力外になる可能性があった中で、僕には関係ないかなという思いもありました。他人事じゃないですけど、合併とか、どれくらい重要なことかっていうのが把握できていないという部分もありました」

合併すれば、単純に選手は半分になる。ならば、自分はクビになるかもしれない。

その恐れの方が先に立つ。

9月18、19の両日、ストライキ2試合。その分、給料が引かれた。それは、経営者と労働者の闘いにおいて、まさに自らも血を流して、要求を貫徹するためである。

高橋も、同じ選手会の一員だ。前月から6万円減だった。何千万、何億円ともらっているプレーヤーではない。

「どうしようかと思いました。どうやって生きようかと。えげつなく引かれるんです。これ、大丈夫なのかな、と」

12球団維持。ファンの思い。ビジネスの観点。

そうした「大枠の物語」の陰で、先が見えない霧の中に包まれた、若き一人の野球選手がいたことを、忘れてはいけない。

「育成は、育てるという感じじゃないですか。でもなんか、契約金0円選手って、全く違う感じですよね。高校生で0円って、僕しかいなかったですよね。ふと考えた時、高校生一人やったんやな、と。うまくいけば、後々も獲っていますもんね」

２０２１年、大阪・舞洲《まいしま》に練習拠点を移しての5年目。

オリックスは、2月のキャンプインの時点で、背番号3桁の育成選手が20人を数えていた。

育成試合を組み、結果を出せば2軍に抜擢され、支配下に上がる可能性もある。

そうした「システム」がある今と、高橋の時代との違いは顕著だ。

それでも「契約金0円」の中で、一瞬とはいえ、輝きを放ったプレーヤーがいた。

5

高見澤考史は、高橋と同じ２０００年ドラフトで、6位指名を受けた。

社会人の東京ガスに所属していた外野手は、社会人野球の最高峰・都市対抗野球でも、補強選手を含めて3度出場。１９９９年（平成11年）には、4カ国国際大会の日本代表にも選出されるなど、毎年のようにドラフト候補として名前の挙がる好選手だった。

ただ、プロが目をつけるプレーヤーだけに、チームでは大黒柱だ。高見澤のような選手がプロ入りすることで、社会人側のチーム力が落ちるのも困るのだ。

「もう1年残ってくれ」といった会社側の意向を受けてプロ側が指名を避けたり、指名順位が低過ぎるのは会社の体面上好ましくないと、上位指名以外なら残留といった条件をプロ側に出しているところも多いという。

高見澤も、プロ側のアプローチが「僕のところまで届いていなかったのが、どうも2、3年くらい、続いていたみたいです」と、その裏事情を明かしてくれた。

年齢的にも、そろそろラストチャンスかもしれない。そんな焦りが募り出していた頃、思わぬオファーが舞い込んできた。

「年々、自分の順位が落っこちているのも知っていました。最後の最後に来ていただいたのが、オリックスだったんです」

その時点で「契約金0円」という新制度の方針も伝えられていた。

「契約金０って、どういうこと？　あ、そういう感じか、と。いや、そんなん、どうでもええ。なんか、ホント、プロに入って勝負したいという感じでした」

それでも、東京ガスといえば、業界でも超一流企業の一つだ。

夢を追うか、大企業に残るという安定を取るか。

契約金というのは、退職金の前払いともいわれる側面がある。リスクの大きい世界で、それこそ何十年と現役生活を続けられるわけでもない。

そこへ「契約金０円」で、飛び込むのか？

「東京ガスは大きい、っていうのが、僕には今ひとつ、働いている時には分からなかったんですね。何ていうのかな、その先のことを一切、考えていなかったというのもありましたね。東京ガスにいてどうのこうのとか、プロに行ってダメだったとか良かったとか、何か考えて、プロに入ったかといったら、そういうのがなかったんです。プロで、という声をいただいて、チャンスをいただいたことに対して、僕は嬉しくて、そんな声をもらえるのであれば、ありがたいという思いをオリックス側に伝えた、という感じでした」

25歳の選手を獲る。球団側にしても、ここから大幅に実力が伸びるということは期待しづらい。ただ、社会人での実績を考えれば、数年なら1軍で働いてくれるかもしれない。

つまり、そこそこの実力者を「契約金0円」で獲っておくことは、仮に思惑が外れたとしても、ダメージは小さい。そんな打算が、球団側にはあるのも事実だろう。

高見澤にしてみれば、そうした〝企業の論理〟も承知の上だった。


高見澤は、プロ入りの決断と同時に、入籍もしている。

新たなる人生のスタートを切った高見澤のもとに、見知らぬ男性から電話が入った。

「車を売った、という記事を見ました」

知り合いのツテをたどり、高見澤の連絡先を入手したという男性は「演出家」を名乗った。

「どうやって球場に行くんですか？」

「いや、何も考えていないんです。多分、歩きか自転車か、ですね」

「じゃあ、私が自転車を用意します。メーカーでこういうところを知っているので、自転車で行ってみたらどうですか？」

社会人時代の愛車を売却して、高見澤は神戸に引っ越してきていた。

「こっちの作戦だったんですけど、とことん、おカネがないという態《てい》でいこうと。中途半端だけはなくして、とりあえず、チャリンコでいいんじゃねえ、っていう話で」

ちなみに高見澤は、この縁をきっかけに、その演出家との付き合いが今も続いていると教えてくれた。

メーカーとタイアップした自転車が、高見澤のもとに本当に送られてきた。

新居は本拠地・グリーンスタジアム神戸（当時）からおよそ３キロ。自転車で走る距離としてはちょうど手頃だった。

漕いできた愛車を、高級車がずらりと並ぶ駐車場の片隅に置く。

そのコントラストは、もちろんテレビやスポーツ紙で大きな話題となった。

「あれはありがたかったですけどね。でも、プロのイメージじゃない。ホントは、切なかったですよ。くそー、車買うぞ、っていうのはありましたけどね」

社会人で主軸を張っていた男だから、ファームのレベルでは早々に目立ち始めた。

だから、高見澤は「契約金０円選手」の中で、最初にインセンティブの１０００万円を手にすることになる。

１年目の監督は、仰木彬だった。

球界のマジシャンと呼ばれた知将は、そういう演出にもたけている。

「あと３日やな」「あと２日やな」。にやりと笑って、毎日のように高見澤に声を掛ける。

神戸の試合前、仰木に「高見澤！」と大声で呼ばれた。

「お前、これで今日、１０００万円の出来高、ゲットするんやから、みんなにご飯でもご馳走せい！」

仰木流の祝福に合わせ、ベンチ内が沸いた。

「ご馳走様でーす」

おどけた声で田口壮が言うと、ベンチ内に爆笑が起こり、拍手が湧いた。

高見澤は最終的に、満額の２０００万円を獲得することになる。

自力で契約金をつかみ取った男が輝いたのは、２年目の２００２年だった。

２０００年オフにイチロー、翌01年には田口壮がＦＡ権を行使して、かつてのオリックスの看板選手の２人が、メジャーへと戦いの場を移していた。

その穴は簡単に埋まらない。８年間の長きにわたってオリックスを率いた仰木も、２年連続の４位に終わった２００１年を最後に勇退していた。

後を継いだのは、西武で遊撃手として活躍。高いリーダーシップで、その黄金期を支えた石毛宏典だった。

その石毛が、高見澤のガッツと実力を高く評価してくれた。

62試合に出場、打率・２７９、４本塁打、26打点。

これだけの結果を残せた選手が「契約金０円」ならば、それこそ、スカウト陣の見る目は高く評価されてもいい。仕入れ価格０円から、１軍で稼げる選手を生んだのだ。

その〝０円選手〟だからこそ、騒がれたシーンがあった。

４月19日、鹿児島・鴨池球場（当時）での西武戦。

プロ初安打は、あの西武の若きエース・松坂大輔からのホームランだったのだ。

平成の怪物を、「契約金０円」の男が打った。

このコントラストは、痛快なドラマでもある。

「たまたま。ホントたまたま。僕からしたら、行き当たりばったりのタイミングで、ポーンとぶつかったのが、パーンと行っただけ。何ともないんですけど、それを今でも言ってもらえるんで、本当にありがたいです。でも、そういうのがなかったら、今、何していたんだろう、とも思いますね」

しかし、翌３年目。社会人時代から痛めていた右肘が、とうとう悲鳴を上げる。

いかに痛くないように投げるか。ごまかし、探りながら、外野を守っていた。自分の立場が分かっていた。ダメなら、すぐに切られる。だから必死だった。

2年目のシーズン終了後に右肘を手術。だから3年目のキャンプインは、ファームでのリハビリでのスタートだった。

夏頃になると、ＦＡ権を取得した他球団の外野手を、獲得に乗り出すというまことしやかな噂が耳に入り、スポーツ新聞でも、それが事実のように報じられていた。

「ああ、俺、クビだな、そんな感じでしたね」

28歳、右肘の怪我、契約金0円。球団は待ってくれない。言い方は悪いが、元手がかかっていないから、クビにするのにも躊躇《ちゅうちょ》がない。

わずか3年。怪我に泣かされた、短いプロ野球人生だった。

6

オリックス退団後、高見澤は無給のまま古巣・東京ガスの練習生に復帰、韓国や台湾のプロリーグで、数カ月の短期契約を結べるという話が持ち込まれ、それに向けた準備で練習を続けていたという。

その矢先に、再びアクシデントが起こった。

「今度は、腰でした」

今も、その時のボルトが入っているという。「もう野球は無理でしょう」と医者からも言われ、手術を決断すると同時に、自らの現役引退も決めた。

そんな時だった。

新聞に入っていた1枚のチラシを、妻から渡されたという。

「野球だよ、これ。正社員って書いてあるよ」

埼玉に居を移していた高見澤は、東京ガスの練習に車で通う途中に、バッティングドームがあるのを、毎日のように見ていた。

さいたま市岩槻区にある「アーデルバッティングドーム」の求人募集だった。

正社員としての勤務が始まった。希望者には高見澤自ら打撃指導も行っていた。

仕事が軌道に乗り始めた頃、ドームの社長から思わぬ提案があった。

「高見澤君、野球塾ってどうかな?」

勉強の塾と同じように月謝制。子供たちに本格的に野球を教えてみるのはどうだろうという新ビジネスのアイディアだった。

高見澤は、惹かれるものがあった。

野球は危ない。ボールが当たったら、怪我をする。

公園でも、キャッチボール禁止の看板が掛けられるような時代になった。

野球をやりたくてもできない。その環境の制限が、都会ではさらにきつくなった。

「公園だとか、危ない、やったらダメというところが多くなっているし、親の方もどうせやるんだったら、そういうプロの人たちに見てもらったらとか、その辺、熱の入れようも変わってきているんですね」

やるなら、きっちりと教えます。そうしたコンセプトで「野球塾」を名乗る施設やシステムは、２０００年代序盤には「調べてもなかったんですよ」と高見澤は明かしてくれた。

「子供を見るのも大好きだし、やってみても面白いかな、と思ったんです」


２００５年春。高見澤の野球塾がスタートした。

近所の子供たちが８人集まった。

「プロにいた人が教えてくれるらしい」

宣伝も何もない。当時はまだ、インターネットもメジャーではない。口コミではあったが、高見澤の熱心な指導ぶりも評判になった。

「元オリックスで、松坂からホームランを打った人」

その〝肩書〟も、大きくものを言った。

１枚のチラシから、新たな人生が開けていった。

野球塾の塾生が、年々増えていく。

「出来高の契約金は、そんなに残っていなかったんで……。貯金、しましたね」

笑いながらボカしたが、高見澤は野球塾の経営権を購入する。つまり、会社を買ったのだ。

「結構……。莫大《ばくだい》な額でしたよ。出来高分？　超えてました」

東京では、神宮球場のすぐ近くにあるバッティングドーム内に「神宮校」を開校。さらに千葉でも「匝瑳《そうさ》校」を開校した。

オリックスで一緒にプレーした選手たちを、コーチとして雇った。

「野球しかやってきていないんだったら、野球やったらいいじゃん、って話です。一般的な企業ではないわけで、でも、これって、俺たちのできることじゃん、俺たちしかできないことじゃない、みたいな話で進めていったら、みんなが共感してくれて」

１９９３年ドラフト４位指名の内野手・福留宏紀、１９９５年ドラフト２位指名の投手・川崎泰央、１９９８年ドラフト３位指名の内野手・相川良太ら、オリックス出身のＯＢたちが高見澤の経営する野球塾で講師役を務めている。

私も、番記者時代に取材した経験のある選手たちばかりだった。

「めちゃくちゃ、オリックスでしょ？　なんでオリックスなの、っていうお客さんも結構いますよ」

千葉から、東京から、遠くは茨城からも、野球塾へやって来る。

その生徒数は、今や６３０人ほど。年商も「うん億円、ですかね」

教え子たちは、甲子園にも続々出場している。

野球塾の会社を購入するためにかかった資金も、すべて返済が終わったという。

コーチとしての手腕はもちろんのこと、ここまでくると、もはや「実業家」だ。

生徒たちも「環境」を求めて、野球塾にやって来るという。

甲子園から名門大学、そして日本のプロ、さらにはメジャーを目指す。

その目標から逆算し、小学校や中学校からクラブチームに入り、高いレベルの野球に取り組みながら、野球塾にも来て、個人的な技術のレベルを上げていく。

「時代ですね。中学生とか高校生たちが『環境』って言うんですよね。でも、環境なんて自分で作りゃいいじゃんか、という話もするんです」

プロでやりたい。だから、契約金０円で飛び込むという人生の選択をした高見澤だからこそ、説得力もある。

わずか3年のプロ生活。しかし、苦労を逆手に取ったともいえる野球人生は続いている。

「ここにも来ましたよ。『どうやってやってるんですか』みたいなね」

そう笑った高見澤のもとへ、高松から高橋が訪ねてきた。

7

高橋は分配ドラフトで入団した楽天を２００５年に退団、故郷の高松へ戻ってきた。

「1年ほど、宅配の夜勤で「荷物を下ろす仕事をしていましたね」

もう、野球は懲り懲りだと思っていた。実家は漁師。高橋も「カンパチ」の養殖を本格的に手掛けるようになった頃だった。

「高橋さん、野球を教えてください」

元プロ野球選手だった高橋のもとへ、近所の子供たちがお願いにやって来た。

漁師の仕事で使っていた倉庫を改造した「野球塾」は、選手２人からのスタートだった。

口コミで、その評判が伝わっていく。

１年もすると、30人の選手を教えることになっていた。

場所が手狭になってきた。そこで高橋は、父親から資金を借り、さぬき市内で倉庫を借りて、そこを改造することにした。

５年間教え続けた後、２０１６年８月から高松市六条町に野球塾を移した。

生徒数は今や１２０人。地元の名門・高松商に進み、甲子園に出場した教え子もいる。２０２１年ドラフトで、巨人から育成８位指名を受けた四国学院大の左投手・富田龍は「高橋野球塾」からプロへ送り出した初めての教え子だという。

カンパチの養殖は、５月中旬から12月まで。早朝から午前中で仕事を終えるので「そんなに負担はないですね」。本業を終えると、午後3時頃に高松の練習場へ来て準備、５時前になると、ユニホーム姿の少年たちが続々と集まってくる。

クラス別の練習は、午後9時半に終了する。

それが、一日のルーティンだという。

練習場は、工場の一角を借りた倉庫を改造したもので、土と人工芝を敷き、ＬＥＤ照明に、空調のファンも設置。縦35メートル、横15メートルの屋内グラウンドになっている。

２０００万円の投資額は、満額の契約金とくしくも同じ額だ。

「自分が逃げたくないというか、逃げ道を作りたくない、ここで勝負したいという思いがあったんで、一気にこう、投資したという感じなんです。自分にプレッシャーをかけて」

野球塾を開校していた〝先輩〟の高見澤にも、だから教えを請うたのだ。


「契約金0円」は、わずか3年間しか採用していない。

たった一人の高卒選手だった高橋は1軍に一度も上がれず、2年目に松坂からホームランを放って脚光を浴びた高見澤も、怪我がたたって、わずか3年でのプレーに終わった。

2人とも、志半ばでピリオドを打たされたようなプロ野球生活だった。

球団の狙いは、うまくハマらなかった。

高見澤も高橋も、その制度に翻弄《ほんろう》され、割を食った形になるかもしれない。それでも、高橋は「そのプロ野球の5年間がなければ、この野球塾も成り立っていない」と断言する。

「キツかった時の経験、プロ野球の経験があるからこそ、それ以上、しんどいこともキツイこともないだろうと思ってやれているのが、今に繋がっています。やっぱり僕はうまくなかったから、1軍に出られなかったというのもあるんですけど、その分、いっぱいいろいろな練習をしていただいたり、いろいろな方たちが教えて下さった部分、それが自分の引き出しとなって、今の選手たちに伝えられる部分であったりもするので、それはそれで、すごく良かったなっていうのもあります。それがなければ、今はないんでね」

2人の「契約金0円選手」は、今もなお、野球の世界にいる。

「元プロ野球選手」という肩書を、今、自らの人生に生かしているのだ。

第三章　仰木彬と梨田昌孝

1

〝イチロー・ロス〟ともいえる低迷と混乱が、オリックスには続いていた。

2001年（平成13年）に2年連続Bクラスとなる4位に終わり、仰木彬は8年間の監督生活にピリオドを打った。

イチローとともに「オリックスの顔」としてチームをけん引してきた田口壮も、FA権を行使して、メジャーのセントルイス・カージナルスへ移籍した。

阪神・淡路大震災を乗り越え、リーグ連覇と日本一に輝いた時の主役たちが、一人、また一人と神戸の地を去っていく。

仰木も、イチローも、田口もいなくなった2002年から2004年、オリックスは3年連続最下位という、屈辱の成績が続くことになる。

その低迷の真っ只中に、中日からトレードでやって来たのが山﨑武司だった。

山﨑は、中日の顔、そして名古屋を代表する〝地元の英雄〟だった。

愛知の名門・愛工大名電高から１９８６年（昭和61年）にドラフト２位指名を受け、中日に入団。オリックスが巨人を下して日本一に輝いた１９９６年（平成８年）には、39本塁打を放って、セ・リーグの本塁打王にも輝いている。

その豪快なバッティングもさることながら、自らの思いを名古屋弁で臆することなく、堂々とまくしたてる。その一本気な性格で、首脳陣と真っ向から衝突してしまったのが２００２年（平成14年）のことだった。

その前年、ＦＡ権を取得した山﨑は、他球団への移籍を決意していた。

ところが、２００２年（平成14年）から監督に就任する山田久志が「お前は必要な選手」と、わざわざ山﨑のもとを訪ねてきて、説得したのだという。

その男気に打たれて中日に残留した山﨑だったが、山田との蜜月状態は長く続かなかった。

「春先、コケてたのよ。ちょっと調子が上がらなくてね。一応、レギュラーも張ってたわけじゃん。だから、そりゃないだろ、って正直思ったけど、２軍に落とされた。その時は文句を言ってなかったのよ。上がって、代打で使われて、打てんかったのよ」

その試合翌日だった。新聞に山田のコメントが掲載されていた。

「チームを奈落の底に落とす選手がおったら、勝てんわな」

チャンスで凡退した山﨑のことを、暗にほのめかしていた。

「監督、これ、僕のことですよね」

山田と試合前に出くわした山﨑は、直接そう尋ねたという。

「そりゃ、お前のこととは限らんぞ」

はぐらかす山田の軽い口調に、山﨑の心の中で、張りつめていたものが切れた。

「このままドラゴンズに3年契約で6億円もらって、残ってて何もせずにいるのは、もう耐えられんかったよね」

3年契約、総額6億円で残留した自分の立場が、自分で情けなくなったのだ。

山﨑は、球団首脳に「出してくれ」と直訴したという。

その情報に反応したのがオリックスだった。

１９９５、96年のリーグ連覇の際、若きクローザーとして活躍し、新人王にも輝いた右腕・平井正史を交換要員として、山﨑とのトレードを成立させた。

「自分の生きる場所があるんじゃないかと思ったんです」

低迷するオリックスだからこそ、自分の力を必要としてもらえる。しかも2億円の年俸は、山﨑によると、中日とオリックスの折半だったという。

「ドラゴンズも、最大限やってくれたんでね」

己のプライドをかけて、オリックスに来た。中日の恩義にも応えたい。

しかし、山崎のその意気込みは、早くもくじかれてしまう。

２００３年（平成15年）2月1日、宮古島キャンプ初日。

「なんじゃ、この練習は？　って思った。そりゃ、弱いはずだわ。たるかったんですよ、練習がね。パ・リーグって、こんなにぬるいの？　って」

山崎が中日にいた当時、監督は星野仙一だった。

鉄拳制裁が、厳しさの象徴として〝是〟とされていた時代でもあった。星野の鋭い視線が飛んだ先では空気がピンと張り詰め、怒声でも飛ぶようなことがあれば、そこにいる選手はおろか、近くにいた番記者ですら震え上がった。

名古屋で絶大なる人気を誇り、球場にも、キャンプ地にも、それこそドラゴンズの動くところに、ファンがいた。常に見られていたその緊張感は、半端じゃなかったという。

「星野さんの下で、ピリピリのキャンプをやってたからね。オリックスは、ホントにぬるぬるだった。低迷期に入ったからかな、やっぱり選手個々に負け犬根性がついていたよね。楽天でも経験したけど、負けてたら、また明日、明日、って。ただそれだけ。なぜダメだっていう解決法を考えていないっていうのかな、今思えばね」

全体練習が終わると、選手たちはさっさと宿舎に引き揚げていく。個人練習というのは個々の目的意識があって、初めて取り組めるものでもある。

山崎には、チーム力が低下していくその〝根本〟の部分が見えてしまった。

「選手の意識も薄かった。あの当時だけど、ドラゴンズとオリックスのレベルは全然違った。技術以外のところでも、ちょっとこれは違うなと。やっぱり弱いチームって、こんなんなんだとすごく思った。とんでもないところに来ちゃったな、って思ったよ、正直」

そんな中で、プロ意識のある山崎を、監督の石毛宏典は頼りにしていた。

「俺、石毛さん、嫌いじゃなかったんだ。ホントに熱い人だったしね」

その石毛は、２年目の２００３年、つまり山崎がオリックスに来た年に、わずか開幕20試合で解任される。フロント主導での選手補強と石毛の起用法が噛み合わなかったのだ。

札幌ドームでの解任だった。その試合前、山崎は石毛に監督室へ呼ばれた。

「俺、きょうが最後の試合だから、タケシ、４番打て」「えっ？　まだ4月ですよ」

打撃コーチだったレオン・リーが監督を引き継いだが、２年連続の最下位。翌２００４年は元西武の監督で優勝経験のある伊原春樹が監督に就任した。

石毛から伊原。オリックスが、強かった西武の「個の力」と「チームの規律」を重んじる厳しいマネジメントの監督のもとで、チームの再建を図ろうとしていたのが分かる人選でもある。伊原も、選手個々の自覚を重んじた。

宮古島キャンプでバント練習が始まろうとした時だった。山崎と谷佳知、ルーズベルト・ブラウン、ホセ・オーティズの4人を伊原は呼んだ。

「お前らは、バントの練習には入らなくていい。お前らにバントはねえから、この練習はせずに、もう帰っていいぞ」

その信頼ぶりに「この監督、なかなかやな、って思ったんだよ」

ところが、シーズンに入ると、山﨑にバントのサインが出た。

「別にそれだったら、やれと言うならやるんですよ。お前にバントのサイン出さねえって言っといて、4月にやっとるでね。ビックリするわ」

故郷・ナゴヤドームでの西武戦。その試合告知のポスターは、山﨑がメーンだった。

「監督、名古屋ではお願いします」

生まれ故郷であり、かつての本拠地への凱旋《がいせん》。気合も入る。ただ、温情をかけてもらわなくても、山﨑の実力なら、十分に「４番」は張れる。

名古屋では、いいところを見せますから、という山﨑の決意表明でもある。

４月27日からナゴヤドームでの西武３連戦。山﨑は初戦に２安打。ところがその試合で谷が左ひざを強打。翌28日はＤＨで谷を起用するため、山﨑が割を食うことになった。

話が違う。よりによって名古屋だ。地元の関係者もたくさん招待していた。

「俺のわがままかもしれないけど、いや、おかしいでしょと。キャンプの時から、監督には『名古屋だけはお願いしますよ』って言っとったからね」

山﨑は、監督室へ直談判に乗り込んだ。

「あんたじゃ話にならんから、中村ＧＭのところに行きます」

「お前、こんな状態じゃ、野球やれんな。帰っていいよ」

「ほな、さいなら」

売り言葉に買い言葉で、山﨑は試合前のナゴヤドームから、そのまま愛知県内の自宅へと帰っていった。翌29日には出場選手登録が抹消され、球団から発表された理由は「風邪による発熱」だった。

「もう、今年で辞めようと思った」

気持ちが、ぷっつりと切れてしまった。２００３年、山﨑はチーム日本人最高の22本塁打を放っていたが、04年はわずか62試合出場、37安打にとどまっている。

後に楽天に移籍、２００７年（平成19年）の39歳になるシーズンで、本塁打と打点の2冠に輝き、中年の星としてその復活が称えられた男は、現役通算１８３４安打。オリックスでの2年間、わずか１２０安打に終わったことを、ちょっぴり悔やんでいる。

「あの時、もうちょっとまじめにやっとりゃ、２０００安打を打てたのにな」

そう笑って振り返った山﨑にも、球界再編の嵐が襲い掛かった。

「球界再編がどうのこうの、ごちゃごちゃしていた時、いろいろミーティングもあったけど、俺、もう関係ねえから、帰っていいかなと思ったくらいだった。全然、興味がなかったんだ。もう現役は退く、野球から身を引くと決めて、やんちゃ飛ばしてたからね。

今思えば、あのオリックスでの辛い2年間があったからこそ、楽天の7年もあったと思うんだけど、とにかく野球から逃げ出したかったよね。あの2年、修行の身でした」

低迷期の真っ只中、オリックスが球界再編への口火を切った。

2

2004年（平成16年）6月13日。

日本経済新聞の1面に「近鉄球団　オリックスに譲渡交渉」のトップニュースが躍った。

これを機に、経営者サイドは10球団・1リーグに再編成することで、赤字続きの球団経営から脱却しようと目論んだ。一方の選手会側は、10球団への再編は縮小策であり、選手の〝仕事先〟が減少するという観点からも12球団維持を訴え続け、シーズン中もその対立が日々激しさを増していった。

度重なる労使交渉も決裂し、9月18、19の2日間、日本プロ野球史上初のストライキも断行された。選手会の強硬な抵抗と世論の大きな反発も受け、最終的には12球団制の維持、東北楽天の参入、ダイエーからソフトバンクへの球団譲渡も決まった。

オリックスと近鉄の球団合併も、当初の計画通りに実行された。

「〝オリ近〟の監督をやれるのは、ワシしかおらんやろ」

仰木彬が、周囲に自らの意欲を力強く語っている。そんな風の噂が、球界内で聞こえ始めていた頃だった。

「新井、手伝ってくれ」

電話を受けた新井宏昌は、仰木からの〝要請〟に、ただ驚愕《きょうがく》するしかなかった。

本当に、やるつもりなのか――。

新井は、監督を退任した仰木とともに２００1年にオリックスを退団。２００3年（平成15年）からは、福岡ダイエー（現ソフトバンク）で1軍打撃コーチを務めていた。

その年、ダイエーの年間チーム打率は2割9分7厘。２０２1年終了時点でも、依然として、この数字はプロ野球記録である。その打撃理論と指導力は、当時の監督・王貞治（現ソフトバンク球団会長）からも、絶大の信頼を勝ち得ていた。

その新井が、ダイエーのコーチを務めていた当時、仰木は生活拠点でもある福岡で肺がんのために闘病生活を送っていた。

入退院を繰り返す仰木のもとへ、新井はたびたび見舞いにも訪れていた。そして、仰木が闘病している事実は、王にも新井から報告していたという。

その恩師からの、まさかの〝直電〟だった。

「知っていて、仰木さんは連絡してきた。僕は知っていたから、手伝わないといけないと思ったんです」

現役時代、さらに監督時代と、新井は長く仰木のそばに仕えてきた。己の助言を受け入れてくれた仰木の決断があって、世界のイチローが生まれた。さらにはイチローを育てた名コーチとして、新井宏昌の輝きは今もなお失せることがない。コーチとしての自信、実績、いわば〝箔《はく》〟をつけてくれたのは、仰木彬だった。

だからこそ、戻らないといけない。

恩師の〝最後〟になるかもしれない闘いを、その傍らで、最後の最後まで支えることが、人生最大の、そして人生最後の恩返しになる。

「どちらのことも、どちらの選手も知っている。うまく球団を出発させる監督は、仰木さんしかいなかったでしょうから」

新井も、覚悟を決めた。

ただそれは、同一リーグのライバル球団への移籍となる。選手の性格や監督の考え方といった〝機密〟を持つ有能な人材の流出は、敵に塩を送ることにもなる。

「妻の体調があまり良くない状況なので、関西へ戻りたい」

それが、新井が明かしたソフトバンクの〝退団理由〟だった。

ただ、これは決して、オリックスへ復帰するための口実ではない。

新井の妻も当時、闘病生活を送っていたという。仰木に関する取材をお願いした際、新井が自ら、当時の背景を明かしてくれたことを付記しておきたい。

「それならば、仕方がないな」

それは、王の〝暗黙の了解〟でもあった。

ソフトバンクを退団した新井は、仰木の参謀役として1軍チーフ兼打撃コーチに就任した。

松山秀明も、２００４年には阪神で2軍守備走塁コーチを務めていた。

仰木からのコーチ要請を受けると、迷わずオリックス復帰を決断している。

「監督になられる前から、体調が悪いというのを僕らも知っていましたし、仰木さんをカバーするために戻りました。監督の負担を少しでも減らせるよう、それが目的で戻ってきたんです」

１９８９年（平成元年）ドラフト5位指名で、青山学院大からオリックスへ入団した松山は、かねてから仰木に目を掛けられていた一人だった。

仰木オリックスが1995、96年にリーグ連覇、96年には日本一にも輝いた栄光の時代に、松山はそのメンバーとして活躍していた。

ＰＬ学園高では、清原和博（西武～巨人～オリックス）と桑田真澄（2022年から巨人1軍投手チーフコーチ）と同学年で、松山が主将だった。そのリーダーシップもさることながら、野球をよく知り、堅実なプレーをこなす上にガッツもある松山は、仰木好みのプレーヤーの一人でもあった。

「グラウンドで死んだら、本望や」

松山は現役時代、仰木から何度となく、そう聞かされたことがあったという。

仰木のもとへ戻る。そう決意した時に、松山の心中に最初に去来したのは、その「仰木の言葉」だった。

「変な話、それを感じたんです。本心だったんでしょうね」

命をかけた闘いに、仰木が挑もうとしている。

新井にも、松山にも、その思いが分かっていた。

監督就任後の仰木は、その一挙手一投足に、ますますパワフルさを増していった。

　新生オリックスは初めてのドラフト会議を前に、全国的には無名の存在だった逸材、トヨタ自動車・金子千尋（現弌《ち》大《ひろ》＝北海道日本ハム）の逆指名獲得を確実なものにしていた。

しかし、仰木は「一番いい選手に行かない手はないやろ」

　甲子園でも活躍した東北高のエース・ダルビッシュ有（現サンディエゴ・パドレス）に競合覚悟で1位指名に乗り出そうと主張し、大きな話題を呼んだ。

　さらに、仰木の本領発揮ともいえる言動で、スポーツ紙やテレビを連日にぎわせていた。巨人で活躍の場が減少していた清原和博に「関西へ帰ってこい」と呼びかけたのだ。

そして当時、私のもとにも、仰木にまつわる仰天の噂が複数の筋から聞こえてきた。

仰木が、岸和田の街を歩いていた——。

菓子折りを持った仰木が、清原の実家を足しげく訪問していたというのだ。

もちろん、息子のオリックス入りを口説くためで、留守の時には実家の前に立ち、両親が帰ってくるのを待ち続けることもあったという。

　仰木がオリックスを率いた2005年（平成17年）には実現しなかったが、仰木がこの世を去った後、巨人を退団した清原は、その「遺志」を受けて移籍。2006年から現役最後の3年間をオリックスでプレーしている。

2005年の沖縄・宮古島キャンプには、仰木の要請で、当時マリナーズでプレーしていたイチローが、わずか3時間滞在の日帰りという強行スケジュールの中、練習に参加した。合併球団を盛り上げるために、あらゆる手段を繰り出していく。

これも「仰木マジック」だった。

ただ、合併球団でプレーする当の選手たちは、そのチームカラーの混じり具合に、しっくりきていなかったところがあったという。

「オリックスはおとなしい。近鉄は、はっちゃけている。やっぱり2つに分かれる。秋季練習をやってみても、それは感じました」

球団合併に伴い、近鉄からオリックスに移籍した外野手の大西宏明（現さわかみ関西独立リーグ・堺球団監督）は、そう証言する。その新生オリックスの開幕となる3月26日の西武戦で、大西は「3番」に起用された。

西武の開幕投手・松坂大輔との相性が良く、PL学園高3年夏、甲子園の準々決勝で横浜高と演じた「延長17回」の一戦でも、大西は松坂から3安打を放っている。

そうした相性、対戦データ、選手の気性、すべてを踏まえた上で、まだレギュラーとは呼べない、プロ3年目の24歳を開幕戦でクリーンアップの一角に据える。

それが、近鉄とオリックスの両球団を優勝に導いてきた仰木流の采配なのだ。

「うわ、俺、今年、これでいけるんやと思ったら、次の日、スタメン落ちでした。最初はクエスチョンだらけでした。あれ？　俺、何か悪いこと、したかなって」

大西は、その采配に当初はなじめなかったという。当時の中心選手だった谷佳知の代打に指名され、送りバントを命じられたこともある。「申し訳なかったんですけど、そこまで仰木さんのことを知らなかったんです。名将で、名前は聞いたことはあるけど……くらいで、直感系の方なのかなと思っていたんです」

大西は〝仰木の真意〟を知ろうと、チームの先輩たちに聞いて回っていく中で、データを駆使し、あらゆる組み合わせの中から、その日の起用を考える「仰木マジック」のことも初めて知ったという。

その年からスタートしたセ・パ交流戦の最中にも、こんなやり取りがあったという。

練習中に仰木がふと、大西のところへ近寄ってきた。

「明後日、いくからな」

今日でもなく、明日でもなく、もう一日先。そうやって、気持ちを盛り上げさせた上で、試合で一気にスパークさせる。それが、大西のようなタイプには効くのだ。

「必死こいて、準備するじゃないですか」と大西。仰木の狙い通りに活躍した翌日に「大西は貪欲なファイターやから」という仰木の談話を、大西は新聞紙上で目にした。

「そういう部分で、見てくれていたのかなと。嬉しかったです」

仰木イズムが、また少しずつ、新生オリックスに浸透していく。

日々の熱き戦いが繰り広げられていく中で、仰木の体調は少しずつ悪化していた。

「僕らの前では一切見せないですし、選手の前でも、絶対に見せない。本当に、春先は元気にされていましたけど」

松山も、仰木の体力が日に日に落ちていくのを感じていた。

西武ドーム（現メットライフドーム）での試合後、ビジター球団はベンチ裏から１０８段ある階段を上がり、関係者駐車場に停まっているバスに乗り込んで、宿舎のホテルへ戻っていく。

夏場を過ぎた頃から、試合後の仰木には階段を上る体力も気力も残っていなかった。

西武ドームのセンター後方、荷物の搬入口のところまでタクシーを呼び、三塁側の監督室から、やっとの思いで、そこまで歩いていったのだという。

「ちょっと、頼んだぞ」

新井にそう言って、試合中に監督室で横になっていたこともあったという。

大阪と神戸でのホームゲームでは、新井は仰木を車で送迎するのが日課だった。

「ちょっと、倒していいか？」

車内で、新井に必ずそう告げてから、仰木は助手席のシートを後ろに下げたという。

その角度が、日ごとに深くなり「後半は、フルフラットになっていました」と新井は証言する。まさしく自らの骨身を削って、仰木はグラウンドに立ち続けていたのだ。

合併1年目は4位。3年連続最下位だった前年から13勝を上積みし、さあ、来年こその期待が高まる中、仰木は当時ＧＭの中村勝広に監督の座をバトンタッチした。

監督を1年で辞任。その勇退表明は9月29日。

それから、わずか77日後のことだった。

合併球団を船出させる。その重要なミッションを成し遂げた仰木彬は、２００５年（平成17年）12月15日、70歳でこの世を去った。

「いつ、どうなるか分からない。受ける時に、そういう覚悟だったんでしょう。その責任は、全うされたと思います」

最後まで仰木を支え続けた新井はその後、２００７年（平成19年）から２年間、ソフトバンクで再び１軍打撃コーチ、２０１０年（平成22年）から３年間、オリックスの２軍監督、２０１３年（平成25年）からは３年間、広島で１軍打撃コーチを務め、２０１９年（令和元年）には11年ぶりにソフトバンクへ復帰、２軍打撃コーチを２年間務めている。

松山も、２０１８年（平成30年）からソフトバンクに移り、２０２１年も３軍内野守備走塁コーチとして、若手の指導に今も変わらず、熱心に取り組んでいる。

仰木の座右の銘「信汗《しんかん》不乱」は、松山にとって、大事な言葉だ。

流した汗を信じて、一心不乱に野球を追求していく。

「仰木さんは、それだけの思いで野球に取り組んでこられた。仰木さんのような能力のない僕らは、遊び半分に野球をやれない。野球人として、命がけで野球に取り組み、この仕事に向き合う。命をかけて、取り組まないとあかんのですよ」

その〝仰木の造語〟にこめられた思いを、指導者となった今も、松山は大事にしている。

3

近鉄は「いてまえ打線」。オリックスは、非常にスマート。カラーとして、合併した以上は融合をうまく進めないといけない。非常に難しい。躊躇しました。過去、現在、そしてこれから新しい歴史。少し考えましたけど、監督をやらせていただこう。新しい歴史を作る責任感、やりがいがあります。

２００４年の取材ノートを開くと「10月12日」。仰木の監督復帰会見のメモから「決意の言葉」を抜き書きしてみた。

チームカラーの全く違うオリックスと近鉄を、いかにして融合していくのか。

その「バランス感覚」は、両チームを熟知した自分しか出せない。

ただ、自らの「命」が、そう長くないことも、仰木は自覚していた節がある。

仰木が、次にバトンを託そうとしていた後継者は、愛弟子の梨田昌孝だった。

「ワシが1年やる。その後、お前がやってくれたらええ」

何度となくかかってきた電話での会話で、仰木は梨田をそう説得し続けたという。

ヘッドコーチとして支えてほしい。その後、俺の後を継いで監督になれ――。

しかし、梨田昌孝は、最後まで首を縦に振らなかった。いや、振れなかったのだ。

梨田昌孝

恩師からの要請と、自らが貫き通さなくてはならなかった信念の狭間で悩み続けた〝あの時の決断〟を、梨田は静かに振り返ってくれた。

梨田は、仰木の〝マジック〟で、現役最後の舞台を華々しく彩ってもらった一人だった。

1988年（昭和63年）10月19日、川崎球場でのロッテ－近鉄戦。球史に残る「10・19」の名勝負。ダブルヘッダーで、近鉄が連勝ならパ・リーグ優勝となる。しかし、1試合でも負けるか引き分けに終われば、西武の優勝が決まる。

雌雄を決するその戦いの真っ只中に、阪急ブレーブスの球団身売り、オリックスの球団買収が発表されている。

近鉄、オリックス、そして仰木彬。

何か目に見えない、運命の糸のようなものを感じるといえば、こじつけ過ぎだろうか。

それはともかくとして、負ければ終わりの1戦目は、8回を終え3―3の同点。

ダブルヘッダーの1試合目は延長戦が行われないというのが当時の規定。だから、このままならば、近鉄優勝の可能性が潰《つい》えてしまう。

9回表、2死二塁のラストチャンス。仰木がコールしたのは「代打・梨田」だった。

その年限りで、梨田は現役引退を決めていた。

ひょっとしたら、これが最後の打席になるかもしれない。

そして凡退してしまったら、チームの夢もその瞬間に消えてしまうのだ。

土壇場で、仰木は梨田を打席に送り出した。

燃えないはずがない。ロッテのストッパー・牛島和彦（元横浜監督）の2球目を、梨田はセンター前へはじき返す、値千金の勝ち越しタイムリーを放った。

沸きかえるベンチ。涙を流す選手すらいた。

俺たちは、諦めない。その猛牛魂に突き動かされたかのように、二塁ベース上の梨田は現役生活で「最初で最後」というガッツポーズを繰り返した。

「キャッチャーとして、やるべきではないと決めていたんだ。でも、この時、初めてやったんだよね、ガッツポーズを」

打たれた、やられた。その相手の感情を、むやみにかき乱すことはしたくない。それが捕手・梨田昌孝が、現役時代に貫き通してきた信条だった。

そんなことを忘れてしまうほどの興奮と喜びが、梨田の体中を駆け巡っていた。

2戦目は延長10回、4―4の引き分けに終わった。優勝への夢が途切れてしまった延長10回裏、梨田は〝現役最後のマスク〟をかぶっていた。

歓喜と落胆をともにしたその恩師から、新球団のヘッドコーチ就任の要請が入ったのだ。

梨田は、監督として2001年(平成13年)に近鉄をリーグ優勝に導いた。

中村紀洋、タフィー・ローズを中軸に据えた豪快な「いてまえ打線」が、近鉄のチームカラーであり、球団の象徴でもあった。

2軍監督から昇格した2000年(平成12年)の監督就任当初は「機動力野球をやりたかった」という。しかし、これがチームにうまくフィットせず、チームは2年連続の最下位に沈んだ。すると梨田は、自らの方針をさっと切り替えた。

２００１年は、チーム防御率が12球団最下位だった。それでも、打ち勝って優勝した。

監督５年目の２００４年。思いもよらぬ騒動が降りかかった。

「新聞に、合併のことが出た日があるでしょ、６月の？　あれ、日曜日に載ったのよ」

その前日の土曜日、梨田は知人と食事に出かけていたのだという。その翌朝、合併のニュースが全国に流れると、その知人から「あんた、水臭いな」と言われたのだという。

しかし、梨田にとっても、まさしく青天の霹靂《へきれき》だった。

合併したら、どうなるんだ？　監督の自分ですら分からない。報じる新聞を、他人事のように読んだような、うっすらとした思い出しかないという。

「もう大騒ぎというか、何が何だか分からんような……。もう、ゲームをしていても、心ここにあらず、みんな、なんか浮ついた感じで、どうなるんやろ、不安そうな感じでやっていたよね」

インターネット会社のライブドア社長・堀江貴文が近鉄買収に名乗りを上げ、世間の注目を集めた。ファンが合併反対のデモ行進を行い、選手会も反対の署名を集めたりした。

しかし、梨田が何を言おうとも、選手たちがどれだけ反対しようとも、事態は容赦なく企業の論理で動いていく。1リーグ10球団というオーナー側の目論見こそ外れたものの、近鉄とオリックスの合併は結局、当初の計画通りに遂行された。

9月24日、大阪ドーム（当時）での本拠地ラストゲーム。

試合前のミーティングで、球団社長とオーナーが、合併の経緯と、これまでのねぎらいの言葉を、選手たちにかけた。しかし、どの言葉も全く響かない。

選手たちは、上層部の話が終わっても、その場から全く動こうとしなかった。

「納得させるため、ではなかったんやけどね」

梨田は、涙を浮かべながら、選手たちに語り掛けた。

もう、こうやって決まった以上、これは企業のトップ、本社のトップが決めたら、これはもう、俺らは否が応でも従わんといかん。これは仕方のないことだしな。

こうやって、寂しい話になってしまったけど……。

今、みんながつけている背番号は、近鉄の永久欠番や。

そう思って、1年でも、1日でも長く、プロ野球の現役生活を、ユニホームを着てやってくれ。大阪ドームでの最後の試合や。みんな一つの球に集中して、闘っていこうや。

そう言い終えると、梨田は黙って、監督室へ引き揚げた。

背中の方から、選手たちがすすり泣く声が聞こえてきた。

4万8000人、満員の大観衆が見守ったその西武戦は延長11回、星野おさむが右翼線を破る二塁打を放ってのサヨナラ勝利。「ああ、勝って良かったな、って思ったよ」

その3日後、9月27日。近鉄バファローズの最終戦は、運命のいたずらなのか、翌年から合併、近鉄から見れば、自分たちが吸収される側のオリックスで、場所もオリックスの本拠地、ヤフーBBスタジアム（当時）だった。

神戸でのラストゲームの後、敵地のグラウンドで、梨田は選手の手で宙に舞った。

「終わった……っていうかね」

前例のない、混乱に包まれたシーズンを、とにかく終えることができた。

その安堵感に浸りながらも、梨田が心に固く誓っていたことがあった。

苦労をともにしたコーチ陣、選手、関係者。

自らの「部下たち」の新天地が、全員、一人残らず決まるまでは、自分はどこに行くことも、次の仕事先を決めることも、絶対にしてはいけない。

「俺が返事して、なんか、天下りじゃないけどさ、次の就職先がもう決まっていて、それも一番に、先に監督が決めるなんて、という思いがあったんでね」

それは、梨田昌孝という男の生き様であり、美学であり、人の上に立つ「長」としての〝たしなみ〟でもあった。

その梨田のもとに、仰木から、何度も何度も電話が入った。

「近鉄でも監督、オリックスでも監督。仰木さんしかいなかったよね、矛を収めるためにはね。結構、合併反対運動もいっぱいあったりしたけど、周りの人も、オリックスファンも近鉄ファンも、仰木さんならしょうがないか、と思うところがあったと思うんだよね」

その年、イチローがジョージ・シスラーの持つシーズン２５７安打のメジャー記録を84年ぶりに破ったのが、10月１日のこと。仰木は、愛弟子の晴れ姿を見届けるために、そのタイミングに合わせて渡米していた。

アメリカからも、何度となく、仰木は梨田の携帯電話を鳴らした。

「何とか、やってくれんか」

新球団のヘッドコーチ。それは、パ・リーグを熟知し、吸収される側の近鉄の選手たちが決して負い目を感じないようにと、仰木がバランスを考えた末での人事だ。

そこには、何の疑問もない。むしろ妙案だろう。

その渦中の真っ只中。

オリックス担当記者だった私は、ある本社の方に、こんな〝クイズ〟を投げ掛けられた。

「ウチは、企業合併のプロなんですよ」

オリックスという企業体は、企業を買収、合併することで、事業を多角化してきた歴史がある。遡《さかのぼ》れば、球団だって、阪急から買収したのだ。

「例えば、ウチが銀行だったとして、通りを挟んだところに、ライバル銀行の支店があるとしましょう。ウチが、そのライバル銀行を買収したら、同じところに2つ、自分のところの銀行があることになりますよね。その時、人事はどうすると思います？」

つまり、2人いる支店長を、どう処遇するのかというわけだ。

考えあぐねていた私に提示された〝答え〟は、球団側の姿勢を示唆するものだった。

「新銀行の新支店は、一つになるんです。すると、2人の支店長は、その新支店で2人ともそれなりの地位で処遇するか、2人とも別のところに行くか、なんです」

一人が残ると、その出身母体の色が、どうしても濃く出てしまう。

合併後は、それを最も避けたいのだ。

すると、こういう答えが導き出される。

オリックス監督だった伊原春樹は、2軍監督をオファーされたが、これを断ったという。

伊原が残らない。その時点で、オリックスという企業としては、もう一方の監督である梨田を残すということは、企業のセオリーとしてはあり得ないのだ。

つまり、梨田へのオファーは、球団の意向ではなく、仰木が熱望したことなのだ。

無理を言って、仰木に監督を引き受けてもらっている。その仰木のたっての希望であれば聞かざるを得ない。

自らの腹心を、新スタッフとして連れていきたい。監督の希望が、ある程度認められるのも野球界のまた〝常識〟でもある。

しかし、ここでオリックスは、ちょっとした企業の論理を滑り込ませていた。

梨田からの返事の期限を、区切ったのだ。

GMの中村勝広も、梨田の説得にあたっていた。

「部下の処遇をかなり気にされていて、自分のことはその次、という感じでした。微妙な立場ですし、心情はよく分かります。梨田氏が受けてくれたら、仮定の話になるけど、意見を組閣にも反映したい。ただ、球団としては早めに返事をもらわないと」

10月5日の私の取材メモに、その中村の反応が記されていた。

梨田は「選手より先に、自分の行き先は決められない」と公言していた。

ならば、球団側はとことんまで待てばいいのだ。ヘッドの座を空けておき、それこそ、2月のキャンプイン後にずれ込んだっていいだろう。

梨田の思いを汲み、その「顔」が立てばいい。

しかし、梨田と伊原が〝セット〟でなければ、合併企業としての理屈は成り立たない。

渡米中のアメリカから、何度も何度も、仰木からの国際電話が入っていた。

「仰木さん、申し訳ない。電話ではやっぱり……」

帰国直後の仰木は、空港から大阪市内のホテルへ向かった。

梨田は、そこで待っていた。

「ダメです、すみません」

それは「バファローズ」にこだわった男たちの、そのこだわりゆえのすれ違いでもあった。

男としてというかね。

なんか、そんな大それた感じではないんだけど、それはちょっと、無理だわな、って。みんなが苦しんでいるのを知っていたからね。奥さんやご家族、兄弟からも、どうなんねん、どうなんねん、とみんな聞かれている中で、もう分からへん、というね、みんなそういう苦しい中で、監督、どうなるん？　どうなるん？　ってみんな聞いてくる。

みんな苦しんでいる。子供も小さいし、どうしようかとか、親が病気だとか、学校の問題とかもあるしね。そんな話、いっぱい聞いているうちに、そんなん、とてもじゃないけど、俺は決めたらアカンわと。いや、ホントに、単純にそうなのよ。

梨田が、GMの中村勝広のもとに電話を入れたのは、10月15日の午前中のことだった。

仰木も「心情は分かる」と、それ以上の要請を断念している。

歴史に、もし、はない。それでも、仰木から梨田という禅譲があれば、オリックス・バファローズの〝色〟は、また違ったものになっただろう。

梨田は、自分の信念を貫いた。

仰木も、自らの信念を貫いた。

それが、２００５年には交わらなかっただけなのだ。

「人生、不思議というか、面白いもんだと思ってね」

梨田はその後、日本ハムの監督として２００９年（平成21年）に優勝、ダルビッシュ有や中田翔（現巨人）を育て上げた。

楽天の監督も務め、２０１７年（平成29年）には４年ぶりのＡクラスにも導いた。

「自分の中で、正直に今まで生きてきた分、そうやって、見てくれている人は見ているんだなと。評論にしろ、解説にしろ、取材にしろ、それなりに自分は一生懸命だった。もう、故郷がなくなったわけだからね」

たった一つだけ、悔いがある。

梨田は、仰木が「肺がん」を患っていることも、その状態が決して良くないことも「全然、知らんかったんよ」ということだった。

知っていたら、変わっていたかもしれないし、それは分からない。

知っていたら、人の心って、どこまで動くか分からんしね。後から、周りから、あんまり良くないんや、って感じで聞いて、もう全く歩けないみたいな、相当痛み止めを打ったりしているとか、そういう話を聞いて、悪いことをしたな、と思いながらね。

でも、できなかったんだ。

選手からも、いろいろ聞いていた。不平不満、この合併はいやだ、認められない、とかね。仕方なく従っている人もおった。その中で到底、じゃあ、俺が先にヘッドコーチで行って、って、決していい話じゃないなと。ありがたい話だけど、俺は引き受けるべきじゃない。

本当に申し訳ないけども、ホントに、やっぱり、今考えても、引き受けるべきじゃなかったと思うよ。

だからこそ逆に、ハムからも、楽天からも監督の話があって、３球団もやれた。

考えたら、俺の人生、まあまあ良かったのかな、というかね。自分のことを美化して言うつもりはないんだけど、やっぱり、行けなかったというのが本音だよね、うん。

嬉しかったよ。仰木さんから声かけてもらってね。

すごいありがたいと思ったし、嬉しかったけど、でも、ダメだった。

ダメだ……。ダメだった。

もう一回、原点に返ったら、やっぱりそんなことはできないな、と。

それは、梨田の愛した「バファローズ」との決別でもあった。

今も、ちょっとしたこだわりがあるという。

解説でも「オリックス」とは呼んでも「バファローズ」とは絶対に言わないのだという。

それは、同じ愛称でも、梨田の率いた〝猛牛軍団〟ではないからだ。

「これはね、歴史というか、もう誰にも止められない、逆戻りはできない。でも、と言いながら、受け止めているんだよ。しょうがない。過ぎたことだし、だからあまり悪いように考えてもしょうがない。何かを恨むとか、そうじゃなくて、やっぱり故郷がなくなった分、どこかでその故郷に近いところを創ろうと思って、俺は頑張ってきたんだ。

オリックスに対して、恨みも何もない。あの頃の球団経営は、どこも大変だったということなんだ」

梨田昌孝もまた「バファローズ」に、誰よりもこだわった男だったのだ。

4

仰木に育てられた男たちは今、各球団でコーチや監督となり、アマ球界や独立リーグでも指導者を務めている。

２０２１年のオリックスも、監督の中嶋聡をはじめ、外野守備走塁コーチの田口壮、内野守備走塁コーチの風岡尚幸、２軍監督の小林宏、育成コーチの平井正史と、その要職を１９９６年の日本一を知る〝仰木門下生〟が務めている。

セオリーにとらわれず、状況を見ながら臨機応変に動いていく采配は「仰木マジック」と呼ばれた。それは単なるひらめきや、その場の思い付きなどでは決してない。

試合前から分厚いデータ集を徹底的に読み込み、相手の打順、継投の順番まで徹底的に分析し、試合展開を何度も頭の中でシミュレートしていたという。

その一方で、試合前練習が始まる頃には、外野フェンスに沿って、時には上半身裸になって、ランニングしている仰木の姿があった。

周囲には、酒豪の仰木らしく「昨日の酒を抜いとるんや」と高笑いするのが常だった。

ただ、そんな日常のルーティンにも、しっかりした仰木流の計算があった。

ランニングをしている選手たちに向かって、仰木が走ってくる。

そのすれ違いざまに、気になる選手に声を掛けていくのだ。

１９９２年（平成４年）の近鉄ドラフト１位入団で、２０２１年にはソフトバンクの１軍投手コーチを務めた高村祐《ひろし》は、その〃耳打ち〃が、今も印象に残っているという。

「呼ばれて、説教されたりすることなんてなかったですね。監督が前から汗を流しながら走ってくるでしょ？　すれ違う時に、一言二言おっしゃるんですよ、何気なく」

監督が呼び止め、グラウンド上で話したり、監督室にでも呼んだりすれば、何かと周囲に感づかれる。故障か、2軍落ちなのか、妙な憶測も呼ぶだろう。

ところが、上半身裸でのランニング中にアドバイスや心構えを伝授しているとは、誰も思いもしない。お小言をどこか身構えて聞くのではなく、ちょっとしたささやきが、すっと耳に入ってくる。そのさりげなさに、高村も救われる面があったという。

「周りから見ていたら、絶対分からない。それが当たり前。僕が新人王を獲れたのも、監督のおかげです」

そうした無用の雑音を防ぎ、選手たちが野球に専念できる環境を作り上げるのも、指揮官・仰木彬の緻密さであり、現場の長としての優れた資質でもあった。

俺についてこい。ごちゃごちゃ言わんと、言ったとおりにやっとけばええんや。

かつての野球界は、そうした上からの一方通行の指導法が、半ば当たり前の世界でもあった。しかし、今はその〃理屈じゃない〃というやり方では、誰もついてこない。

一人一人に対して、きちんと指導者が向き合う。

そのために、選手を見て言葉で伝える。基準を示し、そこに至らなければ使わないという、監督としての指針も明確にする。贔屓《ひいき》やコネなどではなく、実力優先で選手を起用しているという、公明正大なところも見せておかないといけない。

そうしたきめ細かなマネジメントでなければ、今の選手は動かない。ひいては、個の集まりでもある組織も動かない。

仰木は、選手たちを実によく見ていた。そこに「データ」という、客観的な指標も駆使することで、選手たちを納得させた。

今の時代にも、完全にマッチするやり方だろう。

２０２１年、仰木のもとでプレーした経験のあるコーチは、オリックス以外にも９球団に在籍していた。

２０１９年（平成31年）４月29日。
存命していれば、仰木は84歳になっていた、
仰木の誕生日にあたるその日の京セラドーム大阪での西武戦が、平成の時代にオリックス

が戦うラストゲームになった。

その日、監督、コーチ、選手全員が、仰木の背番号「72」を背負い、ブルーウェーブのユニホームで、その試合を戦った。

それにしても、平成のラストゲームが「仰木の誕生日」とは、あまりにもできすぎた演出ではないか。それすらも、平成最後の〝仰木マジック〟だったのかもしれない。

監督通算988勝は、歴代13位の記録でもある。

その名将が、神戸の夜空に舞ってから、25年という長い年月が過ぎた。

よう頑張りよったな、あいつら。

でも、ちょっと優勝するの、遅かったんとちゃうか――。

天国で美酒に酔いながら、そんなことをつぶやいている仰木の姿が、ふと目に浮かんだ。

第四章　バファローズ継承

1

２００４年（平成16年）。

プロ野球界に「球界再編」という〝大嵐〟が吹き荒れた年だった。

その起点は、「近鉄球団　オリックスに譲渡交渉」という、日本経済新聞が6月13日付の1面で報じたビッグニュースだった。

〝日経発〟というのが、この問題の肝要なポイントになる。

当時、私はサンケイスポーツでオリックスの番記者を務めていたのだが、実は「合併」という噂を耳にしたのは、開幕直後の頃だった。

超ド級の1面ネタに、手を掛けてはいたのだ。ただ、新聞記者として「聞いてはいた、でも書けなかった」というのは、自慢にも何にもならない。

むしろ自分の取材力のなさ、ネットワークの貧弱さが露呈する、負の歴史でもある。

時が経ち、こんな裏舞台での話を教えてくれたのは、かつての近鉄球団の関係者だった。

近鉄は、２０００年（平成12年）３月期の連結決算で、初の連結最終赤字に転落。２００

3年（平成15年）3月期には、53年ぶりに近鉄単体でも最終赤字に転落。その中でも「レジャー部門」の業績が悪化していたという。

本業の電鉄ではなく、球団をはじめ遊園地、ホテルといった、いわば本業外の部門だ。これを、どう改善していくのか。

鉄道部門へ経営資源を集中していくために、それ以外の事業を再編、休止、売却していく決断を迫られていた。球団も年間40億円といわれる赤字を出し続けていた不採算部門の一つである。「近鉄バファローズ」という半世紀以上の間、多くのファンを魅了してきたグループのシンボルとはいっても、ビジネスの観点から見れば例外ではない。

オリックスとの合併は、6月の株主総会前、関西の経済界の重鎮たちが集まるパーティーの席で、その情報が広がったのだという。

実際、この「合併」が明らかになった直後、近鉄の株価が上昇している。球団という不採算部門を切り離した近鉄の経営サイドの決断が〝正解〟と受け取られた証明でもあった。

ファンの気持ちはどうなる、といった感情論などは、そこに介在する余地はない。

ビジネスの観点で球団経営を判断し、シビアに決断していく。プロ野球が「興行」から「スポーツビジネス」へと転換を図っていくことが迫られていた時代背景もあった。

オリックスと近鉄の球団合併は、すなわち、経済分野のマターだったのだ。

一方で、ファンも選手も合併への「反対論」を唱え続けた。

そうした世論の力を、無視できなかった部分はあるだろう。オーナー側、つまり経営者サイドが目論んでいた「2リーグ・12球団」から「1リーグ・10球団」への縮小、つまり〝もう一つの球団合併〟は成立せず、最終的に12球団制が維持されることになった。

本社が経営難に陥っていたダイエーは、ソフトバンクに買収され、東北楽天ゴールデンイーグルスが新規参入し、仙台に本拠地を置いた。

それでも、オリックスと近鉄の合併は、計画通りに実現された。

オリックスは、大阪というビッグマーケットを本拠地とすることで、その商圏を拡大できるという、これもシビアな計算のもとに動いていた。

当時、阪神尼崎駅から大阪難波までが繋がり、そこから近鉄難波線・奈良線へと続いていく計画も進んでいた。近鉄のファンは東大阪地区、さらには奈良といった近鉄沿線に多く、かつての阪急ファンや、ブルーウェーブ時代のオリックスファンは、神戸や西宮の方に多い。

そうしたファンたちが、電車一本で京セラドーム大阪へアクセスできるようになれば、観客動員にも大きな効果が期待できる。その「阪神なんば線」も、２００９年（平成21年）に開通している。

オリックスにとって、さらなる経済的な発展を見越しての合併だったのだ。

話が「経済」と「感情」の間を、行ったり来たりしているのは、書きながらも分かっている。ここからは、さらに「情」の方に重点を置くことになる。

新たなる「オリックス・バファローズ」という球団が発足し、古きしがらみや複雑な感情を乗り越えるまでには、多くの葛藤があったことを記していきたい。

オリックスと近鉄。チームカラーが、あまりにも違い過ぎた2球団の合併に、多くの選手たちが、長く翻弄され続けることになる。

2

２００１年（平成13年）。

9月11日に、米国で同時多発テロが発生。ニューヨークのワールドトレードセンター・ツインタワーに航空機が突っ込んでいく衝撃的なシーンは「あれから20年」という節目を迎えた２０２１年にも、ニュース番組で何度となく再現された。

その年、近鉄は12年ぶりとなるリーグ優勝を果たした。

北川博敏（現阪神１軍打撃コーチ）は、阪神から移籍してきた初年度だった。

「タイガースという球団は、もう僕のことをいらないんだな、と。確かに寂しさというのは当然ありました。ただ、ホントに真っ白で、新しいチームでスタートができると思ったんで、過去を捨てて、というか、今からスタートなんだ、くらいの気持ちで始めました、近鉄で」

当時の近鉄監督・梨田昌孝が、２軍監督時代に「いつも笑顔。ああいう選手がウチに欲しい」と見初め、フロントに掛け合って、３対３の大型トレードをまとめるのだが、そのメンバーの中に北川を入れ、獲得したという経緯があった。

その風貌から「アンパンマン」の愛称で親しまれた陽気なキャラクターと、勝負強いバッティングを、梨田はこよなく重宝した。

「めちゃめちゃ濃厚でしたね。ほぼ１軍にずっといましたし、そういうシーズンも初めてだったんです。ホントにプロ野球の楽しさを味わえたというか、ホンマ、やったな、という風に感じられたのが、近鉄に行ってからだったんです。プロ野球人としての北川博敏を作ってくれた球団でした」

１９９４年（平成6年）ドラフト2位指名で、日大から阪神に入団。大型捕手としての期待が高かったが、6年間で1軍でのヒットはわずか19本、本塁打も0本だった。

その伸び悩んでいた28歳が、「いてまえ打線」と呼ばれた近鉄の豪快な、おおらかな空気の中で、いよいよ覚醒しようとしていた。

9月26日、本拠地・大阪ドーム（当時）でのオリックス戦。勝てば優勝決定という大一番で、北川は3点を追う9回に「代打満塁逆転サヨナラ優勝決定弾」を放った。

3点差を満塁弾でひっくり返す。プロ野球の世界では〝お釣りなし〟と呼ばれる。これで優勝を決めるという、まさしく奇跡の一発を放った。

北川は、ミラクルバファローズを象徴する〝顔〟になった。

「僕、阪神6年、近鉄4年、オリックス8年だったんです、現役は。だから、現役生活で考えたら、近鉄が一番短いんですよね。でも、行った年にあのホームランを打って優勝して、やっぱりこう、何と言うのかな、思い出というのが一番ある球団ですよね」

オリックスとの合併が持ち上がった２００４年は、まさしくプロとしての充実期を迎えていた時だった。

「複雑でしたよね。まして、なくなる球団の方だったんで……。試合はする、勝ち負けは当然ある。その中で、お客さんも見に来てくれるけど……」

北川は、お立ち台でのヒーローインタビューで一度、こらえ切れずに泣いてしまったことを、鮮明に覚えているという。

「最後に『ファンの方々に一言』って言われて、言葉が出てこなかったんです。『頑張ります。応援よろしくお願いします』って、なんか、なくなってしまう球団のファンの人たちに向かって、そんなことを言ってもいいのかな、って思ったんです」

自分たちの力が及ばないところで、自分たちの運命が決められていく虚しさがあった。

「プロ野球って、当然会社が成り立ってのものですけど、野球をやっている以上は、クラブチームではないですけど、仲間と一緒に優勝を目指すっていうのがありますよね。だからホントに寂しいというか、すごい変な気持ちで毎日試合をしていましたね」

だから、近鉄のロッカー内では、冗談とも本気ともつかないような、こんな〝奇想天外なプラン〟まで話し合われていたという。

ライブドアの社長（当時）・堀江貴文が、近鉄救済に名乗りを上げ、球団買収を打《ぶ》ち上げていた。

「もう、全員でライブドアに行こうよ。全員でオリックスに行くのを拒否して、全員で行こうや、みたいなことは言ってましたよね。このメンバーで、野球やろうや、って」

それでも、時の流れは非情だ。

感情というものも置き去りにされ、ビジネスの論理で、着々と事は動いていく。

9月24日。大阪ドームでの本拠地最終戦。試合前に、球団オーナーと社長が、選手たちのもとへ激励に訪れた。

しかし、誰も話そうともしない。あまりにも重たいその空気に、挨拶を終えた本社首脳たちも、いたたまれなくなったのだろう。そそくさとその場を後にした。

ユニホーム姿の選手たちは、誰一人として、立ち上がろうともしなかった。

「空気はひどかったですね。冷めているというか、結局、悪い言い方になりますけど、お前らのせいで、なんで俺たちがバラバラにならなきゃいけないんだ、みたいな」

梨田が「お前らの背負う背番号は、近鉄の永久欠番や」と語りかけたのは、まさにその直後のことだった。重い雰囲気を、何とかして振り払おうとした指揮官の言葉だったが、北川は「よけい寂しくなりましたね」と振り返った。

「梨田さんがああおっしゃった時に、ホントになくなるんや……と」

涙をこらえたそのミーティングに、21歳の近藤一樹もいた。

3

香川県さぬき市志度へは、高松市から国道11号を東へ、車でおよそ20分。

２０２１年夏、その山間《やまあい》のグラウンドで、近藤一樹は汗を流していた。

その前年、ヤクルトから戦力外通告を受けた右腕は、独立リーグの四国アイランドリーグプラス・香川オリーブガイナーズの選手兼任コーチを務めていた。

プロとして20年目のシーズン。若き選手たちの指導をしながら、ＮＰＢへの復帰へ向け、自らの可能性を諦めず、マウンドに立ち続けていたのだ。

近藤は、２００１年（平成13年）、東京・日大三高のエースとして、夏の甲子園で優勝投手に輝くと、その年のドラフト7位指名を受けて近鉄入り。オリックスとの球団合併はプロ3年目のことだった。

ちなみに、２０１６年（平成28年）のシーズン途中にヤクルトへ移籍した。

近藤がオリックスを離れたことで、合併時に近鉄から「移籍」してきた選手は、この時点でオリックスにはいなくなった。

オリックスが2位に躍進した２００８年（平成20年）、近藤は10勝をマーク。しかしその翌年から、４年連続で右肘を手術。その度重なる苦難を乗り越え、新天地・ヤクルトではリリーバーとして復活。２０１８年には74試合に登板、42ホールドポイントを挙げ、セ・リーグの最優秀中継ぎ投手賞に輝いている。

近鉄に入団し、「プロ」のカテゴリーで２０２１年現在、マウンドに立ち続けている〝現役投手〟は、もう近藤しかいない。つまり、最後の〝牛投〟なのだ。

「3年だけでも近鉄を経験したがために『近鉄出身』とずっと言われるんですよね。高校の時も、甲子園で優勝したのもあって『優勝投手』として、一生ついてくる。そういうのが自分のやりがいを後押ししてくれているところもあるし、いろいろなところが結びついてくる。無意識に意識しているかもしれないですね。そういうのは感じることがあります」

近藤一樹

合併問題で球団が大きく揺れている最中の２００４年9月20日、近藤はオリックスを相手に、プロ初先発初勝利をマーク。飛躍のきっかけをつかもうとしていた頃だった。

「正直、合併した時に一番、それを最初に感じましたね」

チームカラーが、あまりにも違い過ぎたことだったという。

近藤は、寮生活を例に出しながら、その戸惑いを思い返してくれた。

「近鉄の寮って、団体生活としては、ちょっとはみ出ているんじゃないかと思われるかもしれないですけど、それくらい逆に個性があったというか、野球選手はそれぞれの個性が商品だと思うので、その個性がすごく強かったんです」

近鉄のかつての本拠地・藤井寺球場のライト後方に、選手寮の「球友寮」があった。帰ると「おかえり」。声を掛けてくれた先輩の手にはパターが握られ、廊下でゴルフボールを転がしていた。その先には、ローラーブレードをやっている選手がいた。風呂に入ると「波乗りや〜」。浴槽と同じくらいの幅のサーフボードを持ってきて、笑いを取る選手までいた。

「あ、ぽい、なあって。それぞれのカラーがあって、それがすごい強かったと感じました。でもそれが、普通の生活だと思っていたんです」

合併して、オリックスの選手寮、神戸の「青濤館」に移った。

「寮の中で、誰一人、遭遇しなかったんですよ。寮に入った瞬間の静けさが、言葉は悪いかもしれないですけど、えっ、病院？　と思って。こんな静かでいいのかなと」

そこで近藤は、勝手に玄関の管理人室へ入り込み、館内放送を行った。

「6時です。食事なので、全員集合してください」

訝《いぶか》し気な表情で、選手たちが自分の部屋から出てきた。

近鉄時代からの同僚たちを誘い、近藤は明るく振る舞った。当時、ルーキーだったのが同じ年の金子千尋（現弌大＝北海道日本ハム）。後にオリックスのエースへと成長する金子とその頃から、近藤はウマが合ったという。

「僕らは正直、近鉄と同じことをもう一回やってる感覚でいたんで、あまり気にならなかったんですけど、逆にオリックスに元々いた選手というのは、こんなにうるさかったかなと思ったかもしれないです。でも、同世代のオリックスの選手だったり近鉄の選手は、割とつるむというか、一緒にいることが多くなったんです」

ただ、その表面的な部分とは対照的に、近鉄時代の方が、風紀や生活面で先輩たちから厳しく指導されることが多かったのだという。

ユニホームの着こなしでも、上のボタンが開いていると「閉めろ」

ロングパンツが流行り出した中「怪我を防ぐためにストッキングまでしっかりはけ」

近鉄の先輩たちは、近藤に事あるごとに注意したという。

「その立場で、そんな車に乗るな」

高級車を購入した若手が、本気で雷を落とされていたシーンにも遭遇したという。

「あのカラーで、そんなこと言ってるの？　という感じだと思うんですよ。でも、オリックスだと、自分のお金なんだから、好きなの乗れよ、みたいな感じなんです」

一見豪快、その実、先輩後輩のけじめ、野球選手としての心得。そこに、昔気質《かたぎ》のにおいも残していた近鉄バファローズ。見た目はクール、スマートな野球スタイルだったオリックス・ブルーウェーブ。その２球団が、一緒になる。

「あの時は、ホント、何も思わなかったんです。まだ若くて、その事の大きさであったりとか、あまり感じていないんです。あ、合併するんだ、近鉄がなくなっちゃうんだ。今思うと、すごい大きな物事を経験していたんだなと。何かに例えを変えてみたら、母校の監督とかコーチが代わった時でも、母校なのかな、と思っちゃうような気がして。

まだ僕がいた高校時代の監督、コーチは継続してやられているんで、ある意味、二十何年間、母校を育てて守っていただいているというような環境なんです。でも監督、コーチが代わった時に、オフシーズンにご挨拶に行くのに、監督がいなかったら、母校って感じがするのかな、って。それだけでも思うのに、球団がない、自分の出身がない。すごく寂しいな、って思っちゃうんですよね。なんか、独特な感じになりそうな……」

その近藤の1年後輩。２００２年のドラフト1位で近鉄に入団したのが坂口智隆だった。ヤクルトで現役を続けている37歳は、２０２１年でプロ19年目。ＮＰＢの12球団でプレーしている「最後の猛牛戦士」になる。

4

坂口は、合併騒動が持ち上がった２００４年は、プロ2年目の20歳だった。まだ2軍にいる若手の一人に過ぎず、梨田が選手たちに「全員が近鉄の永久欠番」と語りかけた〝涙のミーティング〟の場にもいなかった。

「何が起きるのか、あまり分からなかった。チームがどっちにしろ変わる。しっかりと頑張って、まだ次が3年目の年だったんで、何とか頑張って、1軍に上がりたい。そういう選手になりたいという思いは、別に変わらなかったですね。やるしかないんで、新しい環境に行く、という感じでした」

近鉄での2年間では、1軍8試合で1安打。プロとして、何の爪痕も残せていない。

球団合併は、オリックスという新天地への〝移籍〟でもある。だから、新たなスタートを切るための、絶好のきっかけにもなる。

「僕にとって、近鉄は〝始まり〟を作ってくれた球団です。2年間しかプレーしていなくて、しかも1軍でやってたわけでもないので、近鉄ファンの方とか、近鉄の関係者やＯＢの方たちの思いを背負えるかどうか、というのは、僕なんかが背負えるわけがないし、そういうのはおこがましいです。でも、長くやっていることで、近鉄の名前を取り上げてもらえる。そういう意味では、長くやることが、自分にとって始まりを作ってくれた球団への恩返しでもあるのかな、という風には思ってやっていますけど」

２０２０年限りで坂口の3年先輩・岩隈久志（近鉄〜楽天〜マリナーズ〜巨人）が現役を退き、1年先輩の近藤も独立リーグへと活躍の場を移した。

あの合併の真っ只中にいて、あの激動の日々を経験した選手の中で、ＮＰＢ12球団で現役を続けている選手は、もう坂口一人だけなのだ。

坂口はオリックスで、２００８年（平成20年）から4年連続でゴールデン・グラブ賞に輝く名外野手として活躍することになる。さらに２０１１年には最多安打を放っている。

しかし、周囲は「最後の近鉄戦士」としての意味合いを投影する。

周囲の〝繋げ方〟と、自らの思いとのギャップが、どうしても生まれるのだ。

「そうですね。ああいうこと（合併）が起きて、それは仕方ないというか、そう思ってしまう人たちもいるでしょうね。でも、実際に中に入っているのは僕たちなんで、近鉄もオリックスもヤクルトも、それ全部が僕の古巣です。どこ、どこ、と決めるもんでもないし、そこで僕も全身全霊を傾けてプレーしているんです。だから、始まりを作ってくれたのは近鉄ですけど、古巣がどこかとなると、僕にとってはプレーした球団全部です」

そう言いながら、坂口は「ぷっ」と噴き出した。

おそらく、こちらの〝質問の意図〟が分かっていたのだろう。

「期待する答えにはならないんでしょうね。まあ、そうですよね」

近鉄ではわずか2年間。それでも、坂口の〝冠〟には必ず「近鉄のドラフト1位」「12球団でプレーする唯一の近鉄出身選手」とつけられる。

しかし、その「近鉄」を強調するのは、むしろ我々を含めた〝見ている側〟の思い入れの方が、強過ぎるからかもしれない。

「人間、１００人おったら、１００人違うんで、僕は2軍だったというのもあるんでしょうけど、人としてというか、チームの中では、周りが騒ぐほど、大きな違いっていうのはなかったです。チームカラーとか、そういうのを語れる選手でもなかったですし、そこまで達していない選手だったんでね。チームが変わって、いろんな人がいて、という中で、そこにチームカラーが、という先入観もなかったです」

それは、きっと「バファローズ」への〝かかわり方〟とも繋がるのだろう。

だから「ミスター・ブルーウェーブ」と呼ばれた男は、自分たちのライバルだった「バファローズ」という名前への違和感が、いまだに抜け切らないのだ。

5

阪急を買収したオリックスは、１９８９年（平成元年）から2年間、阪急時代の愛称である「ブレーブス」を引き継いでいた。しかし、同じ兵庫県内の西宮から神戸へ本拠地を移転した１９９１年（平成３年）を機に「ブルーウェーブ」へと変更した。

１９８７年（昭和62年）に阪急へ入団した藤井康雄は、本拠地の移転、愛称の変更のどちらも体験した一人である。

「オリックス・ブレーブスからブルーウェーブという中で僕らは育ってきている。近鉄と一緒になって、やっぱり考え方の違い、そういうのは選手だけじゃなくて、会社の中でも絶対にあったと思うんです。合併って、まさにそういうことだと思いますね。大きな組織の中で、何かが合っていない、マッチしていないというのがあった感じはしますよね」

藤井は、阪急ブレーブスで２年、オリックス・ブレーブスで２年、オリックス・ブルーウェーブで12年の現役生活を送っている。その「オリックス」での14年間で放った２６０本塁打、７８６打点は、イチローも抜いて〝合併前のオリックス史上〟ではトップの数字だ。

阪急からオリックスとなった１９８９年からの４年間、パのＡクラス争いは、オリックスと西武、近鉄の常に三つ巴。しかも藤井の16年の現役生活で、順位が近鉄より上だったのも10シーズンを数える。

「戦う中で目指しているところが優勝。そのための打倒西武であり、打倒近鉄であり、そういう意識がすごく強かったような気がしますね」

その宿敵と、一つのチームになる。

「親しんできたブレーブスからブルーウェーブになった時でも、それでもちょっと違和感があった中で、ブルーウェーブをバファローズにするっていうのはどうなんだ、って。やっぱり、オリックスでやっていた連中というのは、そこが一番ネックだったですかね。なんでバファローズなんだと」

合併しました。そして明日からは、ライバルの名前になります。

しかし、そう言われても、簡単に割り切れるようなものではない。

だから藤井は、いまだに、サインを求められると、「ＯＲＩＸ」とは記しても「バファローズ」までは書かないという。

「当時の僕らの考えの中では、バファローズとはやっぱり言えなかった。オリックスとは言うけど、バファローズとは言わないですね。それは察してください」

心情的な部分はもちろんだが、当時、２軍打撃コーチとして、指導者としてのキャリアを積み重ねていた藤井が、合併による〝弊害〟に挙げたのは「歴史の継承」だった。

球団合併に際して、新規参入の楽天との間で「分配ドラフト」が行われた。

オリックスと近鉄の選手。ここからまず、オリックスがプロテクト枠として、両球団から25人を優先的に確保。残った両球団の82選手から、楽天、オリックス、楽天、オリックスの順で20人ずつ、交互に獲得していく仕組みだった。

オリックスは、42人とプロテクトの25人で計67人、楽天は40人を獲得した。

ただ、チーム作りというのは、いい選手を揃えたから強いという簡単な図式ではない。

阪急というチームの〝階層〟に、藤井はチームの強さと伝統、積み重ねてきた歴史のようなものを、常に感じていたという。

「ピッチャーだったら、山田久志さん、今井雄太郎さん、佐藤義則さん。ベテランがいて、そこに山沖之彦《ゆきひこ》さん、星野伸之とか、中堅と若手がいた。野手でも松永浩美さん、弓岡敬二郎さんがいて、福良淳一さんもその頃なら中堅、若手くらいですよね。そういう風にうまく流れていくんです、時代ごとに。それが合併で一回途切れてしまっている部分はありますね。チームを作るのは、やっぱり時間がかかるんです」

藤井は、ソフトバンクで２０１１年（平成23年）から6年間は1軍、２０１７年（平成29年）の1年は2軍で、それぞれ打撃コーチを務めている。

「ホークスは、やっぱりベテランが厳しいんです」

当時のチームリーダー・小久保裕紀（２０２２年からソフトバンク2軍監督）が、チームの誰よりも練習する。その姿を見て、若手が引っ張られるかのように練習に取り組む。

そこに〝イズム〟の継承がある。

試合が終わると、翌日の全体練習前に設けられる「早出練習」の希望者を募る。

「打ちたい人は、ここに名前を書いといて」

ホワイトボードを指して、藤井はそう指示するだけだという。

ナイターの開催前。打ち込みたいという若手選手は、昼頃になると球場に現れる。藤井は自ら投げて、打撃練習の手伝いをする。

「試合が終わっても、個人で練習しますよ。コーチは一切かかわらない。ミーティングが終わったら、僕らコーチの方が先にすんなり帰っていましたからね」

それを、監督やコーチが「やれ」というのではない。

小久保がやっている。それを見て川﨑宗則がやる。その川﨑を見て、松田宣浩がやる。

「ベテラン、中堅、若手。そこでうまく継承されているでしょ?」

それがチームの伝統であり、時代とともに「世代交代」していくサイクルでもある。

「合併で、お互いの主力が一緒になったんだけど、それがうまくハマっていない感じがしますよね。チームの〝戦い方〟とか、その継承の部分というのが、どこかで途切れてしまったなという感じはしますよね。ホークスはソフトバンクがダイエーを買収したでしょ？　そっちの方が全然良かったんですよ。買収と合併は、やっぱり違うものですよ」

ブレーブス、ブルーウェーブ、バファローズ。その変遷の中に身を置いてきた藤井だからこその指摘には、大いにうなずけるものがある。

ソフトバンクなら、前身のダイエー、南海から引き継いだ歴史があり、過去の記録も優勝回数も、前身時代をすべて含めてカウントされていく。西武でも西鉄から、日本ハムでも東急、東映、日拓ホームからの歴史を踏まえ、その記録が受け継がれている。

それが「球団史」というものであるのなら、今回のオリックス優勝は「20年ぶり」とカウントされなければならないはずだ。つまり「25年ぶりの優勝」というのは、オリックスから〝のみ〟の視点に過ぎないのだ。

だからこの合併は良くなかったんだと、ここで結論付けようというのではない。

オリックスは、チームを作り上げていく中で、数字やデータだけでは決して語れない「歴史の流れ」というものの一部を、「合併」でせき止めてしまっていた。

オリックスという海に、近鉄という川の水が、うまく流れ込んでいかなかったのだ。

後藤光尊《みつたか》は、その狭間で思いもよらぬ〝批判〟に巻き込まれた一人だった。

6

ルートインBCリーグの石川ミリオンスターズは、2007年（平成19年）の同リーグ発足と同時に加入。四国アイランドリーグプラスのリーグ優勝チーム同士で争われる「グランドチャンピオン」にも2度輝いた、独立リーグ界の強豪球団の一つである。

2022年からはBCリーグを脱退し、富山、福井、滋賀との4球団で「日本海オセアンリーグ」を結成。新たなリーグ運営という、壮大なチャレンジに挑んでいく。

後藤は、2013年（平成25年）オフに、鉄平との交換トレードでオリックスから楽天へ移籍。ちなみにこの時点で、ブルーウェーブ時代からオリックスに在籍し続けていた現役選手がいなくなった。

2019年（平成31年）に古巣へ復帰、2軍内野守備・走塁コーチに就任し、2020年（令和2年）からは1軍打撃コーチを務めていたが、中嶋の監督代行昇格を機に、2軍打撃コーチに持ち場が代わり、そのオフに退団。2021年からは石川の野手コーチに就任し、NPBを目指す若手たちの指導に取り組んでいる。

「今の選手たちって、例えば、全体練習が2時、3時に終わる。その後、個別練習に入るんですけど、終わるのはなぜか、だいたい一緒の時間。そこに集約されていますよね。自分の基準というものがなくて、周りが基準になる。でも、それが時代の流れかもしれません。何かをやりつつも、空気を読んで周りから外れないよう、飛び抜けないよう、目立たないよう、その割には、一人でいたがる傾向もあるんですね」

その〝低めの温度〟に、どこか物足りなさを感じるのだという。それは、自らの現役時代を振り返ると、あまりにも対照的な状況でもあるからだ。

ルーキー時代のことだ。ナイター後のイチローが、選手寮の「青濤館」に戻ってきてからも、夜中の2時、3時まで室内練習場で打撃練習を行っていたという伝説を聞かされた。

「じゃあ、俺もやってやるよと。でも、今だとそれって、変人扱いなんです。はみ出してやってると、白い目で見られちゃうような感じですからね」

身長１７５センチ。プロの世界では、決して恵まれたサイズではない。後藤は、そのハンディを、たゆまぬ練習を積み重ねることで克服してきた。プロ3年目、２００４年からつけた背番号「1」は、まさしく、球団の高い評価と期待の表れでもある。

しかし、その「1」が、とんでもない騒動を引き起こすことになる。

先に強調しておくが、後藤には何の非もない。むしろ、完全なとばっちりでもある。

オリックスに残留した後藤は「背番号は変わると思っていたんです」

近鉄の「１」は永久欠番だった。

歴代４位の通算３１７勝を誇る草魂・鈴木啓示。１９９３年（平成５年）から３年間、近鉄監督も務めるなど、猛牛の一時代を築いたレジェンドである。

合併球団では「１」を永久欠番として引き継がないことになっていた。

だから、球団からは「ウチの『１』は君だから」

その言葉は、嬉しくないわけがない。プライドだってくすぐられる。

それでも後藤は「いや、ちょっと待てよ、と思いました」

確かに「近鉄」という名は消える。しかし、オリックス「バファローズ」になる。

案の定というべきか、シーズンが始まると、後藤の〝予測通り〟の事態が発生した。

「近鉄ファンが黙ってなかったんですよ。そりゃ、そうですよね」

試合中、後藤はなんと、自分のチームのファンからやじられることになるのだ。

「なんで、お前がバファローズの『１』やねん」

それは、試合中だけにとどまらなかった。

ファンレターに交じって、抗議文が後藤のもとに送りつけられてきた。

「１を外せ」「なんで活躍していない若手がつけているんだ」

近鉄バファローズを愛してきた〝猛牛ファン〟たちの感情が爆発したのだ。

「バファローズの名前があるから、ファンの方は当然そうなりますよね。だって、３００勝投手ですよ。目の敵になりますよね、そりゃ」

近鉄バファローズ復刻ユニホーム姿の後藤光尊（右）。左は平野佳寿

週末の試合には「復刻ユニホーム」を着て、選手たちがプレーすることがある。

阪急、近鉄、さらにはブルーウェーブ。そのレプリカユニホームやキャップが〝復活〟して、かつてのレジェンドたちが始球式や試合前のトークショーに登場したりする。

関連グッズの売上もグンと上がり、観客動員の増加にも繋げられる。

そして「近鉄バファローズ」の背番号「１」を、後藤が着ることになった。

「一番困ったのは、あの時です」

当然ながら「SUZUKI」ではなく「GOTO」のネームの下に「1」がつく。

復刻ユニホームでの試合前、後藤は初めて鈴木に会ったという。

「すみません」

後藤は、思わずそう口走ると、深く頭を下げたという。

「お前が気にすることやないぞ」

大いなる心で、鈴木が受け止めてくれたのが、後藤には救いだった。

それでも、後藤の心の中には、煮え切らない、何とも言えない感情が渦巻いた。

「近鉄のファンの気持ちが、全く入っていなかったですよね。中途半端、って言うのかな。バファローズっていう名前があった。オリックスが変に取り繕って、おかしくなったというのか……」

バファローズという名前の継承にも、ビジネスの論理が埋め込まれている。

合併に際し、新球団の運営会社の出資比率を、オリックス8、近鉄2とし、オリックス野球クラブの第三者割当増資を引き受ける形で、近鉄が20%を出資しているのだ。

さらに、ユニホームの袖に「近鉄」を入れ、広告料として年10億円。

こうした「契約」の中で「バファローズ」の名は残された。しかし、近鉄が保有していた球団の株式は、合併から3年後にオリックスに買収されている。

ブレーブス、ブルーウェーブ、バファローズ。

その「3球団」を背負って、合併球団がスタートした。

その思いを込めた略称が「Bs」だった。

ところが、2019年から、その「s」が取られることになった。当時、球団側は「さらに一つにまとまったという意味」と説明している。

「なんでやねん、って思いましたね。よけい寂しい気持ちになりました」

北川は2012年（平成24年）の現役引退後、オリックスの2軍打撃コーチを2年間務めた後、2015年（平成27年）に「企画事業部プロジェクトマネジャー」の肩書でフロント入りした経験もある。

合併の歴史のど真ん中にいた北川にすれば、その〝s除去〟は、あの時の理念がすっかり消えてしまったという虚しさと、疑問しか残らない。

「近鉄のことは、考えていないんでしょうね。オリックスという会社になってからの話でしようからね。だからやっぱり、オリックスはオリックスですよ」

　２０２１年（令和３年）のオリックスには、監督、コーチの首脳陣の中に、近鉄出身者がいなくなった。さらに近鉄ＯＢ会も、平成最後の年となる２０１９年（平成31年）１月12日の親睦会をもって、活動をストップさせることになった。

「コーチも裏方さんも、ほとんど近鉄関係の人がいなくなった。もう、あんまり『バファローズ』を残さんでも、ええんとちゃうかな？　ＯＢ扱いも、全くしてくれていないもんね。阪急のＯＢ、オリックスのＯＢは当然、ＯＢ扱いされているよね。そやけど、近鉄はなんか違う。よその人みたいな感じやから。

　でも、これはね、流れの中でそうじゃないの？　昔の戦国時代だって、戦で負けりゃ、そのまま消えるみたいなもんでさ。それが時代の流れってもんだと思うんだ。バファローズの継承って、なんか、名前がついているだけのことで、そんなに感じないよね。だから俺、解説の時にもバファローズって言わないんだ。オリックス、としか言わないもん」

　梨田にも、どこかやるせない、割り切れない思いが今もなお、心の奥に沈殿している。

第五章　岡田彰布と森脇浩司

1

ちょっぴり、拍子抜けした。

厳しかった勝負師の目もすっかり穏やかになり、まとう空気もどこか柔らかかった。

「おう、久しぶりやな。どないしたんや？」

２０２１年（令和３年）６月１日、甲子園球場。

セ・パ交流戦の阪神―オリックス戦の試合前のことだった。

ラジオの解説を務める岡田彰布に、球場入りのタイミングを見計らって取材を申し入れようと、関係者入り口のエレベーターの前で、緊張しながら私は待ち続けていた。

「オリックスの監督時代の話を聞かせてほしいんです、監督に」

この業界、不思議な慣習がある。

担当記者を務めた球団で、その当時の監督として取材していた方には、現場を退いてからでも、どこでお会いしようとも、「監督」と呼び掛けるのだ。

だから、岡田に対しても、私は今もなお「監督」と呼ぶ。周りも、そして岡田も、そのことに違和感を持ったりしない。それが、野球界の〝不文律〟でもある。

5位、4位、そして勝負の3年目は最下位で、シーズンを全うできずに途中解任。

栄光に包まれた阪神、オリックスでの現役時代。阪神では優勝監督にもなった。

その岡田にとっては、決して〝いい話〟ではない。

「ええで。今度、4日にまた甲子園に来るから、その時にしよか」

私が手にしていた企画書に目を通すこともないまま、岡田はエレベーターが記者席と放送席のある4階に到着するまでの、ほんの数十秒の間で、取材を快諾してくれた。

岡田彰布は、阪神で「選手」と「監督」の両方で優勝を経験している。

現役時代の1985年（昭和60年）には、セ・リーグ優勝と日本一に輝いた。

ランディ・バース、掛布雅之、岡田彰布のクリーンアップが、その年の4月17日の巨人戦の7回、3者連続での「バックスクリーン3連発」

その締めくくりを飾る一発を放ち、球史に刻まれる伝説のドラマを築いた男は、古巣・阪神の第30代監督として、2005年（平成17年）にはセ・リーグ優勝も果たした。

　東の巨人、西の阪神。戦前からの歴史を誇る老舗球団は、関西で絶大な人気を誇り、関西のスポーツ紙は、それこそ勝っても負けても「阪神」の見出しが、連日1面に躍る。日々の結果で、原稿のトーンがそれこそ、天国から地獄、地獄から天国へと乱高下する。

些細なチーム状況の変化も、試合の流れの機微も見逃さない海千山千の記者たちや、重鎮の野球評論家たちの目が、常に光っている。

そんな衆人環視ともいえる大きな重圧の中で、岡田は阪神の看板選手として、さらには監督として、頂点に立った経験を持っているのだ。

阪神の監督としての5年間は、4位、優勝、2位、3位、2位。

その豊富な「経験」と「実績」こそが、低迷するオリックスには必要だった。

新生オリックスは、仰木亡き後の2006年（平成18年）から、近鉄との球団合併時にGMだった元阪神監督の中村勝広が後を引き継ぐことになった。

仰木が、その生前に「花道を飾ってやる」と移籍を呼び掛け続けた清原和博、さらには合併を機に近鉄からメジャーのロサンゼルス・ドジャースへ移籍した中村紀洋が、2006年に揃ってオリックスのユニホームに袖を通したが、チームは5位に終わった。中村はその年、痛めた左手首を手術したが、その〝公傷か否か〟の解釈を巡って球団と対立。「命をかけて野球をやれない」とわずか1年で退団することになる。

翌２００７年（平成19年）には、メジャーのヒューストン・アストロズ、アナハイム・エンゼルスで監督を務めたテリー・コリンズを監督に招聘《しょうへい》、さらに近鉄が優勝した２００１年に、巨人・王貞治の持つシーズン55本の本塁打記録に並んだタフィー・ローズもオリックスへ入団したが、最下位に転落する。

翌２００８年（平成20年）５月にはコリンズが途中辞任。かつての近鉄の盗塁王で、１軍ヘッド兼内野守備走塁コーチを務めていた大石大二郎が監督代行に就任すると、チームは２位に躍進、初のクライマックスシリーズ進出を果たした。

清原はＣＳに出場することなく、２００８年シーズン終了後に現役を引退した。

２００９年（平成21年）は一転、借金30で最下位に転落。大石は辞任、球団本部長の中村勝広もこの年限りで退団した。

合併５年で、４位、５位、最下位、２位、最下位。

しかし、岡田がいた時のオリックスは、こんなに弱く、不安定なチームではなかった。

岡田の現役引退は、１９９５年（平成７年）のオリックスだった。

岡田監督就任会見。左は宮内オーナー（2009年）

体力の限界と判断した阪神が、1993年（平成5年）限りで自由契約にした岡田に即座に声を掛けたのは、オリックスの監督に就任した直後の仰木彬だった。

だから、仰木マジックも、イチローの躍動も、田口壮の活躍も、岡田はその目でつぶさに見てきた。阪神・淡路大震災という未曽《みぞう》有の大困難を乗り越えてのリーグ制覇を、岡田は現役最後の年に、現役プレーヤーとして体験しているのだ。

仰木の勧めもあり、現役引退後にはオリックスの2軍助監督兼打撃コーチとして、指導者としてのスタートも切っている。

第二の古巣・オリックスは、そんな弱いチームではない。岡田はそう思いながら、常に気にかけて、その動向を見続けてきたという。

阪神監督を退任してから、わずか1年での現場復帰だった。

「変えなあかんことが、いっぱいあったからな」

勝てるチームに変貌させてみせる。そのための岡田の「要求値」は高い。

そのタクトに、言葉に、そのためのエキスを詰め込み、岡田は発信し続けた。

岡田の「回想」は、こちらが疑問を挟む余地がないほどにクリアで、痛烈で、そして何よりも、驚きの要素がたっぷりと含まれた裏話ばかりだった。

「忘れもせんで」

２０１０年（平成22年）の就任1年目。

岡田オリックスは、7勝1敗と開幕ダッシュに成功した。

本拠地・京セラドームに戻ってきての千葉ロッテ戦。ロッテも6勝2敗と好調なスタートを切っていた。

4月2日からの首位攻防3連戦、その試合前のバッテリーミーティングでの出来事だった。

部屋の最後尾にいた岡田は、スコアラーが行う報告に、思わず耳を疑った。

ロッテが、よう打ってたんや。めちゃくちゃ調子良かったんや。

その時、スコアラーが言うたんや。

「ロッテ打線は絶好調です。どこ投げても、今打ちます」って。

で、ちょっと待て、って。

「どこ投げても」って、今までは、そんなミーティングやってたかも分からんけど、どこ投げても打たれます、って言うたら、これ、バッテリー、どないするんや、って言うたんや。

やっぱり、そんな感覚でやってたんやな、と思ってな。

すごい言葉を聞いたからな、俺は。ミーティングでな。これはアカンわ、と。

緩さ、かな。負け慣れっていうのもあるかも分からんけどな。

そういうのもあって、これは変えていかなアカンと。そういうのは、な。

自信持って、ここへ投げて下さいと。

責任は、自分がミーティングをやってきてるんやから、自分で責任持ちます。

そういうくらいに、スコアラーももっと言わなアカンよと。

経てないんよ、勝つための作業いうか、プロセスをな。

選手も「そしたら、どこへ投げたらええんですか」って質問したらええやん。それも、何もせえへん。聞いてるだけなんよ。

そんなん、いっぱいあったわ。

当たり前のことよ。当たり前のことができなかったんやからな、結局。

試合前のミーティング。そこで、スコアラーが事前に編集した相手チームの試合映像を見て、データも集計した上で、相手の攻略法や弱点、現状を確認していく。

その日の試合の戦略と対策を打ち出すための、大事な時間である。

それが、あまりにもおざなりだった。どこか他人事のような口調で語るスコアラーたちの緩い分析に対して、選手たちからも全く反応がなく、質問の一つもない。

岡田は、その〝ぼんやりとしたミーティング〟に、ショックを受けた。

「もう、俺がやるわ」

データをもとに、岡田がその〝読み取り方〟を伝授する機会が増えた。

それは、スコアラーがやるべき任務を、岡田が手本として見せる意味もあった。

２０１０年1月31日。

岡田にとって、オリックス監督として初めて迎えるキャンプイン。

沖縄・宮古島の宿舎で、岡田は選手たちを前に、はっきりと伝えた。

「お前ら、勝ちたいんやろ？　俺が勝たしたるから」

バッテリーの甘いリードに業を煮やし、開幕直後の4月にいきなり1、2軍のバッテリーコーチを入れ替え、レギュラー捕手を2軍へ降格させた。

京セラドーム大阪の外野フェンスは、水の都・大阪にちなんだ水色だった。白いボールとのコントラストが弱く「あれやったら、見にくいやん」と岡田は指摘し続けた。すると、就任3年目の2012年からは「濃紺」にチェンジされた。

「今年、まだやってへんかったからな」

年間20試合程度使用するほっともっとフィールド神戸での初ナイター前。岡田は全体練習をわざわざ夕方に設定し、ライトをつけさせ、風や光の見え方をチェックさせた。

勝つために、最善の努力を尽くす。実に細かいところまで目を配る。その〝ステップ〟を見逃したり、気づかなかったりすると、途端に怒声が響く。

ユニホームに身をまとった岡田の周囲には、常にピリッとした空気が漂っていた。それが指揮官の迫力であり、威厳でもある。勝負に関して、一切の妥協を許さない。

その鋭い洞察力は、眠っていた優秀な素材をたちまち目覚めさせた。

就任直後、当時プロ5年目、22歳の岡田貴弘に目を付けた。

「こんなええバッターがおったんか」

自分と苗字が同じだから「紛らわしいやんか」と公募で登録名を変更させたのも、岡田のアイディアだった。T—岡田の登録名となった若武者を開幕スタメンに抜擢したものの、1カ月間は不振に苦しみ続けた。

そこで岡田は、タイミングの取り方に迷うT—岡田に、始動の際にステップする右足の動きを止める「ノーステップ打法」で打つように指示した。

「お前のパワーなら、それでも飛ぶから」

その予言通りだった。その年、T—岡田は33本塁打を放ち、初の本塁打王に輝いた。

当時プロ5年目・26歳の平野佳寿は、前年に先発で3勝12敗に終わっていた。

「誰も止めへんかったんか？　それだけ負けて、全部先発って？」

2009年、チーム防御率4・58は12球団ワースト。その投手陣の中で、平野のように球の力があり、落差の大きいフォークを持つタフな右腕は、先発ローテーションの一角を担う不可欠な存在だと、誰もが思い込んでいた。

「平野は、リリーフよ」

阪神時代に藤川球児（現野球評論家）、ジェフ・ウィリアムス（現阪神国際スカウト）、久保田智之（現阪神2軍投手コーチ）の「JFK」という鉄壁のリリーバー陣を整備し、勝利の方程式を築き上げた岡田の慧眼《けいがん》は、ここでも不変だった。

平野は、球界を代表するリリーバーへと成長し、２０１１年には最優秀中継ぎ、２０１４年には最多セーブのタイトルを獲得。後にメジャーでも活躍することになる。

そうした適材適所の人材配置で、２０１０年の就任１年目、岡田はオリックスを初の「交流戦優勝」に導いた。

オリックスは、変わろうとしている——。

誰もが、そう思った。明るい未来が、待ち構えているように見えた。

2

岡田は、常に一手先、二手先、いや、もっと先まで読んでいるように見える。

「よお、見とけよ、試合、な」

担当記者として、岡田にたびたび、そう教えられた。

勝負が動く時がある。その時、岡田が何をしたのか。

その前にも、必ず布石がある。だから、こうなった。偶然ではないのだ。岡田の指揮には、そこへ至るまでの「必然」がある。

これらをしっかりと踏まえて、試合後の会見に臨まなければ、まともに答えてくれない。

「あれ、どうでしたか？」

一度、そんなぼんやりとした質問を投げ掛けてしまったことがあった。

会見の囲みの輪が解けた時、岡田はその場に残ったまま、傍らの私に話しかけてきた。

「どうでしたかは、どうやねん？」

それは、岡田からの答えを待つだけの、相手待ちの質問に過ぎない。

見ていて、担当記者として、どう分析したのか。

その上で、岡田は「こうや」「いや、ちゃう」と、いつもの関西弁で答えてくれる。

待ち、は許されない。自ら動く。その上で、ぶつけていく。

試合を見る。その緊張感は半端じゃなかった。そうやって私も、岡田彰布という監督に鍛えてもらった。今も感謝してやまない。

それだけに、見えてきた疑問があった。

岡田の「厳しさ」が、チームから〝浮いて〟しまっているのではないだろうか――。

岡田の怒りは、もっともなことばかりなのだ。しかし、指摘された側は、その迫力と逃げ場のなさに、すっかり怯《おび》えてしまうのだ。

岡田監督の怒声、もじって「岡怒《おかど》監督」

オリックスが負ける。すると、こんな見出しが度々、スポーツ紙で躍った。

その「怒り」の原因は、どこにあるのか。

「そんなん、察さな、アカンわ」

岡田の怒りのポイントは、その試合の分岐点であったり、先に指摘したように、試合前の準備段階での不足であったりと、勝つためのプロセスでの〝欠陥〟でもある。

その一つのプレー、一つの行動を、それぞれがもう一度思い返す。

その反省を生かし、消化し、糧《かて》にしていく。そうした積み重ねが教訓となる。そして日々の経験や失敗を通して、気づくことが出てくる。

それが「経験則」となり、岡田の言葉の真意が瞬時に分かるようになる。

それが、岡田の言う「察し」なのだ。

金本知憲、新井貴浩、桧山進次郎、藤川球児、下柳剛。

阪神時代には、岡田が「1」を伝えれば、それで「10」を理解できるだけの、修羅場をくぐった、経験豊富な選手たちが、投打ともに揃っていた。

彼らは、己の果たすべき役割を熟知している。

監督のサインを見れば、自分に課された役割が分かる。監督が発する言葉に、今、何を必要とされているのかが、瞬時に理解できる。

その「野球脳」の高い「個の力」を、岡田が束ね、チームとしての力を結集する。

しかし、オリックスというチームは、そのレベルに達していなかったのだ。

その〝察する力〟が、オリックスには必要だった。

それが、なかなか身に付かない。岡田の求めるレベルとの〝ギャップ〟が、顕著に噴出した瞬間を、私は一度、試合前のベンチで体験してしまった。

それは岡田の監督2年目。２０１１年（平成23年）5月31日の試合前のことだった。

当時のセ・パ交流戦は、予告先発方式ではなかった。

だから、スコアラーが相手の練習や投手の調整ぶりを分析し、先発ローテーションを予測した上で、試合前のミーティングでその投手のデータ分析を行い、作戦を確認するのだ。

メンバー交換の5分前。試合相手である横浜（現ＤｅＮＡ）の打撃練習を見ながら、ベンチに座っていた岡田の傍らで雑談も交えながら、試合前に取材を行っていた時だった。

「ちゃうやん」

岡田の怒声が、ベンチ内に響き渡った。

そこにいた選手が、スタッフが、凍り付いたように動かなくなった。

「打ってるやん、細山田が。ちゃうやん。なんで今まで気づかんの？」

岡田の言葉が、何を指しているのか。

これは、ビジターの試合での打撃練習のルーティンを考えれば、すぐに答えは出る。

当日の先発バッテリーは、試合前のミーティングでスコアラーや首脳陣を交えての入念な打ち合わせや確認が必要になる。

だから、ビジターチームの場合、試合開始2時間前からスタートする打撃練習で、最初の組で打つのは、当日のスタメンでマスクをかぶるキャッチャーなのだ。

当時、横浜は細山田武史がスタメンで捕手の場合、先発投手は左腕の山本省吾のケースが多かった。ところが、練習終了直前の最終組、岡田が見ているその目の前で、細山田が打っていたのだ。

すると、スタメンではない。

じゃあ、捕手は誰だ？　それは、練習開始直後の1組目を見ていれば分かることだ。

スコアラーか、コーチか、誰でもいい。自陣の練習が終わってから、ほんの10分ほどでもベンチに居残って見ていれば、分かることなのだ。

当時、横浜のもう一人の主戦捕手は武山真吾だった。

すると山本ではなく、武山との相性から、右の須田幸太が先発だとすぐに分かるのだ。

あえて、繰り返して言う。ちゃんと見ていれば、分かることなのだ。

すると、ミーティングは須田に絞って分析すればいい。なのにオリックスは、山本と思い込んで、ミーティングを終えていたのだ。

スタメンも、左投手用に組んでいる。何もかも準備が終わった時、その前提が狂っていることを知ったのだ。

それを、岡田が一番に気づいたのだ。

ほんの数分でも早く気づけば、手の打ちようがある。

なのに、細山田が打っていても、誰も、何とも思わなかったのだ。

なぜ、練習の最初を誰も見ていない？　なぜ今、先発が違うって気づかんのよ？

岡田は、その準備不足に我慢ならなかったのだ。

ただ、岡田という指揮官は、その細かい説明を省く人でもあった。

「プロやんか。そんなん、察さんとアカンのよ」

分からないのかと尻を叩き、そのたびに説明する。そうしたやり方もあるだろう。

しかし、そこに自力で気づかなければ、プロではない。何を見て、何を感じ、それに基づいて、どう行動すればいいのか。その自分なりの〝コツ〟をつかまないといけない。

だから、岡田は怒る。

その怒声は「気づけ」「自分で考えろ」という促しのサインでもあるのだ。

しかし、誰も動かない。いや、動けなかった。

もうこの頃から、チームにはこんな空気が漂い始めていた。

また、怒ってるわ……。

指揮官の〝沸点〟だけが、気になってしまうのだ。

これをやったら怒られる。失敗したら使ってもらえなくなって、2軍に行かされる。

岡田の厳しさに怯え、迷う選手たちが、ひそかに増えていた。

そんなん、言わんでも分かるやろ。

その「察しの力」を要求する岡田と、選手との「溝」は、実は、年を追うごとに深くなりつつあったのだ。

3

2年目の2011年、岡田オリックスは開幕ダッシュに失敗。一時は借金「10」に落ち込んだが、交流戦で借金「1」にまで巻き返した。

開幕1軍メンバーの26人中、交流戦終了までの2カ月で16人を2軍に落とした。

主力の後藤光尊も開幕投手の木佐貫洋も不調と見るや、岡田は容赦なく2軍で再調整を命じた。その一方で、2月のキャンプ中に右肘を手術したエース金子千尋を交流戦中に復帰させるなど、先々を睨《にら》み、チーム内に刺激を与え続けながら上位争いを展開していった。

5連勝が3度、7連勝と9連勝が各1度。その一方で5連敗が1度、7連敗が2度。

「2年目も最後、2位、いけとったんや」

岡田の記憶は鮮明だ。調べてみると、その通りだった。

9月終了時点で、2位を1・5差で追う3位。ところが、10月に入っての12試合で3勝8敗1分けと失速してしまう。

その不安定なチームを岡田は巧みに制御しながら、シーズン最終戦に勝てば、3年ぶりのクライマックスシリーズ進出というところにまで、何とか持ち込むことができた。就任前、借金30だったオリックスを、1年目から交流戦優勝に導き、そして2年目はいよいよAクラス目前。まさしく、チームの運命を担う一戦だった。

これからが、本当の意味の勝負や、って言うたら、全然アカンようになるねん。これは今まで、やっぱり優勝争いとか、クライマックスとか、そういうのに行ってないっていうんかな、勝負どころっていうね、それが全然や。この試合、絶対に勝たなアカン、そんなことは言えんかったんよ、逆にプレッシャーがかかってしもて、な。

力がないわけでもないんよ。でも、勝つために自分が犠牲になるとか、チームバッティングとか、いろいろな要素があるやん？　それが噛み合わへんねん。勝負ができないんよ。技術練習とか、いろんなことはできるんよ、練習ではな。でも、ゲームになったら勝ち方が分からないんよ。それが、こっちには見えるんよ。普通やったらできるのに、大事な場面になったらできないっていうかな。

あの時も、最後、京セラドームでソフトバンクにな、勝ったら3位よ。
もう、金子で万全よ。
そやのに、1年間で初めて、初回にランナーなしで四球出したんよ。
そんなん、初回、初めてよ。1年間で初めてやで。
あ、これ、やっぱり、金子もアカン、思たわ。

こんなこともあろうかと、取材の場には、岡田の3年間の試合結果をスクラップしたノートを持参していた。慌てて「2011年」のノートを繰り、岡田と確かめた。

「ちゃう？　初回、出してない？」

まさしく、岡田の記憶の通りだった。

2011年、金子千尋のピッチングは、まさしく「エース」にふさわしい活躍だった。宮古島キャンプで右肘痛を訴え、2月9日に遊離軟骨除去と骨棘《こっきょく》除去の手術。その早期対処は「肝心な時におってくれたらええんや」という岡田の洞察でもあった。

6月の交流戦で復活すると、シーズン最終戦の直前まで10勝3敗。

9月には、4試合・36イニングで自責点1の防御率0・25。

月間防御率で、歴代8位タイという強烈な数字を残し、3勝のうち、2試合は完封、1試合は完投、白星のつかなかった1試合も、9回無失点だった。

負けないエースは、9月の4試合でも与四球は2のみ。

それまでの19試合の、初回の入りを見直しても、三者凡退が7度。失点は3度だけ。四球を出したのは4度。ただ、いずれも走者を背負ってクリーンアップを迎えた場面であり、先制点を避けるために勝負を避けての四球というケースばかりだった。

だから、そのうち失点は1度しかなかった。

その金子が、勝てば3位の大一番で、自分らしさを完全に失っていた。

1回1死無走者から、2番の本多雄一（現ソフトバンク1軍内野守備走塁コーチ）に四球を許し、二盗も決められてしまう。ここで3番・内川聖一（現東京ヤクルト）に中前タイムリーを許し、先制点を奪われたのだ。

肝心かなめの一戦で、いつもと全く違うエースの姿に、岡田は負けを覚悟した。

「1年間で、初回に走者なしで四球なんか、初めてやと思うわ。金子はな、そんなピッチャーちゃうんや。だから金子でもやっぱり、きょう勝ったらクライマックス行けるとか、そういうゲームになると、こんなピッチングになってしまうんやと思ったわ」

初回の失点から、一度も追いつけないまま、オリックスは1―4で敗れ、最後の最後に4位転落。クライマックスシリーズへの進出も逃してしまった。

3位・西武の勝率は・5037。4位・オリックスの勝率は・5036。わずか1毛及ばなかった。マウンド上では、決して表情を露わにしない金子が、悔しさのあまり、シーズン終了のセレモニー中に、周囲をはばかることなく、悔し涙を流すシーンもあった。

しかし、その〝勝ちを逃した経験〟は、このチームに欠けていたものでもある。

「振り返ったら、分岐点になる。これから先、プラスになるんよ」

阪神監督時代も1年目は4位。その翌年に優勝を果たしている。

監督の采配とは、選手へのメッセージでもある。

どういう戦略で、いかにして試合を進め、勝っていくのか。

選手起用、作戦を伝えるサイン、ベンチからのアドバイス。その一つ一つに、指揮官の意図と、勝つための執念が詰まっている。

伝える側の根気が、何よりも重要になってくる。さらには、受け取る側の理解が浸透していくのも、それこそ一朝一夕ではいかない。

岡田は、これらが合わさった〝力と経験〟が、チームを飛躍させると確信したのだ。

4

２０１２年（平成24年）に、オリックスは韓国で２度の三冠王に輝いた右の大砲・李大浩《イデホ》の獲得に成功した。

岡田の持論でもある「４番は右打者」という野球観にもぴたりとはまる存在だった。

悲願の優勝への〝下地〟が整ったという、確かな手応えを岡田は感じていた。

これなら、勝てるよ――。

開幕前から、岡田は「優勝」というワードを、意図的に発信し続けた。新聞やテレビで岡田の〝本気〟が繰り返し報じられる。

「選手が『これで勝てるんやろか?』という不安があったら勝てんよ。みんなが優勝できるというイメージを描けるかなんよ」

しかし、開幕３連敗でつまずき、開幕から10戦連続でノーアーチの貧打が続いた。４月29日には、早くも単独最下位へ転落してしまった。

勝てるはずなのに、勝てない。

笛吹けど踊らず、のチーム状態に、岡田は業を煮やしていた。

5月の東京遠征中に、岡田は39歳の北川博敏、33歳の後藤光尊、36歳の鈴木郁洋《ふみひろ》のベテラン3選手を呼んだ。

選手サイドの〝心の動き〟が、どうしてもつかみ切れなかったのだ。

「どうやねん？」

岡田の問いかけに、最初に返答したのは北川だった。

「キツイです……」

北川は、岡田が阪神の2軍監督時代に、手塩にかけて育てた選手だった。

「監督、ベンチでコーチにあんまり言うのを、抑えてもらえませんか。選手が委縮してしまうので」

その「萎縮」という単語が、北川にとっての、精一杯の〝異議〟でもあった。

こういう密室でのミーティングは、当事者によって、印象に残ったり、強調したい部分が違ってくるため、記憶を解き明かしてもらっても、案外、話が合わなかったりする。

「どこまで聞かれて、どこが正しい話かは分からないですけど、僕が言いたかったことはこうなんです」

北川は、自らの記憶と、当時の思いを照らし合わせるように、あの日の話し合いの内容を振り返ってくれた。

あの年、序盤の2回とか3回で点を取られると、もう監督がコーチ陣にめちゃ、当たっていたんですよ。やってる方は、何とか取り返すぞ、って言いたいのに、もうそういう雰囲気じゃない。コーチも慌ててるし、監督は「ピッチャー、用意させろ」とか「おい、まだええんかい？」とか、何とか言うてるし。まだ2回や3回じゃないですか。

僕らは、これから逆転すりゃいいじゃないですか、って思ってやりたいんです。でもそういう雰囲気じゃないのが、ずっと続いていたんです。でも、そんなこと、監督に直接言えないじゃないですか。だから「コーチにあんまり、そう言うのを抑えてもらったら」と。

萎縮、って、僕は多分、言ったかもしれないです。

ホントは「選手を盛り上げてください」みたいなことを言いたかったんです。序盤からホント、またか……っていう風なことがベンチであったんで、それはちょっとやめてほしいな、というのを、言いたかったんですよ。

北川は阪神の2軍時代、チャンスで打席を迎えると、監督だった岡田から「おい、ゲッツー、打ってこい」と声を掛けられたという。

併殺を恐れると、長打の魅力がある思い切りのいいバッティングという北川の持ち味が消えてしまう。

走者がいる時でも気にせず引っ張れ、と岡田は常に背中を押してくれた。

だから北川は、岡田の思いも苛立《いらだ》ちも、勝ちたい思いも分かっていた。

その真意が伝わっていない。若い選手たちが、岡田の怒声に怯えている。それが選手に向けられたものではないのに、その怒りが、ベンチ内の士気を下げていた。

それが、北川には見えてしまった。

いくら「言え」といっても、上司を目の前に、その上司へ直接〝抗議〟するなど、よほどの覚悟がなければ、できないことだ。

同席していた後藤は「性格的に、僕が言ったように伝わっているんですけど、あの時は北川さんが言ってくれたんです」と打ち明けてくれた。

北川は後に、コーチ陣に呼び出されたという。

「お前、監督に何言うてくれてるんや」

監督がコーチを怒る。それは、組織のヒエラルキーとして当然の流れである。その意図を咀嚼《そしゃく》し、理解して、部下に伝えるのがコーチの役目になる。

中間管理職にあたるコーチを、選手の前で公然と怒鳴り上げる監督にも、多少の非はあるかもしれない。それは、見えないバックヤードのところでやるべきだったかもしれない。

しかし、それこそ秒刻みのワンプレーで局面が動くプロ野球の世界で、ビジネス界のマナーのようなものを当てはめようとするのも、また無理があるだろう。

だから、岡田は怒鳴る。その怒声で、瞬時に気づかせなければならないからだ。

それに、部下たちが委縮してしまったのだ。

その間を取り持たなければならないはずのコーチ陣が、そのぎくしゃくした状態を何とか緩和させようと、勇気を振り絞って監督に〝現状〟を告げたベテランを怒鳴る。

もう、完全な悪循環だった。

岡田も、愕然《がくぜん》とする思いを隠せなかった。


幼稚よ。悲しいやん。

3年目で、まだ分からへんのか、ということよ、結局な。

何がしたいんや、お前ら、勝ちたいんやろ？

そう言うたんやけどな。

３年目の途中から、全然あかんかったな。もう勝手に野球しとったよ。

何のために段階を踏んできたんや、というのがなかったんやな。

１年目、２年目で考えたら、２年間で貯金を作ったわけやから。

その前、２００９年は借金30個しているチームがな、そんなん、急に良くなれへん。

やっぱり徐々にな、そないして、そういう意味での３年目やったんやけどな。

5

後藤光尊は、岡田野球の〝核〟だった。

岡田のもとで「３番・二塁」として不動のレギュラーを務めた後藤は、岡田の「厳しさ」の意味を、十分に理解していた一人でもあった。

「オリックスに入った時、緩さ、というのは分からないですけど、よく練習するな、という人はいなかったですね」

２００１年（平成13年）のドラフト10位指名でオリックスに入団した。

翌２００２年、つまり後藤のルーキーイヤーに監督を務めることになる石毛宏典が、まだ就任前に、後藤が所属していた社会人の川崎製鉄千葉へ臨時コーチにやって来たのが「たぶん、タイミングだったんでしょうね」

秋田高では、投打の二刀流で活躍。法大を中退して、社会人でプレーを続けたという紆余《うよ》曲折《きょくせつ》の野球人生。だから、どこか肝が据わっている。

プロ入り直後の宮古島キャンプ。２軍スタートだった後藤は「なんだ、これ？」

何しろ、練習が「全くしんどくないんです」。レギュラーも固定されていなかった。イチローが抜け、田口も抜け、チームがぐらついていた時期でもあった。

「練習したら、すぐいけるやん、と思いましたね。僕が言うのも変ですけど、飛び抜けた人たちがいなくなった後の選手が伸びていなかったんです」

それは、無名のルーキーにとっては大チャンスだ。

そこから、主力の座をつかみ取った。

ただ、毎年のように監督が代わった。その弱いチームの歴史を知る男は、岡田のチーム作りと、経験に裏打ちされた戦略には、納得と充実の日々を送れたという。

「初めて岡田さんが来た時、僕は『この人』かな、と思ったんです。岡田さんがいる間に、優勝しないといけなかったと思うんです」

この人なら、勝たせてくれる。

だからこそ、その厳しさの意味が分かった。ついていこう、信じていれば、きっと勝てるんだと、後藤は思い続けていた。

「そこが後悔……じゃないですけど、もう少し、下の奴らに『監督はこういう意図だぞ』というのを、伝えていかなきゃいけなかったんです。もちろん僕なりに、なんですけどね。でも最後の方は、僕の力では、どうしようもない状態になっていたんです」

岡田と後藤らの〝会談〟の後、チームはそれこそ、糸の切れた凧のような状態になった。浮上の気配すら見出せない。自らの求心力がなくなっていることを知らされた指揮官のショックは、計り知れないものがあっただろう。

「それから、監督は何も言わなくなりましたね。何も変わらなかったです。それからは距離ができました。僕の考えで言ったら、できない方が悪いんです。なんで、監督にビビってやっているんだと。見せつけたらんかいと思って、僕はやっていたんです。ずっとゴタゴタが続いていましたしね。普通に野球やらせてくれよ、と思いました」

後藤も、監督と選手の間にできた「溝」が、修復不能であることを悟ってしまったのだ。

岡田は、選手たちの「プロの自覚」を育みたいと思っていたのだ。

それは、序章でも触れた中嶋とも、半ば共通した思いでもある。ただ、そのレベルへ引き上げるための〝やり方〟が、監督によって違うだけなのだ。

分からないのなら、分からないでいい。こっちが、ちゃんと引き上げてやる。だから、言うことを聞いて、守って、やってくれたらええんよ。

そうすれば、必ず勝たせてやる。

それは、岡田の勝負勘と実績からくる「自信」に基づく指導方針でもある。

ここまで、お前ら、やらなアカンやろ。

そこへたどりつかせるための「叱責」であり、そこへ到達しようとする意欲や努力が見えない選手やスタッフに対して、容赦なく「怒り」をぶつける。

それは、勝つための最低限の「要求値」に達していないという岡田からの警鐘であり、こうして醸し出される厳しい空気が、チーム全体を引き締める効果もあるだろう。

その「支配者型」のマネジメントは、昭和の、そして90年代までの野球界では、むしろスタンダードでもあった。

かつての高校野球は、その最たる例かもしれない。

理屈じゃない。そこまでやらんと勝てんよ。でも、そこまで来たら、俺が絶対に勝たせてやる。その〝信頼関係〟が、怖さの裏側にはあった。

今は辛くとも、この人を信じていけば、いい結果が待っている。過去の「優勝」という実績は、そのカリスマ性に繋がっていく部分がある。

ただ、そのやり方が、皮肉なことに「慣れ」に変わってしまうことがあるのだ。

また、怒っているわ、監督。

そうならないように、選手をはじめ、周囲が予防線を張り出すのだ。

相手と戦わなければならないのに、監督と、いやベンチと〝闘う〟という、本末転倒な状況に陥ってしまうのは、弱いチームの典型でもある。

失敗したら、怒られる。ミスしたら、2軍に落とされる。

その「恐怖」が、チャレンジの気持ちを削《そ》ぎ、その指導スタイルが次第に、監督に近づきがたいという〝畏《い》怖《ふ》〟となり、最後には、もうついていけないという〝絶望感〟へとも変わっていってしまった。

それは、選手が甘い、という一言で済まされるものではない。

かつてのように、鉄拳制裁など、もってのほかの時代である。

選手たちには、その作戦や起用の意図をきちんと理解させ、納得ずくでプレーさせなければ、彼らは動かない。ひと時代前のやり方では、もう通用しないのだ。

その「端《は》境《ざかい》期《き》」で、岡田は苦しんだのではないか。

担当記者の一人として、今、そう振り返ることができる。

そして、振り子の振れ幅が大きければ大きいほど、その逆に働く力もまた、大きくなるのが、この世界の常だ。

５位、４位、そして最下位。上昇のベクトルが、再びポキンと折れてしまった岡田の３年間。当時の球団本部長だった村山良雄は、監督交代の背景をこう説明した。

「岡田監督を迎えた当時、チームには厳しさが必要だった。その点で、岡田さんは非常に力のある人。勝負への鋭い感覚もお持ちだと思う。ただ、その考えが選手やコーチにうまく伝わらなかった。選手は、どういう方向に進んでいいか分からない。チームで岡田さんをうまくサポートできず、非常に申し訳なかった。

噛み砕いて、選手らに方針などを伝えられる人を探し、昨季（２０１２年）からチーフコーチだった森脇さんに白羽の矢を立てた。昨年も、自分でノックして、捕球や送球を教えるなど、野球への愛情が体からあふれていた。この人なら、と。選手たちに方針を伝え、一つになって進んでいく形でやってくれている」

森脇浩司は、自らの意図を丁寧に、きっちりと説明できる〝モチベーター〟だった。

6

森脇は、岡田のように現役時代に華々しい活躍を見せた選手ではない。

近鉄、広島、南海、ダイエーでの現役時代は、手堅い守備、バントや右打ちといったチーム打撃、ソツのない走塁で、チームをしっかりと支える脇役の一人だった。

自らの役割を熟知した上で、チームにしっかりと貢献できる森脇に、早くから着目していた先人がいた。大胆なトレードを仕掛け、全国に張り巡らせた情報網から逸材を発掘し、西武、ダイエーの黄金期を築いた敏腕フロントマン、「球界の寝業師」こと、根本陸夫だった。

「俺の目の黒いうちに、一人前になれ」

根本からそう告げられた森脇は、１９９６年（平成8年）に現役を引退すると、まずダイ

宮内オーナーと握手する森脇監督（2013年）

エーの2軍コーチに就任。そこから指導者としてのキャリアを着実に積み上げてきた。

ノックの名手と言われる。あるテレビ番組の企画で、ホームベースのところからノックを打つ森脇に「レフトポールに当ててみて下さい」という無理筋のリクエストがあった。

「あそこでいいのかな?」

そう言って、ノックバットを一閃すると、森脇はたった1球で直撃させたという。

力を抜けば捕れない。最後の一歩まで、妥協なく踏み出すことで取れる付近に絶妙のタイミングとバウンドで、ゴロを転がしていく。

その名人芸ともいえるノックを、キャンプ中の1カ月で、何千本も打つ。

「ノックは、選手との対話だからね」

森脇の持論だ。キャンプ前から、選手ばかりの自主トレを行い、キャンプ初日から生きた打球を打てるように、体を仕上げていく。それは、プロのコーチとしてのプライドでもある。

森脇のノックを何本となく受け、小久保裕紀（２０２２年からソフトバンク２軍監督）も井口資仁《ただひと》（現千葉ロッテ監督）も、王ホークスの主力へと育っていった。

２００６年（平成18年）に、監督の王貞治が胃がんで倒れ、シーズン途中に入院。その時、王から「森脇に任せれば大丈夫だから」と「監督代行」の重責も託された。

ダイエー、ソフトバンクでの指導歴は13年間。２０１１年（平成23年）には巨人で２軍内野守備走塁コーチを務め、岡田の３年目、２０１２年にオリックスへやって来た。

豊富な指導歴。そして、自らの言葉で、自らの考えをきちんと選手に伝えられる。マスコミの餌食になるような失言や感情的な行動とは、無縁のタイプでもある。

その冷静な指揮官の〝発言〟の中で、私にも忘れがたい思い出がある。

２０１４年（平成26年）９月16日。

ソフトバンクとの激しい優勝争いを繰り広げる中、本拠地・京セラドーム大阪でソフトバンクとの３連戦を迎えた。その初戦のことだった。

３連勝すれば、18年ぶりの優勝へのマジックが点灯する。

その先陣となる先発マウンドを託されたのは、当時23歳の西勇輝（現阪神）だった。

西はその重圧からか、5回途中5失点で途中降板。自責の念にかられたのだろう。西は交代を告げられたマウンド上で泣いていた。一塁側ベンチに下がっても泣き続けていた。

まだ勝負は決していない。この先もソフトバンクとの戦いは続いていく。

なのに、敵の前で涙を流した。相手ベンチから「泣いてるぞ」と指をさす選手もいた。

勝負の真っ只中で、泣いてる場合か。

感傷的過ぎる。重圧の中で戦っているのは、西一人ではない。疑問に感じた私は、試合後の監督会見で、森脇にその「涙」について問うた。

「今後の財産にしてほしい」

森脇は常々、選手は「自分の子供のようなものだから」と語り、必要ならば監督室に選手を呼び入れ、一対一で話すことも度々だった。

だから、かばった。しかしその甘さが、ここ一番での脆《もろ》さに繋がっているのではないか。

私は「なぜ泣いた」という原稿を書いた。

記者席で仕事を終え、帰路に就いた電車内で、ショートメールの着信があった。

「喜瀬君の言うことは、よく分かる」

森脇は、公の場で決して選手の批判をしなかった。それが監督として、指導者として貫いたポリシーでもあった。

しかし、勝負師としての本心は違う。端正なマスクの裏に、その厳しさも秘めている。

話は少し先へ飛ぶが、成績不振の責任を取り、オリックスの監督を２０１５年のシーズン途中で退任。しかし、その後も２０１７年（平成29年）から２年間、中日でコーチを務め、２０２１年（令和３年）からは、かつての教え子・井口資仁の招きで、ロッテの野手総合兼内野守備コーチに就任している。

現役時代にプレー経験がなく、ＯＢでもないチームからコーチとして招聘されるのは、その指導力が球界内でも高く評価されているという一種の〝証〟でもある。

その森脇が率いて２年目の２０１４年、オリックスが開幕から快進撃を見せた。


機動力を駆使した攻撃と、エース金子千尋、守護神平野佳寿を中心とした投手陣。森脇らしい、手堅い、先行逃げ切りのスタイルで、白星を着実に積み上げていく。

ソフトバンクとの激しい優勝争いは、最後の最後までもつれた。

10月２日、福岡ヤフオクドーム（当時）。ソフトバンクとの一戦は、勝てばマジック１となって、仙台での残り２試合に挑む。負ければ、その時点でソフトバンクの優勝が決まる。

まさしく、雌雄を決する大一番。

延長10回でのサヨナラ負けに、Ｔ―岡田はその場で呆然と立ちすくみ、捕手の伊藤光（現ＤｅＮＡ）は、ホームベース上で人目もはばからずに泣き崩れた。

悔しさが、次への糧になる。

それは、岡田の時代にも、２０１１年に１毛差で４位と、あと一歩のところで、大願を逃してきたのと同じだった。

だからこそ、球団もこの〝チャンス〟を逃すまいとした。

さらに強いチームを作る。そのバックアップへの補強は精力的だった。

森脇の１年目の２０１３年にも、日本ハムから糸井嘉男（現阪神）をトレードで獲得。

２０１５年へ向け、今度はアメリカから中島裕之（現巨人）、日本ハムからＦＡの小谷野栄一（現オリックス野手総合兼打撃コーチ）、日本での６年間で通算１６９本塁打を放っていた元中日、ＤｅＮＡのトニ・ブランコを獲得。中軸不在の穴を埋めるべく、実績のある中・長距離砲を続々と補強した。ＦＡ権を行使した金子には４年20億円、ＦＡ権を獲得した平野にも３年９億円（いずれも推定）の大型契約を結び、森脇とも、２０１５年からの２年契約を新たに結んだ。

勝つために、手を打った。

あと一歩、届かなかった優勝のために、フロントが動いた。周囲には、そう映っていた。

その裏事情を、当時の球団本部長だった瀬戸山隆三はこう表現した。

「みんな、獲れてしまったんよ」

7

補強に関して全体像を束ねるのは、当然ながら、球団本部長の瀬戸山だ。

中島の獲得には、スポーツメーカーのナイキに勤務していた時代にも付き合いが深かった編成部長の加藤康幸があたり、同じく獲得に名乗りを挙げていた阪神や古巣西武との争奪戦を制し、獲得に成功した。

ところが、こうした〝本筋〟の動き以外に、瀬戸山のあずかり知らぬところで、他の球団幹部らが、独自の動きで、いろいろな選手の交渉にあたっているという話が、あちらこちらから入ってきたというのだ。

「特にオリックスの場合、いろいろな人がいるんです。やっぱり、宮内オーナーが言っているから、動かないとアカンと、みんなが思ったんですよ。だから、もうバラバラに動き出すんですよ」

オリックスの創業時のメンバーの一人で、阪急から球団を買収した時から、球団オーナーを続けている宮内義彦は、自他ともに認める野球好きだ。

社内の野球チームでは、今もなお不動の「４番投手」の二刀流だという。

宮崎キャンプでも、選手がいなくなったブルペンに立つと、球団幹部を相手に、左腕からの投球練習を繰り広げるのが、もはやキャンプ名物でもある。

２００４年の宮古島キャンプ。当時、阪神から移籍した左腕、トレイ・ムーアがいた。

ネット裏で、宮内は食い入るようにムーアのピッチングを見ていた。

「なるほど、そういうことか」

うなずくと、宮内はグラブを持って、三塁側のブルペンへ走った。ムーアから、何かしらの投球のコツを得たのだろう。それを、その場で試したくなったのだ。投げ続けた。10球、20球……。とうとう球団社長では対処しきれなくなり、慌てて当時GMだった元阪神監督の中村勝広が「私がお相手します」と捕手役を交代したほどだ。

その熱意を、球団だけでなく、本社の首脳たちは誰もが知っている。

「宮内オーナーがお元気でいらっしゃる間に、優勝して、日本一になる」

これはもはや、オリックスの〝不変の目標〟なのだという。

低迷が続き、3年、あるいは5年という中長期の計画でチーム再建を図ろうという声が出ても、その一方で、この〝注釈〟は必ずつけられるのだという。

だから、補強がどうしても近視眼的になる。

２０１５年の大補強。それが裏目に出たのは「球団本部長である僕の責任で全然いい」と前置きした上で、その〝大企業での悲哀〟を、瀬戸山が打ち明けてくれた。

「僕は球団本部長として、しっかりと宮内さんとは意見交換をしないといかんかったんだろう。もちろん何度か話をしたけれども、僕の説明不足やったね。しょっちゅう僕とコミュニケーションはして下さい、そういうことについてね、宮内さんは『それはできん』と。そりゃそうや、西名（弘明＝当時のオーナー代行兼球団社長）さんもおって、もっと他の役員もおるんやから。別に変な意味で言うんやないけど、そんなアンタみたいな、たまたま外からちょちょっと来てやってるやつと、サシでしょっちゅう話はできんやろと。それはオリックスだけじゃなくて、どこの大きな会社もそうやわな」

つまり、本社のトップに具申するのは、本社での立場や、その肩書のある人間でなければならない。それは、組織の秩序でもある。

だから、宮内に補強方針なり、獲得への費用なりを相談できるのは、西名のような本社の役員レベルでなければならないのだ。その場には、球団には携わっていない別の本社役員だっているだろう。役員同士が集まれば、その場でそれこそ居酒屋談義のように、宮内と野球を語ることだってあるだろう。

そういう人たちの意見が、何かと球団の方針を左右してしまうのだ。

瀬戸山のような「球団本部長」の肩書では、オーナーに直接、すぐに話せるような機会もほとんど設けられないのだ。そこが盲点になってしまう。

もっと打てば勝てたな。先発投手がもう2、3人、いるかな。

例えば、宮内が言ったとしよう。すると、それを聞いた人たちが、それこそ「オーナーが言ってたから」「オーナーのために」と、途端に動き出す。

それは、球団という組織を問わず、どんな企業でもあることだろう。

瀬戸山の方針より、宮内の〝ご託宣〟の方が、オリックスでは重いのだ。

2015年に補強した中島、小谷野、ブランコは、打力に定評があった。しかし、スピードの面でいずれも劣る部分がある。だから、この３人が中軸に並ぶと、シングルヒット３本が繋がっても、本塁へ生還しづらい。

２０１４年、オリックスはチーム盗塁数をその前年から一気に42も増やし、リーグ２位の１２６盗塁をマーク。機動力を生かした攻撃と、リーグトップのチーム防御率２・８９の投手陣、リーグ最少の63失策という堅守が噛み合って、優勝に肉薄したのだ。

しかし、ここに長距離砲の３人が一気に揃うと、その持ち味が消えてしまう。

編成部門がやるべきことは、３人の獲得に動きながらも、それぞれに優先順位をつけ、この選手が獲れれば、この選手はいらないといった取捨選択を行い、長打力不足というチームの弱点を補うためのチーム編成を行うことだ。

なのに、そのかじ取りが、瀬戸山の〝立ち位置〟ではできなかった。

オリックスのような大企業ゆえに、オーナーから球団へと繋がっていくヒエラルキーの中で、忖度《そんたく》する〝球団外の人間〟の存在が、あまりにも多いのだ。

「だから、誰がいいとか悪いとかじゃないんだけど、戦力をどう見て、誰が獲るかということについて、誰もキーマンになれなかったというのはあるよね、残念ながら。

とにかく、宮内さんが号令を掛けて『全部獲れ』みたいなことで動いてしまったところはあるよね。何が正しいかというよりは、こういうやり方でチーム編成をするんだ、というのがないとアカンかったわね」

だから、その〝全部獲れてしまった〟という補強と、森脇の描く野球が一致していなかった感は強い。そこが、瀬戸山の大きな悔いでもある。

「森脇監督も、言いたいことはあったかも分からんけど、これは言わない方が賢い、と思ったと思うよ。与えられたチームでやると。だからこれは、彼の想像を超えた難しさやったような気がするね。いや、これはいりませんとか、言える雰囲気でもなかったと思う。だから、森脇監督も戸惑いがあったと思う。そういう点では気の毒やったね」

8

森脇は、2021年から、ロッテの「野手総合兼内野守備コーチ」に就任していた。

昔話とはいえ、最後まで優勝を争い、最終的には競り負けたそのライバル球団での〝挫折の経験〟を振り返ってもらおうという取材が、時期的に果たして適当なのだろうか。

私の中には、逡巡があった。「今は敵だから」と断られても仕方がないと思っていた。

シーズンの戦いが一区切りついた11月1日、ロッテの広報室長・梶原紀章の許可も得た上で、森脇の携帯電話を久しぶりに鳴らしてみた。

「全然気にしなくてもいい。そんなの、いつ聞いてくれてもよかったのに」

オリックスの「25年」をたどっていく中で、欠かすことのできない存在の一人でもある森脇は、クライマックスシリーズでの戦いを前にした休日の午後、快く取材に応じてくれた。

２０１５年、開幕18試合で3勝14敗1分けと、スタートから大きく出遅れた。

ブランコは、古傷の左膝痛が悪化して開幕直後に2軍落ち。小谷野は左太ももを痛め、中島もぎっくり腰のため、それぞれ5月に戦線離脱するなど、期待の新戦力たちが思ったような働きを全く見せてくれない。

30億円とも言われた大型補強は、オリックスの「今年こそ」という意気込みの表れでもあった。ただ、つぎ込んだ資金とマンパワーへの「費用対効果」は厳しく問われる。

森脇は、その大補強の意味を、当然ながら重く受け止めていた。

「これだけ補強すると、同時にイコール、優勝なんだと。そういう風な構図はできていたと思うんだよね。ただ、それぞれが描く構図というのがあるから、それが正しい設計図なのか、正しくない設計図なのかはまた別として、僕自身は基本、提供された戦力を駆使して、最もいいものを出していくという考え。だから、与えられた戦力で、彼らの最大限の力を引き出す。それを組み立てるのが、僕の仕事だと思っていた」

森脇にとって、大きく計算が狂ったのは、ブランコの早期離脱だったという。

「中日、ＤｅＮＡというキャリアの中で残してきたものとは全く同じでなくても、少し陰りが見えたとしても、それなりの力を出してくれる状態であれば、それに応じた野球というものを、僕の中ではプランとして持っていて、ちゃんと描けてはいたんだけどね」

２０１４年のチーム総得点５８４、１１０本塁打は、いずれもリーグ3位だった。これを中日、ＤｅＮＡでの6年間で１６９本塁打をマークした実績を持つブランコを核として、全体を引き上げ、得点力を上げることができれば、前年以上の戦いはできると踏んだのだ。

ところが、エースの金子千尋が前年秋の右肘手術の影響で開幕に間に合わず、ストッパーの平野佳寿は開幕2カード目で右足首を痛めた。セットアッパーの佐藤達也も腰痛、岸田護も左わき腹痛を訴えるなど、前年の快進撃を支えた投手陣の顔ぶれもなかなか揃わない。

すべての歯車が狂い、浮上へのきっかけも見出せない。

「２０１４年と様変わりしたところはあったけれども、プロなんで、その中でも結果を出していかなきゃならない。でも、もう一回組み立てるのに、もう少しの時間が必要かなと僕自身は、思っていたんだ」

故障者が戻ってきて、戦力が再整備できれば、必ず巻き返せる。

しかし、森脇の思いとは裏腹に、本社サイドには怒りと焦りが募っていた。

オリックスグループは、２０２１年３月期決算の売上高が２兆２９２７億円、総資産も13兆５６３０億円という、世界的な大企業でもある。

だから「ケチックス」と揶揄すると、球団から必ずと言っていいほど抗議が入る。

「ウチは、決してケチなんかじゃありません」

米ニューヨークで株式上場もしている。球団はオリックスグループの中でも、業績が決して上がっているとは言えない部門でもある。ゆえに、海外の投資家からの指摘は鋭い。

「これは何だ？　この部門の業績を上げれば、もっと良くなるだろう？」

日本における球団を持っているという位置づけとステータス。それは、パソコンでお金を貸し借りしたり、株式取引をしたりする「個人リテールの時代」には、お金に変えられないほどの価値がある。しかも、あのイチローがいた球団なのだ。

そうした本業への相乗効果を説明すると、投資家たちは納得するのだという。ただ「できるだけ損失は抑えるように」と、同時に釘も刺されるのだ。

２０１４年の快進撃を受け、そのシーズン終盤から始まる翌年に向けての営業活動で、オリックスは本拠地・京セラドーム大阪の年間予約席や広告看板のセールスを精力的にかけていた。

今度は優勝します。見に来る価値は高まります。注目度も上がります。クライマックスシリーズのような注目の試合にも、優先的に席を融通できます。

そうしたプレミア感を出すことで、売上を大きく伸ばすことができたのだが、その意気込みとは裏腹に、開幕からの体たらくに、クライアント側からの突き上げも強かったという。

端的にいえば、これでは話が違う、というわけだ。

２０１５年5月31日、オリックスは3連敗を喫し、これで19勝34敗1引き分け。

早くも首位から12ゲーム差をつけられ、自力優勝の可能性が消えた。

この「自力Ｖ消滅」というのは、残り全試合を勝ったと仮定し、首位のチームがオリックス以外の全試合に勝てばオリックスの勝率を上回るという、極端なケースのことを指しているのだが、ある意味、チームの低迷ぶりを表す〝指標〟として報じられる。

２０１５年6月2日。東京遠征中の宿舎ホテルで、森脇は「休養会見」を行った。

「十分な戦力を与えていただきながら、私の力不足により十分な成績ではない。ここまでの低迷に関しては、深くお詫び申し上げたい」

前年、首位とわずか勝率2厘差の2位。２０１５年からの新たな2年契約も結んでいた指揮官が、シーズンの54試合目で〝詰め腹〟を切らされた。

当時の球団社長・西名弘明のコメントが、森脇の休養の経緯を記した記事とともに、私のスクラップブックにも残されていた。

「現場は森脇監督に任せていたが、あれだけの補強をしたし、私は低迷が長いなと感じていた」

現状を打破し、チームを建て直すという具体的な姿勢を見せなければ、取引相手を納得させられない。だから、目に見える形での〝再建プラン〟を提示するのは、オリックスという企業体にとって、今後のビジネスを展開していく上で、どうしても必要な一手でもある。

「それは、自分にはコントロールできないことだからね」

そう前置きした上で、森脇は〝早期決断〟を迫られたその無念の思いを、慎重に言葉を選びながら、こう語ってくれた。

歴史をたどれば、やっぱり監督の交代が非常に激しいチームだよね。監督以外の誰かが責任を取るべきだとか、そんなことを言っているんじゃないんだけど、ただ、パッと見たら成績が悪い。それぞれの役割、立場、責任がある中で、現場の監督の俺は、そういう人たちが選んでくれた選手とともに戦っていく。それでやっぱり、最終的な責任は監督が取るんだけど、そうは言っても、それぞれの部門のトップの人たちは、そういう責任を背負いながらやる。そうした最終判断の中で、責任の所在が「監督だ」という風に向くのであれば、それはそれでもう、受け入れないとしょうがないよね。

正直、２０１５年を振り返った時には、やっぱり絶対、２０１４年よりもさらに強いチーム、強い組織を作るということに関して、自分の中でちゃんとしたプランがあった。そういうところでは、途中で辞めたというところに関しては、志半ば。そういうことになるかもしれないね。

森脇の１年目、２０１３年は５位、２年目の２０１４年が２位。

チームは、着実にステップアップしていた。ここから大きく飛躍しようというその足掛かりのところで躓いてしまったのが、２０１５年の序盤だった。

リベンジの機会すら与えられないまま、監督の座を追われてしまった。

「誰が悪いんや、と。やっぱり監督を変えた方がいいと。特に、外様の監督についてはそういう傾向が強いよね、オリックスは。森脇、西村、昔の岡田ね」

瀬戸山が挙げた３人の監督は、いずれもチーム生え抜きではない。

他球団での指導経験も実績も十分だったことも、そしてシーズン途中で休養を余儀なくされた終わり方も、全くもって同じだった。

岡田は２０１２年、一度は「シーズン終了後に退任」と発表されながら、最下位が確定した残り9戦で、球団から途中休養を命じられ、ユニホームを脱いだ。

２０１９年から指揮を執った西村徳文も、ロッテ監督時代に、３位からクライマックスシリーズを勝ち抜き、日本一に導く「史上最大の下克上」を演出した指揮官だった。

その西村も、２０２０年の開幕ダッシュに失敗、53試合終了時で辞任となった。

岡田は3年、森脇は2年半、西村も1年半。

この〝短い任期〟では、どうしても「強さ」が一過性のものになってしまう。そうした失敗と反省の繰り返しの中で、球団がいよいよ、大胆な方針転換を図ろうとしていた。

育成へ舵を切り、自前の戦力を育て、チームを強化する――。

その〝指南役〟として、他球団で日本一の経験がある２人のフロントマンを、オリックスはヘッドハンティングしてきたのだ。

長き低迷を打破するために、いよいよ、本気で動き出したのだ。

第六章　スカウト革命

1

２０２１年（令和３年）８月７日、横浜スタジアム。

日本野球界の悲願ともいえる東京五輪での「金メダル」をつかみ取った。

侍ジャパンの24選手。その歓喜の輪の中に、オリックスの２選手がいた。

吉田正尚は全５試合で「３番」を務め、20打数７安打、打率・３５０をマークした。決勝の米国戦でも、８回１死二塁のチャンスでセンター前へヒットを運ぶと、米国のセンター、ジャック・ロペスが送球ミスを犯す間に二塁走者の山田哲人（ヤクルト）が生還、勝利を決定づける大事な２点目を呼び込んだ。

山本由伸は、五輪初戦のドミニカ共和国戦、ノックアウトステージ準決勝の韓国戦と２試合に先発した。ドミニカ共和国相手には６回無失点。宿敵・韓国相手にも５回まで２安打無失点、続く６回途中にピンチを招いて降板したが、開幕戦と準決勝という、絶対に負けられない重圧の中で、23歳の若き右腕はいずれの試合でも先制点を相手に与えていない。

オリックスの投打の柱が、ジャパンの「クリーンアップ」の一角と「エース」を担った。

これを、7年前に〝予言〟していた男がいた。

ここでまず、東京五輪に関する時系列をおさらいしてみる。

日本が「東京五輪」の招致に成功したのは、2013年（平成25年）9月の国際オリンピック委員会総会でのこと。ただ、その時点で「野球」が競技種目に入るかどうか、決まってはいなかった。

開催都市が提案する追加競技として「野球・ソフトボール」「空手」「スケートボード」「スポーツクライミング」「サーフィン」の5競技の追加が正式決定したのは、誘致の決定からおよそ3年後、2016年（平成28年）8月3日に行われた国際オリンピック委員会の総会でのことだった。

東京五輪で、日本代表の中心になる選手を獲る――。

加藤康幸が、オリックスのスカウト陣に、その「未来への指令」を出したのは「球団本部副本部長兼編成部長兼アマチュアスカウトグループ長」に就任した2014年（平成26年）のことだった。

つまり、まだやるかどうかも分からない東京五輪の「野球」に、日本代表としてオリックスから選手を送り込むことを、自らの〝所信表明〟としていたのだ。

「２０２０年がホントはピーク。そこに日本代表の選手が出るようなスカウティングをしていかないといけない。ビジネスと一緒。中長期プランです」

ターゲットは、東京で五輪が開催される〝オリンピックイヤー〟というわけだ。

加藤康幸

オリックスの選手が、日本代表として活躍して金メダルを獲る。そして、金メダリストたちがチームを引っ張って、オリックスが優勝する。

そのためには、好素材の選手を発掘し、ドラフト会議で指名する必要がある。

さらに選手のレベルや潜在能力に応じた綿密なトレーニング計画を立て、的確なコーチングも行い、育成環境の整備もしていかなくてはならない。

ソフトとハードの両方が整わなければ、この中長期プランは実現しないのだ。

加藤は、その難解なプロジェクトに着手しようとしていた。

野球に特化したインターネットメディア「Ｆｕｌｌ‐Ｃｏｕｎｔ」の２０１５年（平成27

年）1月30日付配信は「オリックス大補強の舞台裏　改革を託された男の哲学」加藤との一問一答から、その〝五輪イヤー構想〟を抜粋してみる。

野球がオリンピック競技に復帰することが決まった時に、うちの選手が主力としてキーになるポジションにつくことを目標にしようとスカウトには話しました。理想論として、ですが。たとえば、ピッチャーで佐野（皓大＝２０１４年ドラフト３位、現外野手）が選ばれ、キャッチャーで若月（健矢＝２０１３年ドラフト３位）が選ばれるというふうになればいいですよね。ＷＢＣ、もしくはオリンピックで日本の野球が世界からフォーカスされる時にその所属がオリックスというのはすごくマーケティング的には価値のあることです。だから僕は、中長期目標の１つに入れているんです。

東京五輪は、コロナ禍で1年延期の２０２１年（令和3年）に開催された。

前述したように、吉田がクリーンアップを打ち、山本はジャパンのエースとして開幕戦を担い、日本代表は金メダルに輝いた。

そして、２０２１年のペナントレースを沸かせたオリックスの快進撃も、シーズン終盤に死球を受け、右尺骨骨折での戦線離脱があったとはいえ、打率・339で2年連続の首位打者を獲得した吉田正尚と、シーズン15連勝での18勝、規定投球回到達では両リーグでただ一人の防御率1点台となる1・39、奪三振は206で2年連続、さらに勝率1位の「投手4冠」に輝いた山本が、チームをけん引し続けた。

吉田正尚、2015年（平成27年）ドラフト1位。

山本由伸、2016年（平成28年）ドラフト4位。

加藤がオリックスの編成とスカウト部門を担ったのは、2014年（平成26年）からの3年間のこと。吉田や山本のような好素材を発掘し、育てていくというその道筋をつけたのは、加藤の「目」による「スカウティング革命」の力でもあった。

そのプロセスを、これからたどっていく。

加藤は1998年（平成10年）から8年間、ダイエー、ソフトバンクを通し、当時の監督だった王貞治（現ソフトバンク球団会長）の監督付マネジャーを務めてきた。

「王会長の動きを見ていたら、これは東京五輪で野球が入る、っていうのは予想できていたからね」

日本の野球界を代表し、メジャーでもその名が知れ渡っている。

その王が、精力的に動いている。五輪での野球競技復帰へ向け、機運は高まっていた。ただ、それが決まってから、アクションを起こすのでは遅いのだ。

未来図を描く。それは、こうなるという「構想」を打ち立て、自らが動き、周りを巻き込んでいくことで、その輪をさらに大きく、確固たるものとし、そのプランを現実のものへと変えていくことでもある。

加藤はアグレッシブに動く。突破力も半端ではない。弁も立つ。

「俺もスポーツの世界に25年くらいいて、いろいろな偉い人たちがいたじゃん？　俺がうまくやれたのは、そういう人たちが俺を買ってくれたのよ。王さんだったり、星野さんだったりね。敵対関係じゃなく、俺を守ってくれた人がいたからなんだよ」

１９６６年（昭和41年）７月生まれの加藤には、本格的な野球経験はない。小学生時代から26歳まで続けていたのはテニスだった。

「トレーナーとか、コーチングの方に興味があった」と順天堂大体育学部では運動生理学を専攻、さらに筑波大大学院体育研究科でスポーツ社会学を学んでいる。

１９９３年（平成５年）にダイエーへ入社すると、すぐに「稚内へ行ってくれ」

当時、隆盛を極めていた陸上部の合宿先だった。

1988年（昭和63年）ソウル五輪、1992年（平成4年）バルセロナの両五輪でいずれも4位入賞を果たした男子マラソンの中山竹通ら、日本を代表するマラソンランナーを育てた名コーチ・高橋進の担当を命じられたのだ。

野球界でも王をはじめ、楽天に入団した2012年（平成24年）から2年間、監督はあの闘将・星野仙一だった。

「僕らの分からないところを極めた人たちなんです。こういう方々に物おじせずに、僕は一緒にいられるんですよね」

高橋にも、王にも、星野にも、臆することなく持論をぶつけていく。

楽天時代、監督の星野に先発ローテーションの構成を提案したことがあった。

まず、カード初戦にエースの田中将大が投げる。次の日は、左の川井貴志か辛島航、3日目には、右の軟投派の外国人、ブランドン・ダックワースという組み合わせだ。

「テニスでもそうなんだけど、球の軌道が変わると、打つ側のポジショニングだって変わるんですよ」

そのプランを、元中日のエースで、監督としても中日で2度、阪神で1度のリーグ制覇を果たし、３球団目の楽天では日本一にも導くその名将に、ずけずけと提案するのだ。

その道の素人が、功成り名遂げた名人に説教するようなものだ。

「星野さんは、それを『バカだな』と言うのじゃなく『加藤、面白いぞ』と受け入れてくれるんです。でも、こうも言われましたね。『お前だけだ、こんなにしつこく言ってくるヤツは』って」

ソフトバンク退団後の２００６年（平成18年）から6年間、世界的スポーツメーカーのナイキで、プロ野球選手をはじめ、数々のアスリートにも接してきた。

そんな〝プロではない野球人〟の確かな実績に、オリックスは着目していた。

球団社長の湊通夫が自ら、２０１３年（平成25年）のクライマックスシリーズ開催中の仙台まで直接足を運び、加藤へ入団要請を行ったという。

まさしく、三顧の礼でオリックスに迎え入れられたのだ。

加藤が入団する直前の２０１３年まで、オリックスは5年連続Bクラスだった。近鉄との球団合併後の9シーズンで、Aクラスも1度だけ。最下位も3度と、長き低迷から抜け出せないままだった。

「あんまりその印象がないんだよ。ここに行くと決めて、オリックスの球団の歴史を見てみたら、最後の優勝って、イチローがいた時（１９９６年＝平成８年）なんだね。それには、ちょっとビックリしました」

加藤は、弱いチームが強くなっていくプロセスを、ダイエーでも楽天でも見てきた。

万年Ｂクラスだったダイエーは、かつて西武の黄金期を築いた根本陸夫という「球界の寝業師」によって、全国に張り巡らされた情報網から、選りすぐりの逸材を発掘してきた。

その選手たちを、王貞治が我慢強く、大きく育つことを信じて使い続けた。

そうやって小久保裕紀（２０２２年からソフトバンク２軍監督）も、井口資仁（現千葉ロッテ監督）も、松中信彦（現野球評論家）も、城島健司（現ソフトバンク会長付特別アドバイザー）も、一流選手への階段を駆け上がっていった。

小久保は通算２０４１安打で名球会入りを果たし、第４回ＷＢＣでは日本代表監督を務めた。井口はメジャーに渡り、シカゴ・ホワイトソックス時代には二塁手のレギュラーとして活躍、ワールドシリーズ制覇にも貢献した。松中は２００４年（平成16年）に、平成ではただ一人の、打撃部門の「３冠王」に輝き、城島はメジャーで「日本人初の捕手」としてプレーした。

王の教え子たちは、さらなる高みを目指して挑戦し続け、今なお、野球界で後進たちの指導にあたっている。脈々と、その〝王道〟は受け継がれているのだ。

楽天では、加藤がチーム統括本部長を務めた2年目の２０１３年、球団初の日本一に導いた。

オリックスが近鉄と球団合併、楽天が新規参入を果たしたのは、ともに２００５年（平成17年）のこと。スタートは同じで、しかも近鉄とオリックスの両球団の主力を集めて発足したオリックスより、寄せ集めからスタートした楽天の方が、先に日本一になったのだ。

「9年間」の差は、どこでついたのか。

その〝変貌のノウハウ〟を知る加藤に、オリックスは再建を託したのだ。

2

就任直後、まず加藤は全スカウトを招集した。

そこで、過去10年分の指名選手すべての「データ」を出すように要求した。

「例えば、ホークスがあの当時、１００点満点で90くらいの戦力としたら、実際のオリックスって、60くらいだったんだ。でも、60だとしても、戦力とか、やり方によっては、80くらいにはなるかもしれないよね、相手もあることだから。だけど、客観的に見たらオリックスのポイントは低い、っていう話になってくる。じゃあ、その低いのはなぜ、となるでしょ？」

そのために、これまでのスカウティングやドラフト戦略を洗い直そうとしたのだ。

誰が担当スカウトで、なぜこの選手を獲ったのか？

なぜ１位にしたのか。その決め手は何だったのか？

戦力になっていない理由は、どこにあったのか？

高校生と大学・社会人の分離ドラフトだった２００６年（平成18年）、２００７年（平成19年）、さらに２００８年（平成20年）に１位指名した高校生の３人は、誰も１軍出場を果たすことなく、プロの世界を去っていた。

２００７年と２００９年（平成21年）は大学生の投手を１位指名しているが、この２人もプロで１勝も挙げないまま、現役生活を終えている。

２００４年（平成16年）から２０１３年（平成25年）まで、10度のドラフト会議で指名した23人の高校生（育成２人を含む）のうち、その約３分の１にあたる７人は、１軍でプレーできていない。

投手８人のうち、１軍未勝利は５人。

野手15人のうち、5人に1軍出場がない。さらに通算143試合以上、つまり〝1シーズン分〟の1軍出場を果たした6人のうち、3人は他球団へ移籍している。

期待のルーキーが、全く活躍していない。育て上げることもできていない。しかも、ある程度育ってきた生え抜きの選手を、あっさりとトレードに出している。

そうした事実が、オリックスの長き低迷に繋がっているのは疑いのないところだ。

「だって、この辺が全然1軍に出てきてないわけじゃん。だから、そこはなんで獲ったのかを、根拠を聞かないといけない。スカウトたちが、どれくらいその選手に対して思い入れがあったのか、というのを知りたかった。だって人が人を獲るわけだから、獲るとなったら、自分の子供みたいに思って獲るわけじゃん。それが、あっけなくクビになる。1位とか2位が、でしょ？　それって、振り返った時に、一番良くないことだからね」

しかし、加藤はここで愕然とすることになる。

「そしたらさ、履歴がないんだよ。スカウティングレポートとかね」

新人に関するデータが、全く蓄積されていなかったのだ。

だから、誰も説明できない。

当然ながら、別の部署に移ったり、すでに退団したスカウトもいる。ならば、その引き継ぎとしても、選手のデータを作っておく必要はある。

なぜ、獲ったのか。なぜ、伸びなかったのか。なぜ、クビになったのか。

しかし、その「データベース」すらないのだ。

「過去の検証、現在のベストプラン、未来へのストーリー。これらをどう繋げていくのか。だから、過去の選手のスカウティングの経緯から調査したかったんだ。でも、資料が一切なかったのが、オリックスの編成だったんだよ。例えば、宮内（義彦）オーナーへのプレゼン資料とかあると思うじゃん？　そういう資料さえも見たことがなかったんだよ」

加藤は、スカウト陣を徹底的に問い詰めた。

「お前のところ、マンションのモデルルームがあって、１億５０００万円のチラシが入っていたとしようよ。それ、即決で買うのか？　まずモデルルームに行っても、綺麗だよ。だけど実際、夜中になったら周りを暴走族が通るとか、１階に焼き鳥屋があるとか、コンビニが横にあるとか、近くに工場があるとかってなったら、俺だったら、１億５０００万円でそんなところを買わねえよ。お前ら、人のカネだから、１億５０００万円で平気で買おうとするんだろ？　１位って、契約金１億円と出来高５０００万円だろ。だから、ドラフト１位を獲るって、ちょっと気の利いたマンションを買うのと同じことなんだよ。

それなのに、自分も見ていなくて、調査もしてなくて、それで買うのか？　こいつが今年のドラフト1位の目玉ですって言って、それで信用できるのか？　雑誌や新聞を見ただけじゃないのか？　お前の目で見て、どうなんだよ、っていうことだよ」

契約金1億円というのは、商品への先行投資とイコールだ。その選手が1軍で全く活躍しなければ、売れ残り、儲けを出さず、投資分を回収できていないこととイコールだ。

メーカーや小売業だったら、担当者は即、その責任を問われるだろう。

ただ、野球界というのは特殊な色合いがある。ドラフト指名した選手が全員、1軍で活躍する選手になるわけではない。人の将来を見抜くことなど、半ばギャンブルに近い部分もある。言葉は悪いが、当たるも八卦《はっけ》、当たらぬも八卦なのだ。

それが、プロスポーツという世界の面白さであり、また怖さでもある。

だからこそ、選手という「商品」を仕入れるためには、その中身を吟味し、将来、売れるかどうかの目利きも行った上で、ヒットする確率を上げていかないといけない。

スカウトの目は、もちろん大事だ。しかし、それは長年の経験や勘といった要素に頼りすぎることになり、客観的な指標には全くならない。

アマ時代の体力面、体格、性格。そうしたデータを綿密に調べ、プロ入り後、これがどのように変化していくのか。

1年後、3年後、5年後と、そのキャリアも徹底的に追跡していく。そうすれば、プロで伸びる選手、オリックスに合う選手の傾向やパターンも浮かび上がってくる。

こういう性格だから、オリックスというチームカラーにフィットしなかった。故障が多くて、しっかりとトレーニングができなかったから、力が伸び切らなかった。

そうした失敗へ至るまでのプロセスもきちんと振り返り、失敗からの教訓を得て、それをフィードバックしなければ、何度も同じ間違いを繰り返すことになる。

その「蓄積」を欠いたオリックスは、ドラフト戦略でも他球団から遅れを取っていた。

3

ドラフト制度が発足したのは、1965年（昭和40年）のことだった。

前身の阪急時代も含め、2020年（令和2年）まで56回のドラフト会議で、オリックスには404人の選手がドラフト指名によって入団している。

そのうち、社会人・クラブチームからの入団は136人。この「33・7％」という比率は、

２０２０年現在、現行の12球団の中でもトップの数字になる。

現行のドラフト指名のルールでは、社会人の場合、高卒なら入社３年後、大卒なら入社２年後から指名が可能になる。

つまり、10代はいない。24〜25歳前後の選手がメーンになってくる。そうなると体力的にも、ある程度は出来上がっている。技術的にも高い。

つまり〝完成品〟を持ってくるわけだ。育てるのではなく「即戦力」として、すぐ１軍で使うことを想定しているのだ。

一方、高校生の入団は１７６人で、その比率は43・６％。

この数字は、３軍制での育成に定評があるソフトバンクの54・３％、練習が厳しいといわれる広島の56・８％と比べれば、その低さは明確だ。

かつて、オリックスは「育成下手」と揶揄された。

チームにフィットするように、育て上げていく。そういう土壌がないのだ。

１９９１年、ドラフト４位で愛工大名電高の投手・鈴木一朗を指名している。プロ入り後は野手に専念、後にメジャーで活躍することになる、あの「イチロー」を生んだオリックスだから、スカウティングと育成は、実にうまいようなイメージすらある。

しかし、こうやって過去のデータを洗い直し、他球団と比較してみると、オリックスの弱点は「好素材の発掘」と「若手選手の育成」にあることが、容易に導き出せるのだ。

加藤がまず手掛けたのは、選手の「階層を作り直すこと」だった。

「こういうことなんだよ」

加藤は、手元のメモ帳に、数字を書き入れながら説明してくれた。

ペナントレースは全１４３試合。

そのうち、１４３試合すべてに出場することが計算できる選手。これがレギュラーだ。

そのレギュラー陣も、不調に陥る時がある。怪我で戦線離脱もあり得る。こうした状況で、彼らを補完するためのバックアップの選手が必要になる。

この準レギュラー陣を「年70試合出場」「年50試合出場」と、プロでの経験や年齢、体力、能力に応じてカテゴライズしておかなければならない。

さらに年間や月単位での活躍はできなくても、調子のいい時、相性のいい球団や相手との対戦時に、スポットで優先的に使うスペシャリスト的な存在を「年30試合出場」

つまり、これくらいの期間なら、実力を発揮できるという目安だ。

これを「ゲームでの階層」と加藤は説明する。

それらと並行して、加藤が重要視するのは「年齢層的な階層」だという。

「普通の社会とか会社でもそうなんだけど、この年齢的な比率、構成比っていうのかな。これが、結構大事なんですよ」

加藤のメモに記されたのは、5層の枠だった。

「18―20」「21―24」「25―28」「29―31」「32〜」

つまり、若手を2層、中堅を2層、ベテランを1層。

「優勝できるチームのレンジって、この辺りなんだよね」

そう言いながら、加藤が「○」を入れたのは「25―28」だった。

「中心メンバーの選手がどこにいるか。成熟したところだね。これがだいたい、25歳から28歳くらい。これを超えてくると、今度は故障者が増えるんだよね。オリックスって、俺が最初に来た時、このチーム構成比を見た時に、この層くらいが多かったんだ」

加藤が、ペンで指したのは「29―31」と「32〜」だった。

ドラフトで社会人選手を指名する。そうすると、入団当時から「25〜28歳」の〝中心選手たち〟のあたりに位置することになる。だから「即戦力」と呼ばれるのだ。

「大卒、社会人は、いい時にはハマるんだけど、あくまでショートタームなんだよ。1年だけ、2年だけ、とかね。だから、思い切って世代を下げないといけない。ましてや3年後くらいに優勝を設定するなら、この層を獲らないといけないんだ」

そう言いながら、もう一度加藤が指したのは「21—24」のゾーンだった。

つまり3年後、5年後、7年後にチームが優勝するためには、その時期に成熟した選手たちが「25—28」のゾーンに入ってくるようにしないといけない。

ここに、選手たちのピークが来るように育て上げていく。その育成期間や投手、野手の構成バランスも考えた上で、選手を補強していく。

そうすると、その成長過程とともに、その階層は「ところてん式に、代謝がチーム内で始まっていく。いわゆる〝プラスのスパイラル〟です」と加藤は説明する。

ならば、「25—28」のゾーンを、２０２０年の東京五輪の頃に充実させるためには、どうすればいいのか。そこから逆算していけば、ドラフト指名すべき年齢のターゲットやポジションも、簡単に導き出される。

「高卒3年目の社会人は○だけど、大卒の社会人は、俺の中では△なんだ。高卒の3年目は、大学4年生と同じだからね」

ルール上、大卒の社会人でドラフト指名が可能になるのは、若くても24歳。実績を積んでいれば、25歳を超えている。

現場は即戦力を欲しがるのは当然だ。しかし、その付け焼き刃的な補強では、強さはそれこそ一過性のものでしかない。

そうした目先の補強の〝繰り返し〟こそが、オリックスの歴史だった。

加藤は、ここにメスを入れたのだ。

「俺が思ったのは、何も受け継がれていない、ってことなんだよな」

若手、中堅、ベテラン。この「3つのゾーン」が、時代とともに入れ替わっていく。こうしてチームカラーやノウハウ、伝統が受け継がれていくのだ。

王が作ったホークスは、その〝伝統のバトン〟が、順繰りに渡されていった。

1993年（平成5年）オフ、まず西武から秋山幸二をトレードで獲得する。

王が監督に就任した1994年（平成6年）オフには、FA権を行使した西武・工藤公康を獲得。前身の南海時代から20年連続Bクラスという、その〝負け慣れたチーム〟を、西武の黄金期を知る2人が、それぞれ投打のリーダーとして、若手たちを引っ張っていく。

秋山の背中を見て、小久保裕紀が、井口資仁が、松中信彦が育っていく。

続く世代が川﨑宗則であり、さらに松田宣浩や本多雄一、柳田悠岐へと繋がっていく。

内川聖一のようにＦＡで入ってくる選手は、基本的に中堅かベテランだ。そのゾーンがチームを支えているうちに、若手のゾーンを充実させていく。

侍ジャパンの一員として、金メダル獲得に貢献した24歳の栗原陵矢は、まさしく、これから充実期を迎える「中堅ゾーン」に入ってきた。

こうやって「世代交代」を進めていくのだ。

加藤は、楽天でもその「継承」を念頭に、年齢層のボリュームを改善させていた。

4

オリックスが近鉄と合併、楽天が新規参入したのは２００５年。この前年のオフに「分配ドラフト」が行われている。

合併球団のオリックスが、オリックスと近鉄に所属していた選手の中から、まず優先的に25人の「プロテクト枠」を決め、残った82選手を楽天、オリックス、楽天、オリックスの順で、それぞれ20人ずつ指名していく。最終的に、楽天が40人、オリックスは42人に、プロテクトの25人を加えた計67人を確保する方式だった。

オリックスは〝いいとこ取り〟と言われた。まず有望な選手を25人、確保してあるからだ。楽天はその残りから選んでいかないといけない。

若手の有力株は、オリックスがごそっと持っていった。

楽天は必然的に、ベテランが多くなってしまった。

先に分けた、加藤の「年齢別構成比」に従って、2005年の楽天とオリックスを比較してみる。

	【楽天】		【オリックス】	
20歳以下	投手0	野手2	投手1	野手1
21〜24歳	投手4	野手7	投手10	野手10
25〜28歳	投手6	野手7	投手11	野手9
29〜31歳	投手6	野手8	投手8	野手11
32歳以上	投手13	野手13	投手5	野手7

発足直後の楽天は、加藤の言う「25〜28歳」の〝働き盛りゾーン〟の選手を分配ドラフトで確保できず、その後の補強でもうまく獲れなかったのだ。

ベテラン偏重のスタートは、とにかくチームを「形」にするという観点では、やむを得なかっただろう。ただ、将来的にはこのアンバランスを解消していかないといけない。

これは、1年や2年の短期間ではできない。長期計画が必要になる。

それでも、初の日本一に輝く2013年を前に、楽天は、このバランスを見事に修正していた。2012年は最下位に終わったオリックスの2013年と比較すれば一目瞭然だ。

	【楽天】		【オリックス】	
20歳以下	投手3	野手5	投手0	野手5
21〜24歳	投手6	野手9	投手7	野手3
25〜28歳	投手12	野手10	投手9	野手11
29〜31歳	投手6	野手7	投手10	野手9
32歳以上	投手8	野手7	投手8	野手7

オリックスが２００５年から２０１３年にかけて、むしろ高齢化しているのに対し、楽天は働き盛りの「25～28歳」のゾーンに、逸材たちがきっちりと収まっていたのだ。

投手でも、エースとしてシーズン24連勝を果たした田中将大は25歳。ルーキーの則本昂大は23歳。日本シリーズでＭＶＰに輝いた美馬学（現千葉ロッテ）も27歳。

野手でも、主軸の銀次は25歳。主戦捕手の嶋基宏（現東京ヤクルト）は29歳。

充実すべきゾーンに選手が揃っていた時に、球団初の日本一を勝ち取ったのだ。

「これが原理原則。俺の中では、優勝とか、チームを作る時の前提条件。これを揃えないと、まず勝てない。ここに偶発的な条件を入れると、それが起爆剤になる。外国人の当たり外れとか、先発投手のローテーションを組み替えて、臨機応変に当てていくこととか、偶発的な要因も数多く作っていくことなんだよ」

そこで加藤は、チームの活性化を図るための〝スパイス〟として、２０１３年のシーズンを前に、獲得に乗り出した３人の選手がいた。

まず、編成・育成統括本部本部長に就任した２０１２年（平成24年）のシーズン途中に、横浜（現ＤｅＮＡ）から内野手の藤田一也をトレードで獲得した。

藤田は当時、プロ8年目の30歳。安定した守備力には定評があった。

「併殺が取れるセカンド、松井稼頭央とコンビを組める選手を探したんです」

加藤には、藤田の加入でチーム内の「年齢層」のバランスを取る狙いもあった。

内野手のリーダー格は、38歳の松井稼頭央。プロ8年目の25歳・銀次が、ちょうど台頭してきた時期でもあった。

ところが「25〜28歳」と「32歳以上」を繋ぐ「29〜31歳」のゾーンにはまるレギュラー格の内野手が、どうしても見当たらなかったのだ。

「松井が長男、銀次は三男。次男が必要だったんです。守備がしっかりしていて、人間性もできているお兄ちゃん的存在。兄ちゃんが言った方が、コーチが言うよりも、三男は素直に受け入れてくれるじゃないですか？」

加藤は、かねてから藤田一也の人間性とリーダーシップに着目していたという。

「お父さんとキャッチボールをした時に、球を速く、強く投げられない。すると、お父さんから『取ってから早く投げるのが大事だ』と言われて、キャッチングとスローイングを一緒にするような練習をしようと。それで壁当てをするようになったのが藤田なんだ」

これを加藤は「週刊ベースボールのインタビュー記事で読んだ」という。アンテナを張り巡らせ、あらゆる情報を手に入れ、徹底的に調査する。

藤田は2013年、二塁手としてパのベストナインとゴールデン・グラブ賞を獲得。銀次は不動の3番として、打率・317でリーグ4位。松井稼頭央も125試合に出場。長男、次男、三男の組み合わせは、恐ろしいばかりにマッチした。

さらに、加藤はケーシー・マギー、アンドリュー・ジョーンズという、メジャーでも実績のある大物外国人の獲得に成功する。

ジョーンズはメジャー通算434本塁打、10年連続ゴールドグラブ賞。マギーは当時31歳で、メジャーからのオファーもある中で、新天地・楽天へやって来た。

「編成って、既成概念だけじゃできない。ジグソーパズルみたいに、いくつもイメージしながら、型が合いそうなものを探す仕事なんだよね」

マギーはリーグ3位の28本塁打を放ち、93打点は同4位、ジョーンズも143試合に出場し、4番としてチームの日本一に貢献した。

この「勝つためのチーム」を作るための土壌と、そのための短期、中期、長期に分けた戦略を、オリックスにも落とし込まなくてはならない。

「だからスカウトには『頭から血が出るくらい考えてね』って。これ、パワハラかな？　もちろん冗談交じりだったけど、それくらい言ったんだよ。何かを変えようとする時って、地味にコツコツとやらないといけないし、部下たちが安心して、一蓮托生《いちれんたくしょう》の空気を醸成していかないと変わらない。短期、中長期の戦略的なスカウティングという〝ストーリー〟を継続的に更新していけるようになれば、チーム改革っていうのは完成するんです」

　そのために掲げた、分かりやすい、明確な目標こそが「東京五輪」だった。

「２０２０年あたりに〝満開〟に咲くようにイメージしたんです」

　大きな花を咲かせるためには、良質の種を、見つけ出さなければならない。

　加藤がひそかに狙いを定めていた〝一輪目の花候補〟が横浜にいた。

第七章　宗佑磨　吉田正尚　山本由伸

1

横浜から、相鉄本線でおよそ15分。

希望ケ丘駅からは、閑静な住宅街を通り抜けていく。

歩くこと、およそ15分。

東海道新幹線をまたぐ高架橋を越えたその右手に、横浜隼人高等学校がある。

横浜、東海大相模、桐蔭学園。

全国を制した経験のある強豪校がひしめく神奈川県。２００９年（平成21年）夏、その激戦区で頂点に立ち、初めての甲子園に出場したのが横浜隼人だった。

「ウチが12年前に行ったのが、初出場の最後なんですよ。それくらい厳しい。出られへんのです、神奈川って」

そう説明してくれたのが、２０２１年で横浜隼人の監督30年目というベテラン・水谷哲也だった。つまり、初の甲子園は、監督就任18年目でのことになる。

「監督として、おぎゃーと生まれた時に生まれた子たちと甲子園に行ったんですよ」

その長い監督生活の中で、ひと目見た時に「この子は、プロ野球に行ける可能性がある子だと思いました」というのが、宗佑磨だった。

宗は、横浜という野球激戦区の中では、異例のキャリアを誇っている。

全国に名だたる強豪校だらけの神奈川。だから、各校のレベルも高い。有望選手ともなればそれこそ、あちらこちらの高校から勧誘の声がかかる。

そういう選手たちは、ボーイズリーグやシニアリーグなど、中学時代から「硬式球」を使ってプレーしている。

軟式から硬式への転身は、ボールの重さ、バットでの打感、打球の速さ、そうした違いを克服するのに、やはり時間がかかる。甲子園を目指す強豪校なら、そのスタート地点での差は、とてつもないハンディになる。

ところが宗は、地元の少年野球から、公立の玉縄中で軟式野球をやっていたという。つまり、部活動での野球だったのだ。

強豪校のスカウティングは、やはりレベルの高いボーイズやシニアの方に集中する。軟式の部活動まで、なかなか目も配れない。

宗佑磨という逸材の情報は、入学募集の資料を配布するために、県内の中学校を回っていた当時の野球部長・榊原秀樹（現神奈川県高野連専務理事）が聞きつけてきたという。

「能力の高い子がいて、横浜隼人を希望しているらしい」

ショートを守って、投手もやる。でもゴロを打たれたら、内野手がエラーして負ける。

そんなごく普通の野球チームの中で、宗は突出した存在だった。

寮ではなく、家から通わせたい。勉強もやらせたいが、甲子園にも行かせたい。そして、できることなら、息子の夢でもあるプロにも行かせたい。

それが、宗の母・ミカさんの強い意向だった。

「学力もそこそこあって、甲子園に行ったこともあって、プロ野球選手も出したというとウチがバチっとはまるんですね。ホントにはまった、というような感じですよ」

だから宗は、横浜隼人への進学を望んでいたのだ。

スポーツ推薦の枠もある同校だが、宗は進学コースに合格した。スポーツクラスなら、5時間の授業を終えると、6時間目の授業扱いで部活動に入るのだが、宗は6時間の授業をフルに受けるから、練習途中に合流することになる。

軟式の打球は、硬式よりも高く跳ねる。しかし、宗はそのギャップも楽々と飛び越えたのだという。その敏捷性《びんしょうせい》、リズミカルなグラブさばきに水谷も驚かされるばかりだった。

「今もそうなんですけど、本能で捕ることができるんですが、型にはまって、きちんとこう、ゴロを捕るような取り方はなかなかできなかったですね。でも、反応だけは抜群です。息をのむようなプレーをする時もあれば、普通のゴロをエラーする時もある。普通のゴロをエラーする時って、ゴロの距離が長い時なんです。自分の捕る形をしっかりもって、しっかりスローイングしなきゃ、という時はエラーをするんです。でも、パパーンという時は抜群です。距離が短ければ短いほど、あの子は反応でやる子ですから」

ギニア人の父、日本人の母という「ハーフ」特有の運動能力の高さやスピード感、リズムの良さを、そうした部分に単純に結びつけ、結論を落とし込むような愚は避けたい。

しかし、やはり、宗のアドバンテージは、そこから起因しているといえるだろう。

これがおそらく、他の強豪校に行っていれば、腰を下ろして、打球の正面に入るという基礎練習をまず、強制させられていたはずだ。

それを、水谷はやらなかった。型にはめず、将来を見据えて、そのポテンシャルをさらに大きく伸ばすために、あえて触らなかったのだ。

1年生の秋にライトをやらせたのは「硬式に慣れさせるため」

２年生の春からサードへ転向したのは、ゴロへの反応の速さを買ってのものだった。

「最後はやっぱり、ショートでないとプロには行けない。プロに一番近いのは、ピッチャーとキャッチャー、そしてショートですから」

水谷は、２年生の秋からスタートする新チームで宗をショートに据えた。

その逸材に、加藤が目を付けたのは、２年の夏のことだったという。

2

楽天のチーム統括本部長だった２０１３年。

楽天のドラフト１位指名は、神奈川・桐光学園の松井裕樹。２０１２年夏、２年生の左腕は、甲子園で大会記録となる１試合22奪三振をマークしている。

プロ入り後も、楽天のストッパーとして君臨、２０１９年にはパ・リーグの最多セーブ投手に輝いている。

その松井を調査するために、神奈川県大会に足を運んでいた加藤は、その夏、宗佑磨という２年生のプレーヤーの動きに、釘付けになった。

「全然動きが違ったんだ。将来が？　うん、見えた、見えたんだよ」

加藤は、スタンドの上の方から、俯瞰《ふかん》して選手たちの動きを見るという。

「遠くから見ると、動きの速いやつはすぐに分かるんだ。さっと行くんだ。軽やかに行くやつね。これは違うな、と」

宗が軽快に走る姿は、躍動感に満ちあふれていたという。

「瞬発力が違うんだ。ぴょんぴょんぴょん、だね。ボールを投げても、普通ならボールがへたれるのに、最後までびゅん、だよ」

鋭い擬態語での表現は、プレーの動きの良さとイコールだ。

横浜スタジアムでの試合。右中間方向へ、ライナーの打球が飛んだ。

シングルだな、と判断した加藤の目の前で、打った宗はノンストップで一塁ベースを蹴ると、ヘッドスライディングで二塁を陥れた。

「右投手でも左投手でも、基本崩れないタイプ。右だろうが左だろうが、体が反応するタイプなんだ。よし、きたって、ね。こういう選手は、まずいないよ」

オリックスに移ったばかりの加藤は、宗を上位候補にする方針を打ち出した。

ここから、加藤のスカウティングはしつこさと独自性を増してくる。

ネット裏ではなく、スタンドの観客の中に紛れ込むのだ。

プレー以外のちょっとした行動や振る舞いに、選手の性格や個性が見えてくる。そうした動きを見るために、あえて、スカウト陣とは離れた席で、視線を変えて観察するのだ。

宗の一つ一つの仕草や表情にも、加藤は感じ入るものがあったという。

内角球をさばいた時に、一塁側スタンドへ鋭いライナーでファウルが飛んだ。

その時、宗は飛んだ方向の観客に向かって、ヘルメットのつばを触りながら、小さくちょこんと、頭を下げた。

大丈夫ですか、すみません。その思いを込めたジェスチャーだ。

四球で出塁する時には、地面に、そっとバットを置いて、一塁へ走っていく。

宗は、道具を大事にしなさいという、水谷の教えを固く守っていたのだ。

その逸材に、最大のピンチが訪れた。


３年生の夏。甲子園をかけた県大会開幕の１カ月前のことだった。

２０１４年（平成26年）６月15日の浦和学院との練習試合で、宗は右ひざを強打。膝蓋骨骨折の重傷を負った。

甲子園をかけた最後の戦いの直前。チームにとっても危機だが、プロを目指す宗にとっては、スカウトに最後のアピールをする場でもある。

医師の診断では「手術すれば、ギリギリ間に合う」

即手術、そして懸命のリハビリで、7月14日の1回戦・横浜商科大高戦に間に合わせた。

横浜商科大高は元メジャーリーガーの投手・田澤純一の母校で、夏3度、春1度の甲子園出場も果たしている。その強豪を相手に4―3で9回サヨナラ勝利を収めた。

「その試合、ウチは結構打ったんですけど、宗だけノーヒットでした。みんな、きちっと守ったんですけど、宗だけエラーしました。でも、みんなが頑張ってくれて、何とか勝ったんです」

水谷はそう振り返った。怪我明けの初戦で、実戦勘も戻っていなかっただろう。しかし、勝ったからこそ、次がある。

「そこから頑張って、それこそ準々、準決で評価をガーンと上げた子です。1回戦で負けていたら、オリックスの2位という評価は、なかったと思います。だから、仲間を今でも大事にしていますよね。その時に頑張ってくれた仲間がいないと、今のあの子はいなかったと思いますから」

横浜隼人は準決勝で敗退。だから宗は高校3年間で一度も甲子園出場を果たしていない。

加藤は、宗を2位で指名する方針を固めていた。しかも1位で抽選を外したりすれば、繰り上げて1位にする腹積もりだった。

しかし、球団内から一斉に反対論が巻き起こった。

「2位で行かなきゃいけない選手なの?」「育成でも獲れるんじゃない?」

甲子園にも出ていない。全国的には決して知られた存在でもない。

しかも前年の２０１３年、3位は花咲徳栄《はなさきとくはる》高の捕手・若月健矢、4位は聖光学院高の内野手・園部聡、5位で北照高の外野手・吉田雄人、6位にも創志学園高の内野手・奥浪鏡と、高校生の野手を4人指名していたのだ。

今年は、高校生の野手はいらないだろう。しかも上位指名で、無名の高校生内野手を指名する必要性があるのか。そうした周囲の疑問の方が、むしろ筋が通っている感すらある。

当時、球団本部長だった瀬戸山隆三も「もめたね」と証言する。

「加藤が『絶対にいいから、どうしても2位で獲りたい』と。最後、俺も反対やったんだけどね。加藤がそこまで言うなら、アカンかったら、責任は取れよと」

加藤は、自らの方針を最後の最後まで押し切った。

楽天の編成・育成統括本部本部長に就任した２０１２年（平成24年）。

メジャーの開幕カード、シアトル・マリナーズ対オークランド・アスレチックス戦が、３月28、29の両日、東京ドームで開催された。

イチローの凱旋試合として、日本中の大きな話題となった。

加藤は、アスレチックスにいた旧知のアシスタントＧＭに会いに行くと、そこでＧＭのビリー・ビーンを紹介された。

「俺たちは、独裁的にやっていいんだよ」

低予算のアスレチックスが、他球団とは違った指標で選手を評価、その新たなる組み合わせによる、低年俸の無名の選手たちでシーズンを勝ち抜いていくプロセスを追った、世界的ベストセラー『マネー・ボール』。その主人公こそが、ビーンだった。

チーム作りへの熱い思いを持った2人は、すぐに意気投合することになった。

「スカウトが10人反対しても、自分に確信があるのなら、獲るべきなんだ。ただ、その逆もまた、しかりなんだよ」

ビーンも「そんな選手を獲るのか？」と言われながら、自らの目を信じ、信念を押し通して獲得した無名の選手たちでチームを編成し、メジャーで一時代を築いたのだ。

だから、宗獲得を周囲にいくら反対されても、加藤はブレなかったのだ。

水谷のもとには、プロ10球団からの調査書が届いていた。

これに、プロフィールやプロ入りの意思を書き込むことになっている。育成指名でも入団するかの意思確認を行う球団もある。

つまり、あなたを獲るかもしれませんよという、プロ側のアプローチでもある。

その中でも、西武とソフトバンクは熱心だったという。

宗を獲れなかった西武は3位で富士大・外崎《とのさき》修汰、ソフトバンクは九州国際大付高・古沢勝吾を指名。いずれも内野手だ。それだけ、宗が欲しかったのだ。

加藤は、西武のＧＭ・渡辺久信の動きも気になっていたという。

そうした戦略も踏まえての「2位」でもあった。

ドラフト会議終了後、加藤は会場で渡辺に呼び止められた。

「加藤君に、先に獲られちゃったよ。ウチも、3位で準備してたんだけど」

そうした情報戦を制することも、スカウト活動には重要になってくる。

水谷は、無名の宗を2位指名した加藤の決断に、驚きを隠せなかった、その一方で上位指名だからこそ、シビアに注文もつけた。

「2位だから、その代わり、辛抱してやってください」

オリックスは、育成下手と揶揄され続けてきた。

「オリックスは変わります。その旗頭になってほしいんです」

加藤は水谷にそう告げ、提示した背番号は「6」だった。

看板選手だった田口壮がつけていた番号だ。契約金も推定6000万円。初期投資の大きさは期待の表れであるとともに、それを〝償却〟する時間もしっかり取るという意味でもある。

つまり、時間をかけてチームの主軸選手として育てるという、球団の覚悟を示した好条件でもあった。

加藤は、毎月1回のスカウト会議に、編成担当はもちろん、コンディショニング担当、外国人担当といった他部門のスタッフも参加させた。

宗に関しても「体が硬い」「負荷を掛けすぎない方がいい」と、加藤は何度となく注文を出した。それをもとに、トレーニング部門が練習メニューを作成する。

２軍のコーチが宗の好素材ぶりに惚れ込み、つい練習をやらせ過ぎて、股関節を痛めたことがあった。加藤は、そのコーチを呼んだ。

「お前らの練習をやったら、あいつは故障する。むしろ可動域を広げるようなトレーニングを、軽い負荷で動かしていくようにやってくれ。あいつ、だって、ウエートをやらなくても、あのボールを投げるんだよ。別にパワーはいらない。もともと、瞬発系の筋肉。スイングやスピードは速いから」

そうやって情報を共有しながら、長い目で、将来を見越した上で育成していったのだ。


２０２１年、サードのレギュラーとして台頭した宗は、プロ７年目を迎えていた。

「大学４年、社会人２年、それくらいかかった、ということですね」

入団時に「長い目で見てほしい」と懇願した水谷にとっても、納得の〝育成期間〟だろう。

神奈川県下の公立中学校の軟式野球出身で、野手がプロ野球選手になったケースは、水谷によると「過去にいないそうです」。だから神奈川の中体連、中学校の体育連盟の軟式競技部では、今や宗が憧れの存在だという。

「軟式野球の子たちも、全然頑張れるじゃないかと、中体連の先生たちに言ってもらえたんです、宗の活躍で。みんな、シニアとかボーイズとかクラブチーム出身。それはもう、塾みたいになっているんですね、野球の。シニアとかボーイズに入れることが。

横浜や東海大相模に行くのも、県外に行くのもしんどい。家から通えて、甲子園も目指したい。そういう選手たちが今、結構集まってくれます、ウチの学校には。宗を目指して、中体連の子もいます。だから、宗は『希望の星』だと思いますよ。地元の中学の部活に入ってやって、そこから高校へ行って、プロに行ったという風なところ、そういう子たちの憧れでもあるし、目標でもあるし、夢でもあるんです」


水谷が育て、加藤がその潜在能力を信じ、猛反対を押し切って獲得した素材は、７年をかけて、大きく花を開かせたのだ。

3

２０１４年、２位に躍進したオリックスだったが、翌15年は５位。

金子千尋33歳、平野佳寿32歳。エース格の投手の高齢化が目立っていたこともあり、チームの建て直しには、投手優先のドラフトという見方が、いつのまにか〝共通認識〟になっていた。

ところが加藤は、一人の外野手に目を付けていた。

「これは、獲らないといけない」

その加藤の主張に、またもや球団内で反対論が湧き起こった。

2年連続で、野手の上位指名というドラフト戦略にも疑問符がついた。

しかも、大学4年時の公称は、身長173センチ、体重80キロ。

そんな小柄な左打ちの外野手が、果たしてモノになるのか？　外国人を連れてきた方が、即戦力になるだろう。そんな選手、必要がないだろう。

加藤が強硬に推したのは、青山学院大の4番打者・吉田正尚だった。

吉田正尚のスイングを見た瞬間に加藤は、「こいつしかいない」と思ったという。

ところが、体格のせいなのか、評価が分かれていたのだ。

当時、オリックスのチーフスカウトだった中川隆治（現千葉ロッテスカウト）は、青山学院大出身で、1994年のドラフト2位指名で近鉄に入団した元投手だった。

「なんで、こいつは目立たないの？」

吉田の4年当時、青山学院大は東都大学リーグの2部だった。

中川はＯＢゆえに、内情にも精通していた。

「まだ何となく、打撃優先の考えで、守備の意識だとか、走塁の意識だとか、今一つ誰からも教わったことのないタイプですから、そんなに目立っていないんです。でも、大学ではずっと、4番を打っています」

2部なのに、大学日本代表では4番に抜擢され、２０１５年8月26日に甲子園で行われたU―18W杯高校日本代表の壮行試合では、大学日本代表の4番を務め、2打席連続本塁打の離れ業。励ますはずの高校生を相手に、主役を食ってしまう活躍だった。

加藤は、ダイエー時代に、同じ青学大出身の小久保裕紀、井口資仁が、王イズムの猛練習を積むことで、スイングが年々鋭くなっていく過程を間近に見ていた。

王の打撃理論も、元テニスプレーヤーなのに、何度も聞かされ、理論としては熟知してしまっているから、見る目はそれこそ肥えている。

「小久保たちだって、あれだけ練習して、あのスイングになったんだけど、吉田は大学の時に、もうそのレベルになっていたんだ。あのバットスイング、プレーンスイングだよ。びゅわーっ、となって、ぶわっ、というのね。もう出来上がっていたんだ」

１７３センチ。とても「スラッガー」とは呼べない小柄な体格で、小気味いいフルスイングを見せる。全身を使った迫力十分のスイングは、まさしく規格外だった。

その年、大学生野手で評判が高かったのは、明治大・高山俊（現阪神）、早大・茂木栄五郎（現楽天）と吉田の３人。いずれも左打者だった。

「いずれにしても、大学の野手を獲っていく中で、これを獲っておかないというのは、ちょっとないな、と思った。昔の小久保、井口タイプだよね」

チームの年齢層を考えても、そして「東京五輪」を踏まえても、吉田正尚はオリックスに不可欠な要素を持っていた。

入団時が23歳。２０２０年には27歳となるから、加藤が重視する「25～28歳」のゾーンにぴたりとはまる。２０１０年に本塁打王に輝いたＴ－岡田が、その後伸び悩みを見せていた実情も「チームの中身を振り返ったら、Ｔ－岡田が出たり、出なかったり。それはプレッシャーがかかっていないから。日本人のスラッガーを、右でも左でも、どちらか分からないけど、探さないといけないと思っていたんです」

前年の宗、そして吉田。

周囲には、加藤の強引さだけが目についてしまう。反発も大きくなる。

スカウトの世界というのは、何かと、不透明な部分が目立つ時代があった。

ドラフト前になると、なぜか、球団幹部や現場首脳から、横やりが入る。

「この選手がいいらしい。ぜひ、頼むよ」

若手スカウトが、スカウト会議で自らの担当選手を推すと「お前らは黙っておけ」と一喝されるようなこともあったという。

加藤もかつて「この順位は、あのスカウトの選手で決まっているそうです」という話を聞かされ、仰天したことがあるという。

しかも、身長173センチは、プロ野球界では「小さい」という判断になる。

そのサイズだけで、指名候補から外すケースもある。体の大きさは、車でいえば、エンジンの排気量と車体の大きさと同じだ。積めるエンジンが大きければ、出力は上がる。

小さな大学生の外野手。しかも左打ち。足も決して速くない。守りも並レベル。

打つだけなら、パワーを求めるのなら、外国人選手の方がいいだろう。

「そんな小さな外野手、獲ってどうするの？」

同じ大学生で、明治大の高山俊は、東京六大学リーグの通算最多となる131安打をマーク。吉田と同じ左打者でもある。

「左なら、こっちだろ？」

球団内で渦巻く疑問。それは、加藤への不信感とイコールでもある。

それでも、加藤は一歩も引かない。

小さい外野手、しかも東都２部の青山学院大。

一方の高山は、六大学の安打記録も作った。他球団からも「１位候補」の評判が高い。

どうして吉田なんだという理由が、本社や球団首脳には理解ができないのだ。

加藤は「小さい選手」と訝しがる球団首脳の前で、サッカー界の英雄、ディエゴ・マラドーナまで例に出して、説明したという。

身長は１６５センチ。その小柄な体で、母国・アルゼンチンをワールドカップ制覇に導いたスーパースターだ。

「知ってますよね？　身長が低いから、運動能力が低いなんてことはありません」

4

ただ、宗の時には反対した球団本部長の瀬戸山も、吉田に関しては「僕と加藤君がそれこそ、最初で最後のタッグを組んだんじゃないかな」と笑いながら打ち明けた。

「周りは、ピッチャーだと言う。野手を獲るんだったら、高山だろうとも言われた。でも高山は普通の選手。吉田は潰れる可能性もあるけど、うまくいったら、すごい選手になる。その可能性があることくらいは、分かるじゃないですか。だから、これを行くべきだと」

こいつは、オリックスの主砲になる——。

ダイエーの黄金期に、王の薫陶を受けた瀬戸山と加藤は、吉田のポテンシャルに魅了されたのだ。

大学時代、吉田のポジションは主にライト。加藤は、ライトポール近くの外野席に座り、吉田の「守備中の振る舞い」を観察したという。

打てなかった。チェンジになる。守備位置につく。

「その時、バッティングのことだけを考えていたら、守備位置でグラブをつけているのにスイングの格好をしたりする選手、いるだろ？　この子は、そういうことをしないかどうかを、見ていたんだ」

凡退しても、守備位置までしっかりと走ってくる。

決して足が速いわけではない。守備も、決してうまいとはいえない。

それでも、手を抜くようなそぶりは見せない。投球ごとに、きちんと集中して、内野ゴロの際には、一塁のバックアップにも動いている。

「守りをおろそかにするようなことは、絶対にしていなかったね」

まるでストーカーのごとく、加藤は吉田正尚を追いかけていた。惚れ込んで、じっと見ていると、いろいろなことに気づく。

「姿勢がいい。立ち姿がいいんだよ」

グッと胸を張り、打席に向かっていく。守備位置でも、ベンチでも、決して顔を動かしてきょろきょろしているのではない。一見すれば、じっとしているように映る。

しかし、その目は周りの動きを逃さぬよう、素早く動いている。

「顔を動かさなくても、人を見ている。オーバーアクションをしないのに、いつも見ている。井口（資仁＝現ロッテ監督）の現役の頃と同じだね。自分のすべきことを、いつも考えている顔つきなんだよね」

表情に出さない、一喜一憂しない。内心を悟られない。

それも、勝負師にとっては重要なファクターだ。

性格、行動、仕草、小さなクセ。とことんまで調べ上げる。

加藤は、スカウトたちにも、こうした表現力を求めていた。

「彼らがどういう表現をするかというと、野球選手だったフィルターを通してしか表現できないんだ。分かるでしょ？　この選手、どうって聞いたら、そこらへんにいる居酒屋の野球好きのおっちゃんと一緒だよ。『真っすぐはいいッスけど、変化球は少し甘いッスね』とかね。俺、そういうのは全然聞きたくない。

スカウトは、野球の技術論に走り出すとダメなんだ。例えば、50メートルをどれくらいで走れるとか、どちらかといえば右のターンより左のターンの方がうまいとか、そういう分析する目で表現してほしい。見える化だよね。説明ができないというのは、見てないわけでしょ？　表現ができないということだから。主観的な評価は野球選手としての目を通してのものでいい。勘だったり愛情だったり、その選手への執着だったり、何となく雰囲気がいいというのもそれでいい。でも客観的な評価がなきゃダメだと」

プレーヤーとしての今後の伸びしろ、さらにリーダーとしての素養。それらをすべて加味した上で、２０２０年の主軸として、吉田正尚という選手を位置付けて、１位に推す。目先の補強で投手に走るのではなく、将来を見据えて、吉田を獲る。

「replacement はもちろん必要。人の入れ替えだよね。その時に、development もしなきやいけない。育てながら、勝っていかないといけない。育成って、いい素材を獲っておかないと、コーチだって、悪いやつを育てるのは難しいんだよ」

その年、支配下10人、育成2人の計12選手をドラフト指名した。

その一方で、坂口智隆、馬原孝浩を自由契約に、竹原直隆、鉄平ら30代のベテランたちにも戦力外を通告。谷佳知も現役を引退した。

それは、年齢層のバランスを修正するためのシビアな決断でもある。

「編成とスカウトって、また違うんだよ」

加藤は、そこが何かと「ごっちゃになる」と指摘する。

「スカウトがよく『こいつはウチのチームに入ったら、すごくいいショートになります』とかいうけど、別にそりゃそうなんだけど、お前は編成じゃない。スカウトは、そんなことよりも、ショートでは何番目なのかというのを見出してくれと。特に自分の担当地域で、おらが地域のナンバーワンで、全国では何番目。他チームのショートと比べたら、こいつは上です、下ですと。このチームに入って、こいつは3年くらいでレギュラーを取れますよって、お前は編成じゃないんだから、そんなことはやんなくていいよと。

だいたい、野球って厄介なことに、ちゃぶ台の前でビール飲みながら、野球中継を見ている人も編成なんだよ。こいつ、将来の４番になるな、とかね。だから、球団社長なんかも編成部長なんだよな。こいつ、何でダメなの？　加藤さん、早くクビにしたら、とか、平気で言うもんね」

　スカウトの情報を束ね、それをもとに、即戦力、育成する素材と振り分け、目的と目標に応じて、獲るべき選手を決めていく。それが編成の役割だ。

「俺も、腹をくっていたからね。あの年、２０１５年は、打てる野手。これ一択ですからって、何度も念押しして、邪魔が入らないようにした。スカウト連中にも納得してもらいたいから、何度も説明したよ」

　加藤は、東京五輪という中長期目標の核に、吉田正尚を据え、育て、チームを強化していくという方針を打ち立て、それを実行に移したのだ。

5

　スカウトは、加藤のような元プロ選手でないケースは、むしろレアだ。大半が、選手を引退してからスカウトへと転身する。

「主観的な評価も、もちろん大事。選手目線での評価だよね。ただ、もう一つ、客観的な評価を教えてくれ、とスカウトには言ったんだ。50メートルは、誰がどこで走っても50メートルは50メートル。遠投は遠投。試合の結果だけじゃなくて、フィジカルな部分で、例えばもも回りの寸法を聞いてくるとか、上腕二頭筋の幅をメジャーで測らせてもらうとかね。そうすると、同じようなタイプの選手がいた時に、どっちがプロに入ってから体がきっちり作られるとか、そういう比較ができるんですよ」

その〝意識づけ〟のために、加藤は毎週、スカウトたちに担当エリアの選手に関してのレポートを提出させた。さらにスカウトたちが集まってミーティングや事務作業をするスペースを設けた編成室に「キーワード」を記したマグネットを作り、ホワイトボードに張った。

「情報量」「洞察力」「観察力」

30近い単語が、ランダムに張られている。それらは選手を視察する際に、加藤が重要視するポイントでもあり、レポートに盛り込むべき大事な要素でもあった。

さらに、各スカウトが視察した選手で、指名候補になり得る力を持った選手は、そのプレーぶりをビデオで撮影し、加藤のもとへ送信しておくことが必須となった。

この素材をもとに、毎月1回のスカウト会議では、アシスタントが編集した「右投手」

「左投手」「捕手」といったカテゴリー別の映像を流す。また、データとして上がってきている球速別に「今週のベスト20」といった具合に分類し、プリントしたものを張り出した。

　有力選手に関しては、雑誌から拡大コピーした投球フォームやバッティングフォームの写真も張り出した。

　すると、スカウトたちは互いに「この選手、良くなりましたね」「あれ、なんでこんなに球が速くなったの？」と、自然発生的に情報交換が始まると加藤は言う。

「こういうスタイルで選手を探しているんだなというのが分かるように、プレゼンテーションというか、そういうミーティングを設定したんです。編成室に来たらパチンコや競馬のネタじゃなくて、野球のネタになるようにもね」

　そうしたデータを積み上げていくことで、さらに精巧なプレーヤーの比較が可能になる。

「例えば、5社のマスコミがある選手を全員『ドラフト1位候補』って書いたら、スカウトもみんな1位って言うだろ？　それは株と同じ。みんながいいって言ったら、株価って上がっちゃう。その中で、スカウトから『こいつは僕らのチームにマッチしていない』『加藤さんの言う条件ならこの選手です』って言ってくれないと困るんだよ」

　そうやって、加藤は「スカウトを洗脳していったんだよ」と笑った。

２０１６年（平成28年）。

スカウト部門を担って3年目。担当スカウトの山口和男が、宮崎・都城高のひょろっとしたエースを、強く推薦してきた。

「甲子園には出ていませんが、球質がすごくいいんです」

それが、山本由伸という逸材との出会いだった。


身長１７７センチ、体重77キロ。

サイズは、ドラフト候補としては標準、むしろ、投手ならやや小さい部類になる。

映像を見ても、かなり細めの印象があったという。

「身長が１８０あるかないかくらいで、坊主頭で、線が細くて、イメージとして、プロに入って練習についていけるのかな、みたいなところはあったね」

それが、加藤の正直な第一印象だった。

山口はかつて、１９９９年のドラフト1位指名を受けてオリックスに入団した剛腕投手だった。２００２年には当時日本人最速となる「１５８キロ」をマークするなど、山口の剛球はそれこそ一世を風靡《ふうび》した。

1998年、オリックスに不幸な出来事が起こった。

ある高校生投手を1位指名。しかし入団拒否。他球団への入団を希望していたその投手とは指名直後に対面すらかなわなかった。周囲の関係者に働きかけていた当時の編成部長が、交渉のための出張先で責任を痛感して、自殺するというショッキングな事件だった。

山口は、その編成部長に見出された逸材だった。

山口の争奪戦は、社会人時代の地元・中日、巨人を交え、激しさを増していた。当時のドラフトは、高校生以外の1、2位は選手の逆指名制だった。条件面なら、当時のセ・リーグは、オリックスを大きく上回るといわれていた。

それでも山口は、終始「オリックスが自分を見つけてくれた」と、亡くなった編成部長への恩義を強調し、オリックスへの逆指名を決めたという経緯がある。

その実直で一本気な男は、山本が3年生になる直前の2月、宮崎・都城高までわざわざ足を運び、ブルペンでのピッチングも視察した上で、加藤に山本を推してきた。

「山口は、自分の惚れた選手の良さをオブラートに包むわけでもなく、脚色をするわけでもなく『この子はすごくいいです』ということを、きっちりと俺に伝えるわけよ。この選手よりいいですとか、比較対象も持ってくる。だから、すごく印象に残るんだよね」

加藤は、その無名の高校生投手を見るために、山口とともに球場へ足を運んだ。

数百人の候補リストから、時期ごとに絞り込んでいくと、最終候補の投手はだいたい30人前後。ドラフト会議当日、指名が進んでいく中で、他球団が指名した選手をリストから消していく。これがダメならこっち、と、瞬時の判断が迫られる。

「例えば、投手が30人ノミネートされていたとしても、30人全部は見に行けない。でも、生で見ておきたいなというのは15人くらいは絶対にいるわけ。半分だね。それでもドラフトの時、全員を獲れるわけじゃない。その中で残った選手で、ビデオでしか見ていないっていうのは心細いんだよね。だからやっぱり、練習も見たい。ベンチでどこに座っているとか、監督、コーチと何を話していて、その時、どういう目線なのか。下を向いているのか、上を見てるのか、よそ見しているのか、そういうのを最後見ておきたいのよ。だから山本は見に行ったよ。結構追いかけたんだよ」

加藤が目を引かれたのは、山本の見せる〝余裕〟だったという。

相手がバントを転がした。

マウンドからダッシュして、ボールを処理して、二塁を一度見て、間に合わないと思えば一塁へ投げる。そうした一連の動きは、簡単なように映るが、例えば1点リードの終盤だと慌てて悪送球になったり、ゴロ処理を誤ったりする。そうした脆さが高校生にはある。

「俺は野球選手という目で見るより、アスリート目線なんだよ。すぐみんな、野球選手としてどうか、っていうけど、そうじゃなくて、まず準備、マウンドに立ってからの立ち居振る舞いから、顔つきもそう。野球技術よりも走ったりとか、バント処理とかね。由伸は全く慌てないのよ。慌てないというのは、一人のアスリートとして予測能力が高いから、自分がそれを想定しているから、慌てないわけじゃん。すべてにおいて余裕があった。同じ高校生なのに、由伸だけは、ばたつき感が全くない。だから上位では分からないけど、中位とか下位で残っているのなら、この投手はすごくいいな、って思ったんですよ」

投げても、その制球力は抜群だった。

「ピンチで困っている時に、キャッチャーがここって要求しているところに、派手なボールじゃなくても、きっちりと制球できるんだよ。マウンドが低くて、軟らかそうな地方の球場でも、きっちりキャッチャーが構えたところに投げられる。スピンの度合いもよくて、ぴたっ、ぴたっと来ているわけよ」

山口が推すだけの能力は、十分に兼ね備えていた。

「心配だったのは、あまりにもスタンダードだったこと。ここから伸びるのか、伸びないのか、ちょっと分からなかったけど」

そこを、担当スカウトは推してくる。

「スカウトが及び腰で、とりあえず……みたいな言い方なら、俺はいらない。お前がこいつに賭けるのか、賭けないのか、という時に、僕のエリアではこの子が一番です、って言ってくれないと、こっちは困るんだよ。それくらい推さなければ、俺は信用しない。騙《だま》してくれ、俺を、ってところなんだよ」

山口が、自信を持って推薦している。だから、加藤は山本の視察のため、宮崎や福岡などへ3度、足を運んだという。

4位指名。その年、オリックスが指名した高校生投手の中では〝1番目〟の指名だった。

その5年後に、山本は「ジャパン」のユニホームに身を包み、世界と戦い、金メダルをつかんだのだ。

山本がマウンドにいて、宗がサードにいて、吉田が3番に座る。

その未来図を描けるか。その青写真を信じて、獲得を決断できるか。

加藤が獲ってきて、まいた「種」が成長し、花を咲かせる。ただ、その成果が見えるまでには、長い時間がかかるのだ。

加藤は、編成部長から外されることになった２０１６年オフに退団した。

「俺は、優勝するチームを作るために来たんだから、他の部署ではやらない」

在籍した3年間、チームは2位、5位、最下位。近視眼的に見れば、結果が出ていないという判断になる。組織というものは、その結果で評価を下す。

誰が悪い？　なぜ新しい選手が1軍に出てこない？　そうしたマイナスの要素が重なった時、やはり、編成の責任者を代えるという決断に至るのは、仕方のない流れでもある。

しかし、加藤が見据えていたのは「東京五輪」の時だった。

オリックスの選手が金メダルを獲り、その中心選手がチームを率いて、優勝を争う強いチームになる。

その世代交代を進めていく。そのために、先を見据え、選手を獲る。

その〝途中〟で、責任を問われた悔しさはある。ショートタームでの責任を問うてしまう企業体質が、この25年の間に、シーズン中の監督途中交代が5度、監督ものべ13人だから、その任期は平均2年足らずという〝短い数字〟に表れてもいるのだ。

加藤のように「5年先」を見据えたプランが、浸透し切らなかったのだ。

「俺、もしあのまま辞めないでいたら、最強のチームを作ってたよ」

あの時に獲った選手が中心になって、２０２１年の優勝を勝ち取った。

加藤が押し通さなければ、宗も吉田も、山本もいなかったかもしれない。

２０２１年の躍進は、その「スカウティング革命」が原点なのだ。

「結果が出てきたということは、間違いがなかったということだと、俺の中では思っている。出てこなかったら、俺の選択がどうだったのかな、と。今でも、仲良くしていたスタッフからは、連絡が来ますよ。『加藤さんの遺産が頑張っていますよ』って」

その好素材を育てるためには、優れた「環境」も必要になる。

加藤がスカウティング部門の変革を手掛けるのと並行して、オリックスはキャンプ地とファーム施設を移転するという、２つの大決断を下していた。

その中心となって動いたのが、当時球団本部長の瀬戸山隆三だった。

第八章　キャンプ地移転　育成強化

1

宮崎の市街地から、南西方向へ車でおよそ30分。ちょっと離れた山間に位置する「清武総合運動公園」は、敷地面積42・３ヘクタール。甲子園球場11個分の広さになる。

清武町出身の儒学者・安井息軒にちなんで名づけられたメーン球場の「ＳＯＫＥＮスタジアム」は両翼１００メートル、中堅１２２メートル。土の内野と、天然芝の外野のコントラストは、南国の太陽の下で一段と美しく映える。

内野スタンドには２８４０席が設置され、スコアボードも電光掲示。これらは、宮崎市が約6億円を投入して「プロ仕様」に改装したものだ。

そのすぐ横の「第2球場」も、メーン球場と同じスケールで、ネット裏、一塁側、三塁側に合わせて２６０席ながら、観客席も設置されている。

こちらも約６億４０００万円の費用をかけ、宮崎市が改修している。

屋内投球練習場では、一度に10人が投球可能。さらに、赤土のマウンドが7カ所、黒土のマウンドが３カ所。その硬さに応じて、選んで投げることもできる。

宮崎の名産から、その名がつけられた「日向夏《ひゅうがなつ》ドーム」は、全面人工芝の2580㎡。ノックもフリー打撃も可能な広さで、ウエートトレーニングの機器も揃えたトレーニング室が併設されている。

ドームに隣接する「多目的グラウンド」は、ランニングや外野ノックのスペースとしても、十分な広さを兼ね備えている。

それらの施設間の移動が、徒歩で数分以内というエリアにまとめられている。

その利便性、広さ、設備の充実ぶり、すべてがキャンプ地として文句なしだ。

瀬戸山隆三は、何度もこの地へ足を運び、設備に関しての細かい注文もつけた。自らの人脈を駆使し、宮崎市側も受け入れ態勢を万全に整えてくれることを確認した上で、キャンプ地移転という大事業の足掛かりを築いてきた。

「なかなかすごい施設だと思いましたよ。宮崎もやる気十分やったしね。これは、いつも自分の進退をかけているような感じはあったんだけど、僕は絶対に宮古島じゃなくて、宮崎にせんとアカンと。これは、今後のチームのためでもあったからね。

だから、西名（弘明）球団社長（当時）も、宮内（義彦）オーナーも説得したんです。宮古島でいつまでもやっていたところで、場所は遠いし、対戦相手は島内におらん。そうじゃなくて、宮崎でやったらファンもいっぱい来るし、選手も燃える。キャンプの意味って、一体何なんですか。ただの高校野球の合宿とは違うんですよ、と」

瀬戸山が球団本部長に就任した1年目の２０１４年（平成26年）8月、オリックスは翌２０１５年から、キャンプ地を宮古島から宮崎市清武へ移転することを発表した。

後述するが、２０１７年からは、ファームの施設を神戸から大阪・舞洲へ移転している。

社会人偏重、即戦力重視の補強から、育成型のチームへ転換していく。

編成部長の加藤康幸のもと、スカウティングの充実を図るのと並行して、獲得した選手たちの持てる能力を存分に開花させるための「環境」を整える必要があった。

その根幹ともいえるハード面の充実。その第一歩が、宮崎へのキャンプ地移転だった。

瀬戸山は、その大事業の先鞭《せんべん》をつけ、実現へと持ち込む力業を見せたのだ。

オリックスは１９９３年（平成5年）から、沖縄・宮古島で春季キャンプを行っていた。

１９９５年、96年のパ・リーグ連覇と日本一。

１９９４年には、イチローがシーズン２１０安打の日本記録（当時）を達成した。

そうした数々の「栄光」は、宮古島がベースとなって作られたものともいえる。

監督の仰木彬は、メーン球場の宮古島市民球場から、ドイツ村と呼ばれる観光施設の中にある、瀟洒《しょうしゃ》なリゾートホテルまで「うまい酒を飲むためや」と、歩いて帰還するのがキャンプ中の日課でもあった。

毎日歩いたそのコースは「仰木ロード」と呼ばれ、島内にある酒造会社が「泡盛」を貯蔵する自然の洞窟の中には、「仰木彬」のネームタグがつけられた「甕《かめ》」もある。

宮古島市民球場の正面入り口には、１９９６年の日本一の記念碑の横に、仰木の座右の銘である「信汗不乱」が彫られた顕彰碑がある。

しんかんふらん、と読む。仰木の造語といわれており、一生懸命流した汗を信じ、一心不乱に練習することの大切さがオリジナルの四字熟語に込められており、仰木の死後、２００６年に、宮古特産の琉球石灰岩に彫り込まれた。

仰木が愛した宮古島。オリックスといえば宮古島。

そんなイメージというのか、固定観念にも似たものが、球団内にも定着していたという。

プロスポーツは、そうした脈々と繋がる歴史と、そこから派生してくる数々のストーリーが、ファンの興味を引き、チームカラーとして受け継がれていくものでもある。

ダイエー、ロッテで、フロントの要職を務めてきた瀬戸山にとって、オリックスは3球団目だった。外様の新参者が、いきなりキャンプ地移転をぶち上げ、球団の長い伝統を否定するような愚を犯せば、球団内部からの信頼を得ることはできないだろう。

それでも、瀬戸山には「宮古島キャンプ」への疑問が、どんどん募っていったという。

「オリックスとしたら、キャンプは宮古島でやるもんだ、という感じがあったんだけれどもね。当然、そこでキャンプはやるんだと。ところが行ってみたら、まず施設がひどかったんだよ、残念ながらね」

2013年、球団本部長補佐としてオリックスに入団した直後、宮古島キャンプに初めて臨んだ時の衝撃のワンシーンを、今も忘れないという。

ある雨の日のことだった。室内練習場で、監督の森脇浩司が練習を見つめていた。

背後をよく見てみると、何か、天井の方から落ちてくる。

「雨漏りがひどかったんだよ。立派な室内練習場なんだよ。でも、みっともないと言えば、みっともなかった。監督が練習を見ている、その後ろで雨が漏れているんだから……。これは惨めですよ、やっぱり」

そこで瀬戸山は、宮古島市の関係者に挨拶がてら、何度となく施設の改善を申し入れた。

離島の自治体では、そうした予算の確保が厳しいという現実もある。ただ、プロ野球のある1球団が、1年のうちわずか1カ月間行うキャンプのために、公金を投入して公共の施設を整備することに、どこかピンときていないようなところが、瀬戸山には見受けられたという。

地域振興に繋がるのか。観光産業にメリットはあるのか。島民の個々人にもそれぞれ、贔屓のチームだってあるだろう。

宮古島のように、島内の人間関係が濃厚な地方では、キャンプ施設の整備が、特定球団に自治体が肩入れするように映ってしまう可能性もある。「なぜオリックスだけ？」という疑問に、誰もが納得するような共通解を打ち出すことは難しい。そうすると、オリックス側からのアプローチにも、どうしても冷淡になるのだ。

瀬戸山が受け取った〝感触〟にも、そうした背景がにじみ出ていた。

「オリックスが来ていることについて、何とか優勝を目指してもらえるように、こちらも頑張らんといかん、といった宮古島の姿勢もあまり感じられなかったんです。ホテルの人とか地元の後援会の方々は、それこそ熱心なんだけど、彼らは施設の改善とか、そういうのは何もできないじゃないですか。過去の歴史とか栄光とかはある。ただ、ホントに宮古島でずっとキャンプをやっていることに何か意味があるのかなと思ったんですよ」

かつては、暖かい場所で、じっくりと1カ月、体を作るという意味合いがキャンプには強かった。しかし、時代の変遷とともに、キャンプの位置づけも変わってきた。

ここ数年は、2月の2週目あたり、ちょうどバレンタインデーの2月14日前後から、各球団とも練習試合やオープン戦を積極的に組むようになってきた。

育成選手の増加などで、支配下選手と合わせると、かつてよりも10～20人近く抱える選手が、各球団とも増えてきたからだ。

例えば、開幕での先発ローテーションは6投手として、その候補を入れると、キャンプからオープン戦の1カ月半程度の間に、少なくともその倍の12人程度は実戦でテストしていかなければならない。全員に2度の先発機会を与えるとしても、単純計算で24試合。ファームの試合も活用するとしても、ゲームを増やす傾向が強くなってきたのだ。

ところが、離島の宮古島には、オリックスしかいない。キャンプ中に練習試合を組むにしても、島から出るか、あるいは対戦相手に島に来てもらう必要が出てくる。

そうした移動費などの諸経費も、決してバカにならない。

そこに、キャンプ設備の老朽化も目立っている。対戦相手のいない離島でのキャンプを続けていることに、メリットどころか、デメリットの方が大きくなってくる。

「イチローの時に、キャンプを宮古島でやって優勝しているとかというのもあるけど、いつまでもそんなことばかりを言っていてもね。ずっとそんなことを繰り返していて、ホントに2月に鍛えられるのか、ってこともあるよね。ならば、もうちょっとチームが多いところにキャンプ地を変えた方がいいんじゃないかと。僕はそういうことを考え過ぎるのかもしれないけど、宮古島でやるにしても、もうちょっと何とかせんといかんという風には、最初から思っていました」

そのタイミングで、旧知の人脈から、瀬戸山のもとに耳寄りな情報が飛び込んでくる。

宮崎が、キャンプ誘致を計画している——。

瀬戸山にとっては、宮崎はそれこそ勝手知ったる、縁の深い場所だった。

2

瀬戸山のキャリアは、球界の表も裏も知り尽くした仕事人の歴史ともいえる。

1988年（昭和63年）に、ダイエーが南海を買収したが、その当時、水面下で球団買収に向けての調査を行っていた一人が瀬戸山だった。

大阪から福岡へのフランチャイズ移転は、球団の今後を左右する一大事業でもある。

球場の整備、練習場や寮の確保、さらにはスポンサー回りや地元財界との折衝などにも、瀬戸山は奔走し続けた。

ただ、福岡移転後も、ダイエーの低迷は続いていた。

4位、最下位、5位、4位。

Bクラスから抜け出せないチームに業を煮やしたオーナーの中内㓛は1993年（平成5年）、チームの強化を図るため、80年代から90年代にかけ、全国に張り巡らせた情報網で逸材を発掘し、能力の高い指導者と環境を整え、選手を育成することで西武の黄金期を築き上げた「球界の寝業師」こと、根本陸夫を招聘した。

監督兼専務取締役球団本部長というその肩書は、現場だけでなく、スカウティングや編成部門も担う、文字通りの「全権監督」だった。

瀬戸山は「球団副本部長」として、根本とともにチーム強化にあたることになった。

王貞治を監督に招聘する際、根本から「月1回、王さんに会いなさい」と就任への説得役に指名されたのも、瀬戸山だった。

ダイエーが１９９３年から高知で行ってきたキャンプを、宮崎へ移すという根本の腹案に基づいて、瀬戸山は根本とともに何度となく宮崎へ通った。

２００４年からダイエーが、さらにソフトバンクが引き継いでキャンプ地として使っている宮崎・生目《いきめ》の杜《もり》は、跡江地区周辺の湿地帯を造成したものだった。

宮崎市では、ここに市制70周年記念として計画された「総合運動公園構想」として、市民向けのソフトボールの球場を作ろうとしていた。

根本は、家族ぐるみで親交のあった当時の宮崎市長・津村重光に「キャンプ向けの施設にしてくれたら、プロの球団を呼べるよ」と水を向けた。

球場を２つ作り、室内練習場、多目的グラウンドを作り、キャンプ地として整備する。

市にとっては、観光の目玉にもなる。経済効果も見込める。ダイエー球団にしても、九州のプロ野球球団として、九州でキャンプを行うことは、地元意識を高め、ファンを拡大するという観点からも、メリットは大きい。

ただ、瀬戸山は内心、高知の手厚い協力体制を考えると、キャンプ地の移転は必要ないとも考えていたという。

「僕は全然、高知でも問題ないと思っていました。ホント、意に反して、もっと大きな力でやむを得ず、動くことになったというのか……。九州の球団だしね」

メーングラウンドの「アイビースタジアム」が位置する外野スタンド奥には、小高い山がある。瀬戸山は根本の命を受け、宮崎市の関係者らとともに、その山の中を「何度も何度も歩いたんだよね」と懐かしそうに振り返った。

山裾を削って球場を作れば「風がさえぎられるから」と、そのプランニングまで行ったのは、根本だった。

チーム全員が、一つの場所で、一斉にキャンプを行う。

そんなコンセプトが球界内に全くなかった頃から、根本はその〝未来形〟を打ち出し、それを実現させるために、場所の選定から、球場や設備の詳細まで注文をつけてきた。

そうした一つ一つのノウハウを、瀬戸山は根本から教え込まれてきたのだ。

２００４年、オリックスが近鉄との合併方針を明らかにしたことに端を発した球界再編騒動では、その年から瀬戸山が球団代表に就任していたロッテも、渦中のど真ん中にいた。

1リーグ・10球団に再編するために「もう一つの合併」がある——。

ロッテとダイエー、あるいはロッテと西武。

そのパートナーとして、ロッテは本命視され続けていたのだ。

瀬戸山はＮＰＢの「選手関係委員長」も務めていた。合併に反対する日本プロ野球選手会との折衝という、その最前線に押し出されていた。

交渉を終えたある時、瀬戸山が記者会見後に差し出した右手を、当時の選手会長・古田敦也（元ヤクルト監督）が無視、握手を拒否したシーンは、その溝の深さを象徴するシーンとして何度となく、メディアにも取り上げられた。

そのタフな男は、ロッテの球団経営も好転させた。

本拠地の千葉マリンスタジアム（当時）の「指定管理者」の指名を受け、千葉市から管理運営を託されることになった。これで球場を中心とした一体経営が可能となり、球団の財務状況が大きく改善。それに伴って、チームも着実に強くなっていった。

ボビー・バレンタインが監督を務めた２００５年はプレーオフ（当時）を制してのリーグ優勝から、西村徳文が率いた２０１０年もリーグ３位からの〝下克上〟で、それぞれ日本一に輝いている。

この間の２００８年（平成20年）に、ロッテは鹿児島から石垣島へキャンプ地を移している。この時も「当時の鹿児島が、宮古島の状況とよく似ていた」と瀬戸山は振り返る。

自治体側が、キャンプ施設の充実をお願いする球団側に、何とも冷淡だったというのだ。

ロッテは２００６年（平成18年）の高校生ドラフトで、沖縄・八重山商工高のエース・大嶺祐太を1位指名。そこで生まれた石垣島との縁から、プロ野球のキャンプ誘致を行うために、島内で球場などを整備しているという話が持ち込まれたのだ。

その時、実は宮崎からのアプローチもあったという。

「石垣島へ移した後だったね。宮崎から『生目の杜の第2弾、ロッテでもやりましょう。それくらいのものを造りますから』という話があって、何度も見に行ったんだよ」

それが「清武」だった。

ただ、石垣島へ移転したばかりで「とりあえずは無理」と断った経緯があった。

それでも、瀬戸山には強く印象に残っていたという。

「宮崎は、やる気十分だなと。素晴らしい施設もできるし、これはいいキャンプ地になるというのは分かった。でも、ロッテは行けない、ごめんね、と」

その折衝にあたっていたのは、ダイエー時代から親交のあった宮崎市の関係者だった。再アプローチがあったのは、瀬戸山がオリックスに入った直後のことだったという。

宮崎は、スポーツの合宿やプロスポーツのキャンプの聖地として、県や市を挙げてその位置づけを前面に打ち出していこうとしていた。しかし、沖縄の温暖な気候、観光施設やスポーツ設備の充実ぶりに、宮崎からのキャンプ地の流出が目立っていた。

２０１４年でも、セは巨人、広島の２次キャンプを含め全６球団が沖縄でキャンプを張っていた。パもオリックスを含め、４球団が沖縄。宮崎は巻き返しを図ろうとしていた。

清武を整備して、まず誘致しようとしていたのは楽天だった。

球団幹部も、何度となく視察に訪れ、いよいよ合意目前になったというが、なかなか、最終のゴーサインが楽天側から出ない。

そこで宮崎市サイドは、旧知の瀬戸山へアプローチをかけたのだ。

そうした裏事情も、すべて説明された上でのオファーだった。

球団本部長に就任すると、瀬戸山は早速、宮崎市側との折衝を本格的にスタートさせた。

「キャンプ地というより、清武を立派にします、というのは、ロッテの時から聞いていたんです。ロッテの時にも案内していただいて、こうなりますよ、と」

瀬戸山が初めて清武の地を訪れたのは、まだ巨人の２軍がキャンプ地として使用していた頃だったという。

「2つ、球場を作ってくれたら、1軍も2軍も来られますよ」

　瀬戸山には、生目の杜でのノウハウがあった。根本イズムで教え込まれた理想のキャンプ地。それを、清武にも整備できれば、オリックスにとってはメリットが大きい。

　そうした要求を、宮崎市はすべて受け入れてくれた。

「1軍と2軍が一緒にできるというのは、もちろん大きな決め手でした。それから、離島じゃなくて、宮崎市内だと、巨人もソフトバンクもキャンプをしている。そこにオリックスがいれば、練習試合もできるし、何しろファンが来てくれるじゃないですか。野球ファンが3球団のキャンプを1日で全部見ることだってできる。西武（南郷）やヤクルト（2軍・西都）や広島（日南）とかも、全部見られるわけですよ。ファンが見てくれているというのは、やっぱり大事なこと。人気商売だからね。宮古島で、ファンも少ないところでやっているよりは、絶対にいいんですよ」

キャンプ地移転会見。左が瀬戸山（2014年）

先に、キャンプ地での観客動員の変化を記しておこう。

移転前年の２０１４年、宮古島でのおよそ3週間で、観客はのべ約3万人。

宮崎移転の２０１５年、まだ1、２軍の合同ではなく1軍キャンプのみだったが、それでも21日間で16万８１４０人と、前年比５・６倍の大幅増。週末には、１日５万人の大観衆を集めたこともあった。

「キャンプ地って、大事だと思うんですよ。そうすると、高校野球が強くなり、少年野球が活発になる。そういう効果もあると思うんです。まあ、別に、いつもキャンプ地を変えようと思ってやっていたわけじゃないんだけどね。

僕は、オリックスにとって、あまりいいことをしていなかったけど、これに関しては、いいことをさせていただいたかな、と思っていますよ。宮古島には申し訳なかったけど、絶対、宮崎キャンプは良かったと思う。瀬戸山がどうとか、瀬戸山のお陰とか、そういうのではなくて、絶対に宮崎に来るのは正解だと思った」

キャンプ地を移し、設備を充実させる。その効果は絶大だ。

瀬戸山が携わったソフトバンク、ロッテの〝移転後〟を見れば、一目瞭然だ。

キャンプ地を宮崎に移した２００４年から２０２０年までの17年間で、ソフトバンクはリーグ優勝6度、日本一7度。2011年から本格稼働させた「3軍」も含め、総勢90人近い選手が、同じ場所で1カ月間、キャンプを行っている。

ロッテは、2008年に鹿児島から石垣島へ移転。その2年後の2010年、レギュラーシーズンは3位ながら、クライマックスシリーズを勝ち抜くと、日本シリーズで中日を下して日本一。「史上最大の下克上」と呼ばれた戦いぶりで注目を浴びた。2年連続2位に終わった2021年も、オリックスとシーズンの最後まで激しい優勝争いを繰り広げるなど、そのチーム力は確実にアップしている。

いい選手を獲って、育てる。そのための設備も整えていく。

2016年からは、清武で1、2軍合同でのキャンプに完全移行した。

このキャンプ地移転に続いて、オリックスが手掛けたのが、ファーム施設の移転だった。

3

神戸は、1995、96年の歓喜の地でもあった。

「がんばろうKOBE」は、1995年の「新語・流行語大賞」も受賞したスローガンでもあり、オリックス＝神戸のイメージは根強い。

　近鉄との球団合併に伴い、大阪と神戸のダブルフランチャイズ制を3年間、その後は本拠地を大阪に移しているが、ファームは神戸がメーンのままで、イチローや田口が生活した選手寮「青濤館」も、神戸に残していた。

　そこを出る、という決断は、単に球団だけの問題ではなくなってくる。

　移転先の「舞洲」は、大阪湾に造成された3つの人工島の1つである。

　ここには、Ｊリーグのセレッソ大阪の練習施設があり、Ｂリーグの大阪エヴェッサのメーンスタジアムもある。

「夢洲《ゆめしま》」では、２０２５年に大阪万博を開催することが決まっている。

　大阪府と大阪市が、その「夢洲」で計画しているカジノを含む統合型リゾート（ＩＲ）の事業公募に、オリックスと米・ＭＧＭリゾーツ・インターナショナルとの共同チームが申請しており、２０２１年9月28日には大阪府と市から正式に選定されている。

　スポーツの聖地としての舞洲にファームの拠点を移す。そこには、施設の充実が見込まれるのは当然のことだが、周辺地域の開発計画も踏まえれば、オリックスという企業の未来を見据えた巨大なビジネスも絡んでいることが推察される。

「だから僕のかかわり方は、宮崎のキャンプと比べたら、１００分の１くらいですよ。これは神戸を出るということでもあるし、舞洲の土地のこととか、そのあたりになってくると僕は全くノータッチなんです」

瀬戸山も、そうした難しい背景を踏まえた上で、こう説明してくれた。

「ただ、1軍と2軍が一緒になって、大阪でやるということ。そこはもう、腹をくくらんと仕方がないですよね、ということは、西名（弘明・当時の球団社長）さんから、何回も聞かれたんで、そうですね、と何度も言ったんだけどね」

神戸から、舞洲へ。

あの歓喜と栄光を生んだ神戸の地を離れる。しかし、その感傷に囚われていては、球団の発展はない。本社のビジネス云々を度外視しても、球団の今後として、育成を重視するという強化方針に則れば、ハード面の充実は不可欠なことでもある。

宮古島から宮崎へ。その決断に続く〝次なるステップ〟へ踏み出さなければならない。

「舞洲」には、１９９６年に完成した「舞洲スタジアム」があった。

ここが２００８年に誘致を計画していた大阪五輪の野球会場になる予定だった。スタジアムの北西部にある10・4ヘクタールの敷地、この大阪市所有の土地の活用に関して、一般競争入札が実施されたのは２０１５年12月7日のことだった。

これに参加したのが「大阪シティドーム」だった。

京セラドーム大阪を運営しているオリックスグループの会社で、２０１６年4月1日から50年間の定期借地権を取得。月額５９９万円の賃料を大阪市に支払う形を取った。

オセアンバファローズスタジアム舞洲。左奥に見える大きな建物が室内練習場

2軍がウエスタン・リーグの公式戦でも使用するサブ球場（現オセアンバファローズスタジアム舞洲）は両翼１００メートル、中堅１２２メートル。これは本拠地・京セラドーム大阪の大きさと同じで、宮崎のキャンプ地のメーン、第2の両球場ともこの大きさで統一されている。

24時間稼働の室内練習場は、61メートル四方で、神戸の室内練習場よりもそれぞれ9メートル広い。ブルペンは神戸の4レーンから6レーンに増え、その１つはリハビリの投手用に、マウンドの高さを半分にした、フラットなものだ。

トレーニングルームにはプール、アイシング用のコールドバスなど、最新鋭の機器を設置。

４階建ての寮は、２階に大浴場とサウナ、サロンと食堂。３、４階が選手寮になる。

総工費30億円の新拠点には、本拠地・京セラドーム大阪からも車で15分あれば通うことができる。だから１軍のナイター終了後にも、練習したり、トレーニングや体のケアを行ったりすることもできるようになった。

前述の「舞洲スタジアム」は、寮から通りを一本挟んだ徒歩数分のところにある。

これを大阪市が６４００万円で「大阪シティドーム」に売却した。２０１７年６月にはネーミングライツ契約を締結して「大阪シティ信用金庫スタジアム」となった。

このスタジアムでは、大阪府内の高校野球や大学野球、プロ野球のオープン戦も開催され、ウエスタン・リーグの公式戦も組み込まれている。

２球場が隣接し、室内練習場と寮も完備。

12球団でもトップクラスといえるこれらの施設は、２０１７年３月から稼働した。

編成部長だった加藤康幸は、この新拠点を活用したプランを「何度も企画書にして出したよ」と明かしてくれた。

「なぜ、移す必要があるのか。政治的なことはともかくとして、利便性だよね。試合数を多くこなせるんだよ。試合を見たいんだよね、選手を評価するためには。試合に出ないと課題も出てこない。オリックスの育成をしていく中で、どうしても試合数をこなしたかったんだけど、それまではできなかったからね」

施設の拡充とともに、オリックスは「育成選手」のドラフト指名を増やしていった。

加藤の1年目の2014年は0人だったが、15年は2人、16年には5人。

加藤が退団した後も、17年4人、18年1人、19年8人、20年にも6人。

2021年のキャンプイン前に登録されていた20人の育成選手は、巨人の25人、ソフトバンクの22人に次ぐ大所帯。巨人もソフトバンクも、正式に「3軍制」を採用しているが、オリックスも事実上、3軍制を敷いている陣容でもある。

加藤は、大阪に本拠があるからこそ、3軍制をやりやすいという。

「関西って、大学も社会人もクラブチームもいっぱいある。だから、なんでここと交流をしないんですか、って提案したんだ」

ファームの本隊から外れた選手と育成選手を合わせて、15人ほどいれば「7イニングでも試合ができる」。そこで加藤は、独立リーグの四国アイランドリーグプラスに「ファームが舞洲に移る予定なので、そこでゲームをこなすことはできないですか」

そう提案したのは、２０１６年９月頃だったという。

「俺、オリックスを辞めちゃうかもしれないけど、これはやりませんか？」

四国アイランドリーグの関係者に、自らの処遇が不透明な状況の中で、育成に特化したゲームをやりたいという方針を伝えたという。

その後、独立リーグとの交流試合は定期的に行われている。

四国からだと、高速道路を使えば徳島なら片道２時間弱、高知からでも４時間あれば高速の入り口に近い舞洲に到着できる。

試合数を増やして、育成していく。

ファーム交流戦と銘打った練習試合は、２０１７年の舞洲移転後、17年23試合、18年22試合、19年23試合、20年26試合、21年36試合と、年々増やしている。

育成選手の強化方針は、オリックスのスカウティングをさらに積極的なものにしている。

山本由伸を指名した２０１６年、育成の１位で指名したのは張奕《ちょうやく》だった。

日本経済大の外野手は当時、身長１８１センチ、体重78キロのがっしりとした体格だった。巨人の外野手・陽岱鋼《ようだいかん》のいとこで台湾出身でもある。筋肉質の陽岱鋼を見ていれば、鍛えれば、同じような体つきになることは容易に推察される。

「化けるかもしれない。じゃあ、現存メンバーより良ければ獲れ、という話だからね。ポテンシャルで、例えば身長だったり、飛ばす飛距離だったりね」と加藤は振り返る。

入団直後から、ファームのコーチ陣が「身体能力はすごいよ」を目を見張ったほど。その潜在能力が花開いたのは、投手転向後だった。

メジャーではよく見られる野手から投手への転向。日本では、どうしても複数ポジションより、一芸を極める方向に価値を置きがちだが、張の場合、投手転向後に１５０キロ超のストレートを連発。２０２１年もリリーバーとして１軍で３ホールドをマークした。

こうした秘めた能力を花開かせるチャンスの場が、育成の拡充で増えるのだ。

好素材の選手を獲り、実戦を積ませて成長を促す。

加藤が「人」というソフトを、瀬戸山が「施設」というハードを整えたのが、２人がタッグを組んで、チーム強化に乗り出した２０１４年以降のことだったのだ。

２０２１年の快進撃。

それは、瀬戸山らが汗をかき、固めた土台があってこそのものだろう。

「ええか悪いか、結果が出るって、この世界はだいぶ先の話やからね」

「球界の寝業師」と呼ばれた敏腕フロントマン、瀬戸山の師ともいえる根本陸夫に教え込まれ、ロッテでも結果を出したそのやり方を、オリックスにも落とし込んだ。

瀬戸山が球団本部長を務めた２０１４年は2位、しかし15年は5位、16年も最下位に終わり、その年限りで球団本部長の職を解かれると、翌17年オフに退団した。

２０１５年に宮古島から宮崎へ、２０１７年に神戸から舞洲へ。

育成のための環境を整え、ここで汗を流した選手たちが力をつけ、飛躍していく。

瀬戸山が、加藤が球団を去ってから、その〝蒔いた種〟が芽吹き、花が開いたのだ。

「それでいいじゃないですか。よう頑張ってると思いますよ。でも、今年強いのは、やっぱり、外様じゃないからだよ、みんな。中嶋（監督）でも福良（ＧＭ）でもね。彼らは、それだけの歴史も実績も持っている。だって、１９９５年も96年も、彼らは勝っているんだからね。その時の人たちを、思う存分、オリックスは使ったらいいんですよ。イチローでも、田口（壮）でも、谷（佳知）でも、中嶋もそうだけど、やっとうまいこといきだしたわけだから、それはそれで良かったと思うよ」

宮崎で、そして舞洲で鍛えた選手たちが、25～28歳の〝充実期〟を迎え出した２０２１年、まるでその時を待っていたかのように、躍動し始めたのだ。

宗佑磨、吉田正尚、山本由伸。

彼らの適材適所を見抜き、その巧みなタクトで彼らを導いたのが、95、96年の連覇を知り、日本ハムやメジャーで育成のノウハウを学んできた中嶋聡という指揮官だった。

瀬戸山が築いた土台、加藤が獲ってきた好選手。これらを中嶋という指揮官がうまく活用した。その〝強くなるための仮説〟を、瀬戸山に最後に提示してみた。

「そうやね。それは、絶対にあるね」

瀬戸山は、オリックスを退団した後に記した著書『裏方力』は、２０１８年9月に出版された。その99ページから１００ページにかけ、太字で強調された小見出しから始まるその章から、瀬戸山の〝予言〟の一部を、ここに抜粋しておきたい。

●オリックスの時代は必ず来る

94～96年のダイエーの軌跡と、２０１４～16年のオリックスのそれは似通っている。チームが強くなるには、一定の時間を要するということだろう。それになぞらえば、オリックスも2年後、3年後には期待できると思う。

近い将来、オリックスの時代は必ず来るはずだ。

25年ぶりの優勝は、瀬戸山の見通した「未来図」が実現したという証左でもあった。

第九章 ラオウ杉本裕太郎

1

当たったら、飛ぶ。

大砲候補につく枕詞《まくらことば》は、このフレーズと半ば決まっている。ただ、その行間からは「当たる確率も低い」という懸念が、常ににじみ出ている。

杉本裕太郎は、期待と不安が相まったその「冠」を、長らく背負い続けてきた。

２０１５年（平成27年）ドラフト10位指名。

12球団が支配下選手枠で指名した総数は88人。杉本は、全体の最後から２番目、87番目で指名された選手だった。

１位の吉田正尚は青山学院大時代の２年後輩。当時も杉本が４番、吉田が３番を打った。

社会人の強豪・ＪＲ西日本を経てのプロ入りは24歳の時だった。

当時、編成部長だった加藤康幸は、「びっくり箱、特別推薦枠だね」

杉本の〝ブービー指名〟に踏み切った理由を、楽しそうに明かしてくれた。

加藤が編成部長として本格的に動き出して、２年目のシーズンだった。

ドラフト会議直前、指名選手の候補リストを最終的にまとめる頃だった。

その前年を含め、２年連続で中四国エリアから指名選手が出ない流れになりつつあった。

「２年連続ともなると、さすがに仕事してないってなっちゃうぞ？」

冗談交じりで、加藤がその担当スカウトに忠告した時だった。

「ソフトバンクの３軍との練習試合で、場外ホームランを２本打ったヤツがいます」

スカウトには、必ずプレーの映像を撮るように通達してある。

「じゃあ、それ、もう一回見せてよ」

広島市にあるＪＲ西日本のグラウンドには、レフト側スタンドの奥に、打球が外へ出ていかないように、防御用の高いネットが張り巡らされている。

杉本の一撃は、そのはるか上を通り過ぎていった。

加藤は、高い放物線を描いた杉本の打球に、長距離砲としてのロマンを見出した。

「オリックスには、他にあのタイプがいない。だから、俺の中では、これはいいんじゃないかなと思ったんです」

その当時のサイズも身長１９０センチ、体重88キロを誇る、デカい右打者だった。ただ外野守備も走力も、プロの世界では並のレベル。つまり、打てなければ存在意義はない。

打つだけなら、外国人の方がパワーがあるというのが、この世界の定説でもある。

だから、こういう「打つだけ」「ポジションが一塁か外野」「スピードがあまりない」という「大きな日本人選手」というのは、どうしても敬遠されがちになる。

その一方でJR西日本側からは、杉本がプロ志望で、指名順位にこだわっていないことも伝えられていた。上位指名でなければ、社会人出身でも契約金は低めに抑えられる。

ならば、獲っておいて、損はないだろう。

日本人離れした飛距離とシビアなソロバン勘定も踏まえ、加藤は杉本の指名を決断した。


吉田正尚を単独での1位指名に成功。2位には、即戦力投手として、社会人のパナソニックで活躍する右腕・近藤大《たい》亮《すけ》、3位には好守の内野手、立教大の大城滉二を指名した。

5位には夏の甲子園優勝校・東海大相模でダブルエースの1人として活躍した右腕・吉田凌、6位には同じく夏の甲子園の準優勝エース、仙台育英の佐藤世那を指名した。

「2人のうち、どちらかが出てくればいい。2人なら切《せつ》磋《さ》琢《たく》磨《ま》して、競り合って、ライバル心も生まれてくるから、相乗効果が生まれる」という加藤の狙いも込めた、甲子園での〝決勝対決投手〟のW獲得は、メディアでも大きな話題を呼んだ。

佐藤は1軍登板のないまま3年で戦力外となったが、吉田は２０２０年に35試合、２０２１年は8月に1軍昇格し、後半戦の18試合に登板、貴重な中継ぎ役として優勝に大きく貢献している。

9位まで投手６人、内野手２人、外野手１人。

補強のバランスもいい。欲しい選手は戦略通りに獲れた。予算の関係もある。

ここで「終了」という指示が、球団のトップからも届いた。

そこに、加藤が「待った」をかけた。

「いやいや、最後、ここが一番面白いギャンブルなんですよ。大化けするか、万馬券になるか、ならないか、というところ。最後の最後が一番面白いんです。残っていて、これだというのがいたら、獲った方が契約金の金額も安いし、話題にもなるしね」

その年、ドラフトの本指名で10位まで指名したのは、オリックスと西武の２球団だけ。

最後から2番目で「杉本裕太郎」の名前が、会場に高らかにコールされた。

漫画『北斗の拳』のキャラクター「ラオウ」を愛するあまりに「ラオウになりたい」

いつの間にか、ファンの間でも、選手にも、監督にもコーチにも、報道陣からも、ごくごく当たり前のように、杉本は「ラオウ」と呼ばれるようになった。

そのいかめしいニックネームの男は、珍記録を作っている。

プロ3年目の2018年（平成30年）に、プロ野球史上8人目となる「出場2戦連続満塁弾」をマークしているのだ。

ただ、記録の注釈をよく見れば「2戦連続」の上に「出場」が付いている。中5日置いての達成だ。杉本は満塁弾を打っても、しばらく試合出場から遠ざかっていたのだ。

プロ3年で放ったヒットの5本の中に、シングルヒットがなかった。本塁打が3本、二塁打が2本。つまり、長打のみの5安打。しかも、プロ3年間での17試合・計34打席で11三振を喫している。

当たれば、確かに飛ぶ。しかし、確実性からは程遠い。これでは、レギュラーどころか1軍の代打要員としても使いづらい。

社会人出身とあって、年齢も20代後半。だから、毎年のように「戦力外リスト」の俎上《そじょう》に上がっていると噂された一人だった。

このままでは、もったいない。

オリックスの球団スタッフで、1軍ブルペン捕手を務めていた瓜《うり》野《の》純《すみ》嗣《つぐ》は、打撃練習で捕手役を務めながら、間近で見続けてきた杉本のスイングに魅せられた一人だった。

「まとまったら、化けそうな気がするんですよ。きっかけさえつかめれば、ラオウはホームラン王を目指せるような逸材ですから」

瓜野はかつて、独立リーグの四国アイランドリーグプラスの福岡球団（現在休止）でプレーを続け、ＮＰＢ入りを目指していたキャッチャーだった。

その独立リーグ時代に、とんでもない左打者に遭遇したという。

軸足の左足に体重を残したまま、筋肉の塊のような体をグイっと旋回させる。

アッパースイング気味に、思い切りかち上げた打球が、どでかい放物線を描いていく。

「迫力がありました。あの時は、日本でそんなに見られなかったんですけど、その当時から、メジャーの打ち方だったんですよ」

それが、同じ独立リーグのライバル球団・徳島でプレーしていた根《ね》鈴《れい》雄次だった。

「あの人」に見てもらったら、ひょっとしたら、何かが変わるかもしれない。

漠然とした思い付きが、その後の杉本を大きく変えることになるとは、瓜野ですら、当時はまだ想像もできていない。

2

根鈴の野球人生は、まさしく波乱万丈。その事実を時系列で連ねていこうとしても、一つ一つの出来事が強烈過ぎて、簡単にプロフィールをまとめ切れないほどだ。

スポーツ推薦で強豪・日大藤沢高に入学した直後から４番打者を務めた。しかし家庭内の問題などから精神的に不安定になり、不登校、留年、そして中退。

野球を続けようと単身渡米。そこでメジャーのスカウトにも声を掛けられた逸材は、帰国して定時制高校で学び直し、学校推薦で法大へ入学すると、23歳で野球部に入部した。４年時には副主将を務め、卒業後には再渡米。２０００年、２００１年の２シーズン、いずれもマイナーの「３Ａ」まで昇格している。

２００１年（平成13年）に、オリックスからシアトル・マリナーズへ移籍したイチローよりも先に「日本人初の野手メジャーリーガー」になる可能性すらあった。

ＮＰＢ12球団でこそプレーしていないが、日本の独立リーグを含め、５カ国で「プロ」として活躍。異例のキャリアを歩んできた男だった。

根鈴雄次というプレーヤー、そしてラオウの師匠は一体どんな人なのか。もし、もっと深掘りしてみたいと感じた方は、拙著『不登校からメジャーへ　イチローを超えかけた男』（光文社新書）を、ぜひお読みいただきたい。

その生き様や野球観には、賛否両論あれども、興味深いものがきっとあるはずだ。

話を、元に戻そう。

２０１７年６月、根鈴は横浜市都筑区に「根鈴道場」を開校した。プロを目指す高校生、大学生の個人レッスンから、軟らかいボールを使って打ったりする小学生対象のスクールクラスなど、そのレベルは様々で、根鈴の打撃指導を受けるために、この道場に足を運ぶプロ野球選手もいる。

「ラオウに、行ってみてもらいたいところがあるんだ」

オリックスと徳島の練習試合の際に、瓜野は根鈴に「ウチに、すごいのがいます」

杉本のことを話し、オフに道場へ行かせたいという〝入門志願〟までしていたのだ。

「打撃練習の時、キャッチャーに入って、ラオウがスイングした時、思わず目をつぶってしまったんです。普段はそんなことないのに、スイングが速すぎてビックリしたんです」

その強烈な一振りが、根鈴の豪快なスイングと繋がったのだという。

「根鈴さんとラオウをかみ合わせたら、どうなるんだろうと思ったんです。根鈴さんに教えてもらったら、よくなったという選手が独立リーグにもたくさんいたんで」

杉本は、友人の結婚式に出席するために上京した2018年（平成30年）12月、キャンプインを前にしたその時期に、初めて根鈴道場へ足を運んだ。

それが、脱皮への第一歩だった。


根鈴が、自らの打撃理論をまとめた著書『MLBでホームラン王になるための打撃論』を、杉本も重要な部分には線を引きながら熟読したという。

その第1章の1行目に、根鈴が伝えようとしている〝究極のエキス〟が記されている。

「芯でとらえて、打球に角度をつけて、遠くに飛ばすにはどうすればいいのか」

つまり、ホームランを打つための「指南書」だ。

根鈴が強調するのは、バットを「横」ではなく「縦」に振ることにある。

日本で、いわゆる正しいスイングとして教え込まれるのは「レベルスイング」。つまり、地面に対して平行にバットを振る。だから「横」という表現になる。

根鈴理論、つまり世界を転戦してきた経験から得たスイングは、その逆の「縦」だ。

構えると、バットは必然的に自分の肩から「上」にある。

スイングに伴って、バットは加速しながら「下」に落ちてくる。重力によって落下する力を利用することで、トップからバットを振り下ろす際、強く速いスイングが生み出される。

その流れのまま、バットのヘッドの遠心力で、大きなフォロースルーに至る。

バットは、体の前で大きな円を描いているようなイメージだ。

このスイング軌道は、日本では忌み嫌われてきた「アッパースイング」になる。

これが実は、いかに理にかなっているかを、根鈴は杉本に順々に説いていった。

「それだけデカい体なんだし、バットが上から下に落ちてきている時に、余計なことをしなけりゃ、当たったら飛んでいくんだよ」

確実性を求めるには「レベルスイング」で、さらに飛距離を伸ばすためには「ダウンスイング」だというのが、日本の〝常識的な打撃〟でもある。

どちらのスイングでも、バットとボールがぶつかる瞬間、右バッターならグリップの上側の手、つまり右手で力を押し込んでいきながら、その右腕を返していく動きをつける。

ボクシングの練習で、サンドバッグに拳を打ち込む時に、ただ真っすぐに拳を当てるのではなく、サンドバッグに当たる瞬間に、右の拳なら、反時計回りに回旋させながら、ねじ込むように打つことで、パンチの威力を高めるのと同じことだ。

この腕の「回旋」が、インパクトの瞬間には重要だというのが、日本の〝正しいバッティング理論〟と言われ、今もそれが、バッティングの基本と捉えられている。

ただ、これだと「ドンピシャの一点でしかボールを捉えられない」と根鈴は説明する。

「リストを返す瞬間は、確かにバットのヘッドが走るんです。その瞬間に打てれば、強い打球が飛ぶんですけど、ここからずれた時の対応が、あまりに脆くなるんです」

米マイナー、米独立リーグ、さらにはカナダ、メキシコ、オランダ。

海外には、１５０キロを超えるような剛球に加え、本塁ベース付近で小さく変化するカットボールやツーシームを投げ、バットの芯を外してくるパワーピッチャーがゴロゴロいる。

リストターンは、米国では「ロールオーバー」と呼ばれ、よくないスイングの典型とも言われるのだという。手首を意図的に返してバットのヘッドを走らせたところで、打つポイントが「点」になってしまうだけだという解釈なのだ。

だから彼らは、その〝点〟を外す球を投げてくるのだ。

「このクセを抜こう、っていう話なんです」

3

日本だと、飛ばす＝引っ張る＝強引、という図式になる。

ホームランを狙う。そのフルスイングは、チームバッティングには不要とまで言われる。

杉本も、確実性を欠くゆえに、1軍に定着し切れていない。

いつの間にか、バッティングが小さくなっていた。

根鈴は、ひと目見て、その杉本の迷いを見て取った。

「飛ばす打球の勢いが、サード方向にしか激しいのがないというか、センターからライトへ打つのは、流し打つというイメージを持ってしまっているんですね。だから、うまく当てる感じではあったんですけど、飛ばす感じではなかったんです」

左方向に引っ張れば、力があるから、鋭い当たりは飛ぶ。しかし、逆方向へは当てるような、弱い打球しか行かない。

思い切り振って、サードゴロになる。すると「そんなめいっぱい振るから、そんなことになるんだよ」と監督やコーチから怒鳴られる。いつの間にか、チームバッティングという名目のもと、無難に右方向へ当て、進塁打として自らを納得させ、チームも最低限の仕事として、その打撃を評価する。

杉本のようなバッターが、育ちづらい環境にあるのだ。

「日本野球が、そういう選手を作る生産所っていうのか、中学とか高校では、コーチや監督にどやされて野球やってるからね、何を言われるか、と」

根鈴は、そういう〝埋没した個〟への反発が強く、日本の独立リーグを渡り歩いている頃には、その点で何度も監督やコーチと衝突した経験がある。

持ち味を失うな。個性を消すな。

根鈴は、杉本の長打力を生かすために、徹底的に教え込んだことがあった。

リストターンをさせない。

そのための秘訣《ひけつ》が「パームアップ」だった。

右打者の杉本がバットを握った時、そのグリップで「上」になるのは右手だ。

インパクトの瞬間、その右手を押し込むようにして回旋させていく。そうするとフォロースルーの時には、右手の甲が上を向いている。

「パームアップ」は、文字通り、手のひらが上。

つまり、リストターンの動きをしないから、フォロースルーの後も、右手は甲が下、左手の甲が上のままになる。

「壁当てする時の壁が、そのまま動いていくイメージです。すると、どこかに必ず当たるじゃないですか。そのでっかい壁が、斜め上を向いていれば、ボールは上へ跳ねるじゃないですか？　真っすぐだと、真っすぐ跳ねるじゃないですか？」

リストターンをした時には、ボールを「点」でうまく捉えられなければ、バットをこねるような動きに伴い、杉本のような右打者なら、打球がサードやショートへのゴロになる。

野球の実況アナウンサーや解説者が「引っ掛けた」という表現は、この動きのことだ。

その「回旋」の動きを入れず、ボールに対して、バットを斜めの角度でボールにぶつけていくのだ。そうすれば、必然的に球に角度もついて、ライナーかフライが飛ぶのだ。

「そんな恵まれた体なんだから、バットに当たりゃ飛ぶ。それをどれだけ分かるか、というところなんですよ」

杉本へのスイング改革、いや、意識改革でもあった。

ボールを「前」で拾う、という表現がある。

インパクトゾーンが体の「前」か「中」かの違いでもある。

変化球が「落ちる前に拾う」という実況を聞くこともあるだろう。

両腕が伸び切ったところでボールを捉え、そこからリストターンしていく。バットの芯を食った、そのジャストミートした打球は飛ぶ。よく「感触がなかった」という打者のコメントがあるが、それは、芯にきれいに当たったことで、腕に衝撃が伝わらないからだ。

反対に「詰まる」のは、芯からずれ、バットの根本に当たる時だ。

その衝撃は、両手のひらがしびれるほど痛い。バットが折れたりしたら、完全に力負けした証拠でもある。打者は詰まるのが怖いし、それをなるべくなら避けたい。

だから、前で拾おうとしてしまう。外へ逃げる変化球を当てに行こうとする。

これが「球を追いかける」という表現になる。

杉本のように、体が大きいが確実性に欠ける打者に対して、投手は一つのパターンとして、詰まりやすい内角を投げ、カウントを整えてから外へ落ちる変化球を投じる。そうすると、三振に打ち取れる確率が高い。

杉本も、２０２０年までのプロ5年間で、２２６打席67三振。つまり3〜4打席に1度の割合で三振を喫している。

これを、克服していかなければならない。

ボールを引き込む。根鈴は、踏み出した足より前が「ピッチャーゾーン」、後ろを「バッターゾーン」と定義し、この「バッターゾーン」で勝負すべきだという。

ただ、打者にはリスクが伴う。コンマ数秒とはいえ、球を長く見極められる。しかし、スイングが速くなければ、振り遅れた上に、打球が詰まってしまう。

根鈴道場に通い出した時、杉本はその理論は理解できたというが「僕の技術ではまだできない」と打ち明けていた。

「僕の場合、右足が軸なんですけど、まだ詰まるんです。引き付けたら、もっとボールは見られるんです。僕は、あの根鈴さんの打ち方をやりたいんです」

そのためには、体幹の強さも必要になる。つまり、手元までボールを引き付け、見極めて打つ。リリースから、捕手のミットに収まるまで０・４秒。そのコンマ数秒を我慢して、一気に振る。そのために、メジャーのバッターたちは筋力をつけ、反応力を高めるのだ。

大谷翔平の、あの日本人離れした体つきを見れば、その重要性が分かるだろう。

日本ハムに入団した２０１３年の身長１９３センチ、体重86キロから、メジャーで46本塁打・９勝をマークして、二刀流として大活躍した２０２１年には、身長は同じながら、体重は95キロにまで増やしている。

杉本も、入団時の体重88キロから、６年目の２０２１年には１０４キロまで増量している。

「地道に、コツコツやった証拠だよね」と根鈴はいう。

スイングの仕方を変える。そして、肉体を変える。

初めて「根鈴道場」に足を踏み入れた２０１８年以降、オフになると、杉本は必ず根鈴のもとを訪れ、根鈴の投げるトスを打ちながら、そのアドバイスに耳を傾けた。

その変貌のプロセスを、監督の中嶋聡はしっかりと把握していた。

4

中嶋が２軍監督に就任した２０１９年（令和元年）。

杉本の１軍出場は18試合止まり。51打席で４本塁打、22三振、０四球。

１軍定着には、程遠かった。しかし、２軍では結果が出始めていた。

78試合で14本塁打。５～６試合に一発の割合は、単純計算だが、１軍のペナントレース１

４３試合に換算すれば、25～30発は打てるペースだ。

体に力がつき、根鈴の「パームアップ」でバットをこねず、ボールをバットに乗せて運んでいく、豪快な当たりが増えてきた。

ただそれは、日本の〝正しい打ち方〟と呼ばれるものではない。

「２０１８年のオフに俺のところに来て、19年からこの打ち方をやろうとしたんですよね。たぶん、中嶋監督って、今の〝こうであるラオウ〟を見ていて、その前のラオウを見ていないんでしょ？　こういう打ち方をするのがラオウ、というので入っているでしょ？」

根鈴の分析には、確かに一理ある。

日本のスタンダードな打ち方ではないことに、杉本は取り組んでいた。それでも、中嶋が修正を命じたり、打撃コーチがフォームやグリップを変えさせたという話は、一切聞こえてこなかった。

加えて、根鈴雄次という〝アウトサイダー〟の手が入っている。それでも、杉本が着実に成長を遂げているのだから、それでいい。

自分で考えて、自分で取り組む。迷った時に初めて、コーチの出番となる。

それが、中嶋オリックスの「個の力」を重視する姿勢の一環である。

メジャーではいまや、投手も野手も外部のインストラクターのアドバイスを聞き、最新機器などを使って、自らの動きのメカニズムを分析、見直すのがスタンダードになりつつある。

日本のプロ野球界は、その〝外部の目〟を、特に嫌う傾向があった。

しかも、根鈴の場合は、NPB12球団でのプレー経験が一切ない。

3A、つまりメジャー昇格直前まで行ったプレーヤーでも、日本ではなぜか「アマ」の扱いになる。かつて、日本のプロ経験がないまま渡米し、メジャー昇格したマック鈴木も、2002年（平成14年）のドラフト2位指名を受け、オリックスに入団している。

日本の野球界の解釈では、根鈴は〝プロ経験のないコーチ〟という扱いになる。その意見を聞いて、バッティングを変えようとしているのだ。

かつてなら、チームのコーチが「俺の言うことは聞けないのか」とばかりに、杉本を〝干す〟ことだってあり得ただろう。

しかし、そんなひと昔前のやり方は、もはやナンセンスなのだ。

「そういう時代なんだね。そういう点では、オリックスってすごい球団ですよね。そういうことに対して、うるさく言わないところなんか、メジャーの球団みたいですね」

根鈴の鋭い指摘には、うなずかされる部分がある。

試合前練習でも、杉本は「バレルバット」という、特異な形状の練習用バットを持ち込んでいる。

バットを握るグリップ部分の上、バットの真ん中あたりが、こんもりと膨らんでいる。全体で１５００グラムの重さだから、試合で使用するものの１・５倍から2倍近い重さがある。ただ、グリップ側に重さがあるから、バットを振り出す時に、バットを上から落として、ボールの軌道にバットの〝面〟を入れていく感覚がつかみやすいという利点がある。根鈴理論で表現するところの「下」へ振る感覚をつかむのだ。

今でも練習で使われている「マスコットバット」と呼ばれるものは、ヘッドの方に重さが集中している。これだと、まだ体に力のない選手や、調子が悪い時に、その重さで外回りしやすいバットのせいで、バットが体から離れがちになるのだという。

杉本の取り組みに感化されたのか、青山学院大出身の後輩の吉田正尚も、この「バレルバット」を愛用するようになり、東京五輪の際にも持参している。そうした〝独自のギア〟で練習することも、オリックスは咎《とが》めない。

それが「個の力」を、それぞれが考えて伸ばしていくという中嶋の、さらにはオリックスという球団の〝新時代のポリシー〟でもある。

5

２０２０年８月20日。

16勝33敗４分けで最下位に低迷していた責任を取り、監督の西村徳文が辞任。これを受け、中嶋が２軍監督から監督代行へ昇格した。

その翌朝、中嶋は京セラドーム大阪へ向かう前、舞洲へ車を走らせた。

杉本は、風呂場にいたという。

「一緒に行くぞ、ラオウ」――。

この男のパワーが、必ず必要になる。

中嶋には、杉本の成長段階を見続けてきたゆえの確信があった。

２０２１年、中嶋に「４番」に起用された杉本は、初のオールスターに選ばれ、ホームランダービーにも出場し、ホームラン王争いをひた走ることになるのだ。

根鈴から教え込まれた、その「ホームランを打つ技術」は、道場通いから3年目にしていよいよ、真価を発揮しようとしていた。

根鈴が、杉本の「進化」を確信した2本の本塁打がある。

その1本目は、10月3日の福岡ソフトバンク戦（京セラドーム大阪）。

東京五輪の日本代表メンバーでもある剛腕・千賀滉大から、2回に放った29号の先制ソロ本塁打だった。

159キロの外角直球は、その日の千賀が投じた最高速の1球でもあった。

「バットを真横に、レベルスイングで振っちゃうクセがあると、外角へのスライダーなんてバットが届かない。だから、昔のイメージだったら、千賀からライトに打ったホームラン、あんなのは出ないんです。前の打ち方だと、あそこのボールに触りもできない。キャッチャーが捕る瞬間、手元でバットがぐっと入ってくる。キャッチャーからすれば、え、打ったの、みたいな感じで出てくるんですよ。その感覚を、本人はある程度つかんでいると思います」

ライトへ、つまり逆方向へ流すのではない。

捉えて、運ぶ。それは、ボールを点で捉えるリストターンではできないのだ。

もう1本は、同じく10月7日の北海道日本ハム戦（京セラドーム大阪）。

パ・リーグ一番乗りの「30本」に到達した一発が飛び出したのは、3回の第2打席だ。

日本ハムの先発・伊藤大海《ひろみ》は、ドラフト1位ルーキーながら、１５０キロ超のストレートを軸とした強気な投球ぶりで、東京五輪の侍ジャパンメンバーにも選出された。

外角への１５２キロ。映像で見ると、外角のボール気味の球だ。スピード表示より少し緩く見えるのは、伊藤がおそらく、引っ掛け気味に投げてしまったのだろう。

根鈴が解説してくれた。

「真っすぐに見えるけど、ちょっと抜いてるんだと思うんです。外に、キャッチャーがミットをビタビタに構えていて、見逃したら審判によったらボールかもしれない」

だから、杉本はスイングしながら、タイミングが崩れている。

「杉本は、真っすぐだと思って振りにいったら、ちょっと遅くて、前につんのめった感じになっているんです。あれだと、普通のバッターなら、引っ掛けてサードゴロ、ショートゴロだと思うんですね。リストターン、つまり手首をこねるから、ゴロになるか、ポップフライになっちゃう。でも、あれをそのままバットに乗っけていったんです」

つんのめった体を左足で踏ん張り、バットを出していく。

根鈴が注目していたのは、両手首の「向き」だった。

「左手を見たら、左の手の甲が上のまま。右手はパームアップ。最後まで、その形で終わっているんです。手を返そうという意識なんか、さらさらないんですよ」

外いっぱいの球を、バットの「面」で捉えて、手首を返さず、そのままバックスクリーン方向へ、運んでいったのだ。

リストターンをする〝旧来型〟の打撃では、絶対に打てなかった一打だ。

体勢が崩れ、野球界では「泳がされた」というその姿勢から、バックスクリーンの左へ楽々と着弾させる本塁打。それこそ、杉本裕太郎というどでかい壁に当たったボールが、そのままドーンと、遠くまで跳ねていったのだ。

根鈴は、あの一打に唸《うな》らされたという。

「あんなので、センターバックスクリーンのところに入れられたら、投手はもう、投げるところがないですよ」

前につんのめりかけた体を、左足で支えながら、パームアップの状態はキープ。だからバットのヘッドが自然に走る。バットの面がボールに当たれば、飛んでいくのだ。

その形が、しっかりとできていたのだ。

「何か、本人がつかんだんですよ。本人がコツコツやり続けてくれたのが、本当にありがたいですよ」

シーズン中、杉本は何度となく、自らの練習風景やスイングの動画を撮り、ＬＩＮＥで根鈴に送り「ここ、どうですか？」とチェックを求めてきたという。

開幕スタメンながら、開幕戦はノーヒット。開幕14試合目の時点で、打率が１割を切るという不振にあえいでいた。

「それでも、使い方に愛があったよね。ちょっと調子が下がったら、打順を下げたり、一回スタメンから外したり、杉本、めちゃくちゃ大事に使われていたよね」

根鈴は連日、スマホでオリックスの試合結果をチェックしていた。

これまでなら、打てないとなると即座に外され、２軍に落ちていた。しかし中嶋は、杉本を外さなかった。２軍からの進化の過程を見続けていたからだ。

４月終了時、本塁打４本、打率・３１９。力に安定感が加わった和製大砲を、中嶋は「４番」に定着させると、５月８本、６月も５本。五輪ブレークに入る7月14日までにチームトップの18本塁打を放ち、ファン投票で選出される「ホームランダービー出場者」としてソフトバンクの柳田悠岐に次ぎ、２位で選出された。

本塁打といえば、オリックスのラオウ。

そのイメージすら定着してきたその頃、実は杉本は疲労困憊《こんぱい》。打撃の調子も完全に「バグっていたね」と根鈴は証言する。

オールスター前、杉本は異例の行動に出た。

「根鈴さん、一度、見て下さい」


真夏の道場へ、杉本は多忙なスケジュールを縫ってやって来た。

そのために、球団には「誓約書」を提出したという。

コロナ禍で、外部の人間との接触をできるだけ避けなければならない時期。だから「行き来では他の誰にも会わない」「ＳＮＳなどで、根鈴の指導を受けに行ったことを発信しない」。つまり、完全お忍び。感染防止対策を徹底的に行った上で、あくまで野球のために認めた移動であることを、杉本と球団の双方で確認した上での「許可付」の行動だった。

疲労なのか、打てなくなって当てに行く。その悪循環で、バットが横振りになる。

「その修正を入れました。春先、こうやってたんじゃないと、戻して。いやいやいや、杉本、豪快に行こうぜって」

ついつい、バットを手先だけで操作しようとしてしまう。それは「体が大きくなってから、バッティングの修正をかけているから、どうしても昔のクセが出るんですよ」

「縦」に振る。そのために、手首をこねずに「パームアップ」やるべきことを、改めて見直した。根鈴道場から、その足で向かったオールスター。その第２戦（楽天生命パーク宮城）の２回、中日・柳裕也から左翼席へ一発を放った。

２０２１年は、東京五輪開催のため、オールスター後に１カ月のブレーク期間があった。根鈴は、その〝１カ月の休養〟が、杉本への追い風になったと強調した。

「ラッキーだったよね。トレーニングをし直して、後半はまたバチっと、また体が動いているもんね。いつものシーズンだったら、オールスター前の状態だと、やばいと思ったもんね。１軍でずっと使われるのは、言ったら〝１年目〟でしょ？　すごいよね」

青山学院大時代の後輩、そしてドラフト同期生の吉田正尚が、シーズン終盤の10月２日、ソフトバンク戦の死球で右尺骨を骨折。その離脱後も杉本は主砲として、チームを守り続けた。

プロ５年で本塁打９本だった男が、30発の大台に乗せた。

長距離打者の勲章ともいえる大台到達は、オリックスに限れば、かつて２０１０年に本塁打王に輝いたＴ−岡田が２０１７年に31本塁打を放って以来で、日本人右打者にさらに限定すれば、１９９０年の石嶺和彦以来、31年ぶりの快挙だった。

１９９０年の監督は上田利治。まだ「オリックス・ブレーブス」の時代だった。

そこまで遡らなければならないというのは、いかに、その「右の和製大砲」を獲れず、育てられずに、ここまで来たのかという、オリックスの「弱点」の裏返しでもあった。

「２０２０年のオフだね。ラオウちゃん、30発いったら、すげえぞ、って言いながら別れた記憶がありますよ。30、目指そうやって」

根鈴は、その〝約束〟を思い出して、大笑いした。

プロ5年間で、９本塁打、打率・２２４。伸び悩み、クビになってもおかしくなかった社会人出身の30歳が32本塁打を放ち、初のタイトルを獲得。シーズン１４３試合中、１０１試合で「４番」を務めた6年目の大ブレークで「優勝チームの４番」になったのだ。

しかも、シーズン最終戦の10月25日、敵地・仙台での楽天戦の９回、最後に巡ってきた打席で、杉本は一、二塁間を破るライト前ヒットを放ち、打率を「・３０１」としてシーズンを終えた。

根鈴は、打率3割を確定させた〝最後のヒット〟を「進化の証」だと表現し、自らのFacebookでそのたゆまぬ努力を称えていた。

「石の上にも3年を地で行く、コツコツやり通す力がラオウ杉本選手にはありました。3割を決めるヒットが、2018年に初めて来られたときにイメージ付けした〝ライトに渋くヒット〟。ホームランはもちろんすごいですが、打率3割を残せるには、技術の反復、再現性の高いスイングの習得、自分を知る感覚、何より打席での忍耐力、スイングを仕掛ける折れない心、深いポイントをバッターのゾーンにできるか。ここが打撃構築の原点です」

オリックスでの「3割30本超え」は、2008年のアレックス・カブレラ以来。日本人の右打者に限れば、長池徳二、蓑田浩二、石嶺和彦に次ぐ4人目という大快挙でもあった。

こんなサクセスストーリーが生まれるのも、プロ野球の醍醐味《だいごみ》だろう。

杉本裕太郎、あっぱれだ！

第十章　紅林弘太郎

1

２０２１年（令和３年）３月26日。

オリックスの開幕戦は、埼玉・メットライフドームでの西武戦だった。

先発投手の山本由伸を含めた開幕スタメン10人の平均年齢は「25・３歳」

机上の計算、しかも数字のお遊びに近くなってしまうが、25年ぶりの優勝を目指してスタートしたシーズンは、もはや〝優勝を知らない世代〟の集まりだったことになる。

他の11球団と比べると、オリックスのこの数字が最も低い。

ちなみに最高は、ヤクルトの「30・９歳」で、これに次ぐのがソフトバンクの「30・４歳」になる。しかも、10代の開幕スタメンがいたのは、オリックスだけだった。

それが「９番・ショート」の紅林弘太郎だった。

２００２年（平成14年）２月７日生まれの19歳。

サッカーの日韓ワールドカップが開催された年だ。オリックス・ブルーウェーブが日本一になった１９９６年も、近鉄バファローズが最後に優勝した２００１年にも、紅林はまだこの世にすらいなかったのだ。

２０２１年（令和３年）10月５日、その若武者が球史に名を刻む快挙を成し遂げた。日本ハム戦の１回、先制の10号２ランを左翼席へ運んだ。

１９５０年（昭和25年）の２リーグ制発足以降では19人・25度目、オリックスの球団史上初となるこの「高卒２年目までの２桁本塁打達成者」の主な顔ぶれを眺めてみると、紅林の成し遂げた記録が、いかにすごいのかがよく分かる。

１９５２年（昭和27年）西鉄・中西太（12本）、53年（36本）
１９５９年（昭和34年）東映・張本勲（13本）、60年（16本）
１９６０年（昭和35年）巨人・王貞治（17本）
１９７５年（昭和50年）阪神・掛布雅之（11本）
１９８６年（昭和61年）西武・清原和博（31本）、87年（29本）
１９９３年（平成５年）巨人・松井秀喜（11本）、94年（17本）
２０１４年（平成26年）日本ハム・大谷翔平（10本）
２０１９年（令和元年）ヤクルト・村上宗隆（36本）

そうそうたる強打者の系譜に、紅林が連なることになった。

オリックスの球団最年少２桁本塁打ともなれば、21歳のシーズンだった１９９０年の中嶋聡（12本）と１９９４年のイチロー（13本）だから、その２人も上回っている。

若き力を育てながら、勝っていく。

これまでオリックスが、それこそ苦手としてきたミッションの両立だった。

その〝新たな象徴〟ともいうべき紅林弘太郎の原点を探ろうと、私は静岡へ足を運んだ。


ＪＲ静岡駅から路線バスに乗って、およそ10分。

静岡県立駿河総合高校は、住宅街を貫く幹線道路の一角にある。

２０１３年（平成25年）、県立静岡南高校と静岡市立商業高校が合併して発足した。

硬式野球部監督の望月俊治は商業科の教諭で「基本的に転勤のあるところは、商業科の科目があるところなんです」と説明してくれた。

伊東商を皮切りに、母校の静岡商、島田商、駿河総合の前身・静岡市立商、引き続いて駿河総合と、高校野球の監督生活は２０２１年（令和３年）で31年目を迎える。

このベテラン監督が、紅林弘太郎を大きく育て、プロ野球界に送り出したのだ。

静岡県の公立高校には「裁量枠」がある。スポーツなどで一芸に秀でている生徒を、その活動を評価して入学させるという方式で、県内全域で採用されているシステムだ。

望月のもとに思わぬ〝朗報〟が舞い込んできたのは、２０１６年（平成28年）の7月頃のことだったという。

「駿河総合を希望校の一つにしている、いい選手がいるらしい」

身長が１８０センチを超えている、藤枝市立青島中学校の大型遊撃手だという。

県内の公立、私学の強豪校で争奪戦になっているという噂も聞こえてきた。ただ、裁量枠で目星をつける選手の選定は、おおよそ5〜6月には終えている。

「いつもだったら、そこで話は終わるんです」

ところが、その青島中の監督が、偶然にも望月の島田商時代の教え子だった。

「体も大きくて、面白い素材です。ぜひ1回、見に来てください」

その勧めもあって、望月は中体連県大会の1回戦へ視察に出向くことにした。

一塁側スタンドの上方で、グラウンドを眺めていたその時だった。

試合前のシートノック。その始まりの合図とともに、一塁側ベンチから飛び出してきた大きな一人の選手に、望月の目は釘付けになった。

広いストライドで、リズムよく、ショートの守備位置へ走っていく。

その軽快なリズム。すっと伸びた背筋。グラウンド上で、誰よりも映えている。

傍らの知り合いに、望月は思わず確かめていた。

「おい、あのショートじゃねえか？」

それが、紅林弘太郎との出会いだった。

その時の第一印象を、望月は今も忘れない。

「さあ、フィールディングが始まるぞ、ってところで、ショートまでパッと走っていくのを見て『こいつは、格好いいな』と思ったんです。プレーを見てても肩はあるし、内野ゴロを打っても、ファーストまで全力でしっかりと走れる。ウチの学校に来てもらえば、すぐにレギュラーになれるんじゃないかなと。これは、面白いぞと思いました」

駿河総合は、２０２１年で合併９年。もちろん、甲子園出場経験はない。

その歴史の浅さもあって「じゃあ、駿河総合で野球を一生懸命やろう、なんて入ってきてくれる生徒ばっかりじゃないんです、正直言ってね」

進学校でもある名門・静岡高。甲子園で優勝経験もあり、プロ選手も多く輩出している古豪・静岡商。県内には、伝統と強さを兼ね備えた公立高が多く、甲子園も十分狙える。もちろん、それらの学校も例外なく「裁量枠」で好素材の選手を獲りにいく。

望月は、関係者を通して、紅林の意向を確かめたという。

「僕は、すぐに試合に出たいんです」

駿河総合は、２０１３年（平成25年）からの夏の県大会でも、２回戦、２回戦、２回戦でそれぞれ敗退。紅林の中学３年時にあたる２０１６年も１回戦敗退に終わっていた。

それでも、望月のチーム作りにはブレがなく、明確な方針が貫かれていた。

「僕のスタンスは、各学年で核になる子を３、４人獲って、３学年で集まって一つのチームにできればいいと思っているんです。だから学年でも15、16人しかいないですし、全員が３年生のレギュラーというのではないんです」

その方針を紅林サイドに伝え、「1年生でもどんどん使っていくよ」と強調した。

「じゃあ、お願いします」

紅林は、何の迷いもなく、望月のもとへやって来た。

軟式野球の部活動出身。それでも、硬式球のゴロのバウンドの違いなども、すぐに克服するだけのセンスがあった。最初はサードに据えたが、すぐにショートへコンバートした。

「ウチの学校は中堅どころなので、それほど厳しく勉強をやる学校でもない。だから紅林は、野球をプレーしながら、楽しみたいという部分があったのかな。すぐに出たいですって言ってましたし、実際にすぐ使えました。硬式球に慣れるのも時間がかかるってよく言いますけど、ゴロに対するハンドリングだとか、ピッチャーに対するアジャストの問題とか、そういったところは全然苦もなく克服していった感じですね」

その潜在能力は、抜群だったという。

「私も高校野球を30年近くやってきて、大した実績は残していませんけど、あれ以上の野手の素材はいなかったですね、自分の教え子の中では。守り、バッティング、走塁。バランスよく、総合的に高かったです、すべての平均値が、ですね。これでうまく育てば、上のカテゴリーに行けるかな、というのは思いましたね」

紅林のような大型ショートがいれば、紅林を中心にしたチームを作って、甲子園を目指すことができるだろう。しかし、その「甲子園」という大目標に突っ走る形での〝短期間〟で育てるのではなく、あくまでその先を見据えていく。

それは、紅林のような素材であれば「プロ」になる。

「僕らの役目としては、伸びしろを持って、次のカテゴリーに渡してあげるというのがすごく大事だと思っているんです。完成品をお渡しするのではなく、まだまだこれ以上、伸びるかもしれないよ、という状態で、大学だとか社会人だとかプロに預けて、そこからもっと伸ばしてもらって、というのを、すごく思っているんですね。それが彼らのためにもプラスになるんじゃないかな、と思っているんです」

高校の監督として31年。実は望月は、一度も甲子園に導いていない。

社会人の三菱重工広島を経て、２０１８年（平成30年）ドラフトでソフトバンクから２位指名を受けた杉山一樹は、３年目の２０２１年（令和３年）に最速１６０キロに到達。１９３センチの長身から投げ下ろす剛球は〝次代のエース〟の呼び声も高い。

その杉山は、駿河総合高出身で、望月の教え子でもある。入学時は外野手だったが、遠投する姿を見て、望月が投手に転向させた。高校時代は１４０キロ中盤のスピードもあったから、静岡県内を勝ち抜く算段も十分に立っていた。

それでも「甲子園」の目標に固執し過ぎて、逸材をピークアウトさせたくない。

高校時代、杉山が完投した経験は２試合のみ。制球難から、３年夏の県大会はシード校ながら１回戦敗退。プロに行きたいという杉山に「経験を積んだ方がいい」と説得し、望月の専修大時代の後輩で、元広島の外野手・町田公二郎が監督を務めていた社会人の三菱重工広島へと送り出している。

「30人いたら、30人、目標は違う。それを最終的に同じ方向に向けるのは『甲子園に出よう』というところなんですね。そこの目標があるから、みんなが同じ方向にベクトルを向けて頑張れるんです。だけど最終的には、チーム全体の目標もあるし、個々の目標もなきゃおかしい。いつも子供たちに言うのは『チームは当然勝ちを目指す。だけど、それぞれの目標がどうしたらいいのかということは、考えなきゃいけないよ』と。だから、僕は高校野球で完結する、高校野球で絶対にレギュラーになるんだと思うのも一つだし、もう一つ上のカテゴリーを目指すんだと思うのも一つなんです。

ただやっぱり、同じ方向を向くには、同じ目標があるのが大事ですから、それが『甲子園』という目標じゃないですか？　そこは目指さない限り行けないわけですからね」

紅林弘太郎には「甲子園」の先に、間違いなく「プロ」がある。

だからこそ「そんなこぢんまりするな」と、望月が声を荒らげたことがあった。

高校に入ってきた直後から「バットコントロールは良かったですね」

6番か7番。下位打線に据えると、1年生の大型内野手は簡単にヒットを打つ。

ある試合で、走者が一塁にいた。

望月はサインを出していない。なのに、初球から流し打った。

アウトコースのスライダーを、ちょこんと合わせてライト前へ。走者は三塁へ進めるからチャンスは広がる。得点に繋がるチームプレーには、価値がある。

「だけど、すごく気に入らなかったんです」

目先の勝利を目指すのも重要だ。しかし、紅林弘太郎という規格外の選手は、外角のスライダーを流し打って、それで満足していてはいけないのだ。

「お前をそういうために獲ったんじゃない。お前はポップフライでもOKなんだから、しっかりと振っていけ。こぢんまりするな」

望月は、有望選手には3年生になる直前の春先に、県内の社会人の強豪・ヤマハでの体験練習に参加させる。紅林には、2年生になる直前、つまり1年前倒しで参加させた。

「欲がなかったんです。でも、僕はこいつはプロに行けると思ったんで」

ヤマハへの練習へ向かうための車中で、望月は紅林に問いかけた。

「お前、卒業後はどうしたいんだ？」「就職っす」「なんで？」「勉強、もういいっす」

しかし、行きたい会社や仕事を聞いてみると、実に曖昧だ。進路に関する希望書を書かせてみても、そこに記していた会社名は「JR東日本」「トヨタ自動車」社会人野球の強豪で、思いつく大企業を挙げただけに過ぎなかった。

「訳分からないで書いていているんですね。だから、本人にそこまで欲がない。身近なものではないんですね。自分の可能性に、そこまで気が付いていないんです」

だからこそ、望月は紅林に「プロ」を意識させた。より高い、大きな目標へ突き進ませることが、紅林の持てる能力をさらに〝開拓〟するために必要だと感じたのだ。

「いいか、そういうものじゃない。お前は、一番上を目指せるんだからな」

その頃から、いやその前から、プロのスカウトたちはこの大型遊撃手に着目し始めていた。

2

オリックスの編成部副部長・牧田勝吾は、静岡・島田商出身。１９７４年（昭和49年）生まれで、同じ年の紅林の父とは高校時代に対戦経験があり、藤枝北高の左投手だった紅林の兄も、ドラフト候補としてチェックしていたこともある。

そうした〝縁〟から、紅林弘太郎という逸材の情報を、その中学時代からすでに聞きつけていたという。高校入学直後から、すでに身長１８０センチ超。まだまだひょろりとした体つきだったが、オリックスの現役時代には内野手だった牧田も、１年生の春からレギュラーで試合に出場していた紅林のショートでの動きに、思わず目を見張ったという。

「目立ちますよね、やっぱりあのサイズだと。しかも、右肘から先の柔らかさを見せられちゃうと、こりゃ、魅力があるなと。腰高でしたけど、それはまだ足の運びが下手だっただけで、ベルトから上の体の使い方は素晴らしかったです。一塁へ投げるボールにしても、思い切り投げないんですよ。でも、それで強いボールを投げているし、右肘もうまく使えている。グラブのハンドリングの柔らかさもある。これはこの先、ひょっとするだろうなと」

牧田と同じ島田商出身で、オリックスの後輩の１人に、２００６年（平成18年）の高校生ドラフト４位指名で入団した仁藤拓馬という右投手がいた。現役生活は4年という短い期間だったが、引退後は球団広報やスコアラーを歴任。球団職員として〝第二の野球人生〟を歩んでいるが、その仁藤は望月の教え子でもある。

紅林と牧田は、出会った頃から、そうしたあらゆる〝見えない絆〟で結ばれていた。

「もう、すべてがあまりにも〝距離が近い選手〟だったんです。だから、他球団には〝完全に興味がないよ〟というフリをしました。いいものはいいとストレートに言って、アピールして、やっぱり獲れた、という風な動きをするのが僕のやり方なんですけど、それとは完全に反していました。でも、望月監督は仁藤の監督だったし、みんなが繋がっていることを分かっているから、これは監督も騙さなきゃ、と思っていたんです」

だから、球団側が指名に備え、プロフィールや進路希望を確認するため、ドラフト指名候補の選手に書いてもらう「調査書」も、他の11球団すべてから届いているのを知っていながら、ドラフト直前、最後の最後になって、牧田が学校に持っていったという。

だから望月も「オリックスの指名はないだろうな、って思っていたんです」という。

しかも、その前年の２０１８年（平成30年）のドラフトで、オリックスは天理高のショート・太田椋を1位指名していた。

2年連続で高校生内野手の上位指名はないだろう。他球団が、そう考えるのも当然だ。それがある意味、牧田の〝作戦〟でもあった。

２０１９年ドラフトで高校生内野手の目玉と評されていたのは、愛知・東邦高の石川昂弥だった。投手と三塁の二刀流で、甲子園でも活躍した逸材だ。

地元の中日は、早々と石川の「1位指名」を公言していた。

「高校生の内野手を育てようというのであれば、石川に匹敵するのは紅林です」

牧田は、ＧＭ兼編成部長の福良淳一に、高校生内野手の〝２番目〟の名前を告げた。

紅林のもとへ熱心に足を運んでいたのは、中日、日本ハム、ソフトバンク、巨人というのを、望月からも聞いていた。その中でも特に熱心だったのは日本ハムだった。


虚々実々の駆け引きは、ドラフト会議が始まってからも続く。

各球団の指名状況を見ながら、どうしても欲しい選手が獲られそうだとなれば、予定の指名順位を上げたり、また逆に、狙っている選手の指名に他の球団が来ないようであれば、順位を下げ、別の有力選手を確保した上で、下位指名を待つことも考えなければならない。

だから、牧田が警戒していたのは、日本ハムの動きだった。

各球団の１位指名は、３選手に集中した。

最速１６３キロの剛腕・大船渡高の佐々木朗希には、ロッテ、日本ハム、楽天、西武。

夏の甲子園準優勝投手の星稜・奥川恭伸には、巨人、阪神、ヤクルト。

そして石川には、中日、ソフトバンク、オリックス。

石川を引き当てたのは中日だった。そうすると「上位２人が高校生の内野手というのはないでしょうから」と牧田。その読み筋からすれば、中日が紅林を２位指名することはない。

１位の抽選を外したオリックスと日本ハムは、ＪＦＥ西日本の左腕・河野竜生で再び１位指名が重複した。そして、河野を引き当てたのは日本ハムだった。

もし日本ハムが河野を外し、オリックスが引き当てていれば、日本ハムは紅林を１位指名する流れになっていたに違いない。

ケガの功名とはいえ、これなら紅林を獲れる――。

２位指名はウェーバー方式。その年の下位チームからの指名になる。オリックスはヤクルトに次ぐ２番目、日本ハムは４番目だった。

オリックスは〝外れ外れ〟の１位で、興南高の左腕・宮城大弥《ひろや》を指名。ソフトバンクも巨人も、紅林を１位指名してくることはなかった。

「オリックス第２巡選択希望選手、紅林弘太郎」

そのコールに、ドラフト会場がざわめいた。

他球団が慌てたのだ。

オリックスの指名はないだろうという〝前提〟が、完全に外れてしまったからだ。

しかも牧田は、紅林を指名できると確信して、ある〝仕掛け〟も設定していた。

校内で紅林とともに、インターネットのＷＥＢ中継でドラフトを見ていた望月の携帯電話が、ぶるぶると振動した。

まだ紅林は指名されていない。こんな時に、何の用だろう？

着信は、島田商時代の教え子で、初めてプロに送り込んだ仁藤拓馬からだった。ただ、オリックスの事業企画部宣伝グループの一員で、スカウトではない。

「2位で指名させていただきました。よろしくお願いします」

実は、ＷＥＢでの中継だと、リアルタイムと若干のタイムラグがある。だから、望月の見ていた画面では、２位指名が始まったばかりだった。

「えっ、そうなの？」

望月が驚きの声を上げたその時、画面上では紅林の2位指名が報じられていた。

「内野手」に限れば全体の4位。高校生内野手に絞っても、中日１位・石川昂弥（愛知・東邦高）、ＤｅＮＡ1位・森敬斗（神奈川・桐蔭学園高）に次ぐ3番目だった。

石川も森も甲子園で活躍し、２０１９年のＷＢＳＣ Ｕ―18ベースボールワールドカップの日本代表メンバーに選出されていた。片や紅林は、３年夏の静岡県大会も決勝で敗れ、甲子園に一度も出ていない。

その無名の逸材が、石川も森も一気に追い抜いて、1軍のレギュラーポジションをつかむのは2年目の２０２１年。2月の早生まれで、10代のまま迎えた2年目のシーズンで、紅林は早くもブレークするのだ。

「こんなに活躍するなんて、分からないですね、当時は。石川君か紅林君かといえば、入札で行ったくらいですから、石川君の方を評価はしていました。もし中日じゃなくてウチだったら、石川君も1軍でもう試合に出てたんじゃないかなと思いますよ。そうなっていたら、石川君がサードか。そうすると、宗がどうなったかな？　もしかしたら外野をやっていたかもしれないし、そうなると福田（周平＝２０２１年はセンターのレギュラー）が出ていないかもしれない。ちょっと分からないですよね。

だから、いつも思うんですけど、これも縁なんだなと思うんですね。河野君があの抽選で当たっていたら、どうなっていたんだろうって、福良GMともよく話しますね。宮城君が獲れたから、次は野手に行こうとなったんですけど」

牧田の〝もし〟は、オリックスの２０２１年の優勝を左右していたのかもしれない。

紅林の同期、２０１９年ドラフト1位の左腕・宮城大弥も、紅林と同じく2年目の２０２

1年に大ブレーク。先発ローテーションの一角を担い、両リーグ一番乗りで2桁勝利をマーク。最終的に13勝を挙げる大活躍を見せた。

宮城も２００１年8月生まれだから、開幕時には19歳。紅林とともに、ティーンエージャーが躍動する「若きオリックス」が、優勝争いを繰り広げたのだ。

「そこは、中嶋監督さまさまですよ。監督が我慢して使ってくれている。いろいろな意味で上手というか、すごいなと思います。若い選手を使っていくって、口では言えたり、2軍の監督や代行監督ならできると思うんです。でも、1軍の監督でやる、やり切るとなってくると、やっぱり腹をくくらないといけない。紅林だって、2割2分くらいしか打っていないじゃないですか？　でも、チャンスで打つし、吉田正尚が怪我でいなくなって、3番で起用してみたら3番としての結果を出したりする。不思議なことではありますけどね。そういったところを見ていたら、紅林って、こう、何ていうんですかね、男気かな？　男気を感じられる選手なのかな、というのは思ったりもしますね」

自分たちがスカウティングして、信じて、推した選手たちを、年齢にかかわらず、中嶋が大胆に起用する。牧田にすれば、スカウト冥利に尽きるのだ。

育てながら、勝つ。

中嶋の方針は、2020年の2軍監督就任直後から、ブレずに貫かれている。

3

2020年、ルーキーイヤーの紅林はウエスタン・リーグで86試合に出場。338打席をこなし、オリックスのファームではただ一人、リーグの規定打席に達している。年400打席近い数字というのは、1試合4打席を100試合の計算になる。調子が良くても悪くても、どこか痛くても、フルに1シーズン、試合に出続けなければならない。

18歳のプロ1年生に、球団はこれだけの打席を与えているのだ。

打率・220、1本塁打。さらに83三振はほぼ4打席に1回だから、1試合に1回は必ず、三振を喫している計算だ。

それでも、守って、打って、という、1試合のリズムを覚えていかなければならない。

紅林は1年目を終え、静岡に戻ってくると、望月に報告を兼ねて会いに来た。

「僕が高校の時にやっていたのは、野球じゃないかもしれません」

望月の指導方針からすれば、その壁の高さを痛感するのは、半ば当然のことだった。

「次元が違ったんでしょうね。同じ野球って名前だけで、レベルが全然違ったんでしょう。もうパニックですと」

壁にぶち当たり、そして再び這い上がる。その経験がさらなる成長の糧になる。

「我関せず、という時もあって、キャプテンなんかは、こいつに絶対させちゃいかんと思いました。リーダーシップとかあるわけではない。でも、自分のことは黙々とやる。だからといって、自分大好き人間かって言えば、そうでもない気がするんですね。

本人が『プロ』という目標を立ててからは、すごい努力をしましたね。それは、先輩の杉山（一樹＝現ソフトバンク投手）もそうでした。今もプロですから、やらなきゃダメだし、目標は自分で設定しているんでしょうけど、やっぱり、訳の分からない世界で、まだ今、2年目ですからね。中嶋監督が『お前、こういうところに目標を持ってやりなさいよ』というところは、言ってくれてるんじゃないかと思ったりもしますね。やっぱり、そこまでまだ想像がいかないと思うんでね」

現役時代、堅守の内野手だった牧田も「西武との開幕ゲームで、あれだけ球際をぽろぽろされたら、ピッチャーもいやだと思うんですよ」と厳しく指摘しながら「これに関して監督と話したことはないですけど」と前置きした上で、中嶋の心中をこう想像するという。

「じゃあ、それでサードで気分転換させてみるとか、どうせエラーしたら、安達（了一）さんがいますから、というのじゃなくて『お前なんだ、ショートは』っていう、そういう思いなんじゃないかと。だから紅林も使ってもらった時、思った以上に結果を出す。その成長を誰もが見ているし、守備力もついてる。実戦向きのところを、しっかりと結果として２年目から出す。これは、彼の力ですよね。やっぱり、強いですよ」

２０２１年３月26日、西武との開幕戦。

紅林は１回、先頭の金子侑司が放ったゴロをさばきながら一塁へ悪送球。内野安打が記録されたが、これがきっかけとなって２失点。３回に喫した失策も失点につながった。

開幕投手の山本由伸は７回４失点も、自責点は「１」のみだった。紅林の拙守がエースの足を引っ張る形になったことは、その厳然とした記録が物語っていた。

その７カ月後の10月25日、今季最終戦の楽天戦。

この時点で、２位のロッテは３試合を残していた。オリックスが優勝するためには、この楽天戦に勝ち、ロッテにもう一つも負けられないという状況を作って、プレッシャーを掛けなければならない。

その〝絶対に負けられない一戦〟で、紅林が躍動した。

5回2死二塁のチャンスで、田中将大から三遊間を破る先制タイムリーを放ち、6回2死二塁の守備では浅村栄斗の三遊間への深い当たりに逆シングルで追いつくと、ぐっと踏ん張って一塁送球。これをアウトに仕留め、同点のピンチを断った。

7回2死一、三塁からは、再び田中から右前へ落ちるタイムリーを放って2打点。攻守にわたる大活躍で、山本の4安打完封劇を後押しした。

シーズンのファーストプレーで躓いた19歳は、シーズンのラストゲームで、チームを25年ぶりの頂点へと押し上げる、文句なしの活躍を見せたのだ。

「びっくりしますよね」

成長途中にいたことは、望月が一番分かっていた。何しろ、中学時代は軟式野球だったから、紅林が硬式球で本格的に野球に取り組んでから、まだ5年しか経っていない。

「どこかの強豪校に行ってたら、どうなってたかは分かりません。だけど、あいつの性格からすると、どうだったのかなと。そこにもし順応していたら、こぢんまりとした選手で終わってないかな……と。まだ成長途中だと思います。全然野球を知らないですから」

望月から中嶋へ。

住む世界も違う2人の指導者だが、その根底に流れるものは同じなのだろう。

こぢんまりと、まとまるな――。

紅林が、その2人の指導者と出会えたのは、奇跡と幸運なのかもしれない。

4

1996年（平成8年）。

日本では自民、社会、さきがけの3党連立政権、時の首相は橋本龍太郎で、アメリカの大統領はビル・クリントン。四半世紀という月日は、現状の社会状況や政治的背景をこれほどまでに大きく変化させ、動かしてしまうだけの〝長さ〟がある。

宗佑磨を育てた横浜隼人高時代の監督・水谷哲也の指摘にも、はっとさせられた。

「それこそ、オリックスさんが最後に日本一になったのは、宗が生まれた年なんです。1996年6月生まれですから、あいつ。そういったご縁って、あるんでしょうね」

ありきたりの言葉で表現するなら、それも〝運命の糸〟なのだろうか。

2021年、プロ7年目の宗は怪我で出遅れていた。

宮崎キャンプはA、Bの2組制。Bは中堅・ベテラン中心で、杉本をはじめ、T―岡田や安達了一らは、独自の調整を認められていた。

Ａには、中嶋が重点的に見たい若手がメーン。本当なら、そこに宗も入るはずだった。下半身のコンディション不良のため、宗は舞洲の「Ｃ組」でのスタートだった。

「もう今年でダメなら、僕もクビになるかもしれません」

ちょっと弱気な宗の声が、スマホから聞こえてきた。

加藤康幸は、信じていた。そろそろ、この男が本領を発揮する頃だ。ちょうど、加藤が7年前に設定していた〝充実期〟のゾーンに、宗が入ってくる頃なのだ。

「宗、慌てなくていいよ。お前は、お前にしかできないプレーがある。そういう特色を出していけばいいんだから」

宗は、プロ5年目の２０１９年（令和元年）から「外野手」での登録になった。

ショートは〝失格〟の烙印《らくいん》を押されてしまった。しかし、その強肩と俊足を生かせば、外野は十分にこなせる。高校時代にもライトの経験があり、すでにその適性も見えていた。

しかし中嶋は、宗に再コンバートを告げた。

「サード、やらんか？」

三塁はショートや外野に比べると、守備範囲は狭い。遊撃なら、二遊間、三遊間と左右への広い守備範囲が求められるが、三塁なら自らの左側だけ。逆シングルになる右側は三塁ライン側で、引っ張った強烈な当たりは来るが、ファウルになる確率も高い。

ショートのように、追いついてさばくというよりは、強烈な当たりに反応し、体ででもグラブででも、まずは止めるといった動きも要求される。

だから、宗のような俊足タイプの若手がサードを務めるケースはむしろ珍しい。宗の運動能力からすれば、もったいない感さえある。

しかし、そうした固定観念を打ち払うのが、中嶋のやり方であり、そもそも宗に「サード」の適性があると強調していたのは、高校時代の恩師・水谷だった。

サードのように、右打者の引っ張った強烈な打球が飛んでくるスポットには、何よりも「反応の速さ」が重要になってくる。

宗の身体能力なら、それを十分にこなせるというのだ。

「三塁って、ホットコーナーと言われるだけに、打球が速くて、反応でさばく部分がすごくあるので、だから僕は、サードは宗の特色が出ると思うんです。人工芝の球場も多いご時世の中で、速い打球に対する反応は、それこそズバ抜けたものがあります。それは昔からですね。こんなボールをエラーするの？　というのもあれば、それこそ、これはプロやな、っていうプレーもある。宗のハンドリングは、ホントに抜群ですからね」

選手が守備にかかわった回数のうち、失策をしなかった率を「守備率」と呼ぶ。

２０２１年シーズン、宗は１２６試合で三塁を守り、その守備率は・９７７でパ２位。ちなみに、１位の楽天・茂木栄五郎は１０２試合で・９８４。試合数の多さを考えれば、宗の堅実ぶりが見て取れる数字だろう。

開幕は三塁。途中は外野と併用。５月に入ると「２番サード」が宗の定位置となり、いまや、その柔らかなグラブさばきと、リズミカルなランニングスローで「12球団ナンバーワンのサード」との呼び声も高い。

まさしく、水谷が見越していた〝未来の姿〟の通りだったのだ。

5

２０２１年の優勝争い真っ只中、８月に入って、先発ローテーションの一角に新たな力が加わった。

山﨑《やまざき》颯《そう》一郎《いちろう》は、２０１６年のドラフト６位。エース・山本由伸の４位に次ぎ、高校生投手の2人目として、敦賀気比高の身長190センチ右腕が指名された。

編成部長だった加藤康幸は、同じく5位で指名した日本生命の右腕で、身長187センチの小林慶祐（現阪神）の2人を「ツインタワー」と銘打ち、指名に乗り出した。

「山﨑は、他の人間が練習して努力しても出せない『角度』を持っている。あれだけ腕が長かったら、打席に入った時、打者は怖さを感じると思うんです」

その〝怖さ〟の指標として、加藤は「空振り」をいくつ取っているか。その空振り率を出すように、担当スカウトの由田慎太郎に命じている。

粘土質のマウンドは、かつてよりも硬くなった。この変化に伴い、投手は踏み出した足のスパイクで、熊手のように地面を引っ掛けることで生み出された上方向への力を使い、腕を大きく振り下ろすのが、最近のスタンダードになっている。

そのメカニズムだと、高い身長はアドバンテージに繋がる。それこそ、2階から投げ下ろしてくるような「幻影を見るんですよ、打者がね」と加藤は表現する。

その山﨑がアクシデントに見舞われたのは、2019年のシーズン中だった。

5月8日、ウエスタン・リーグのソフトバンク戦（舞洲）でのことだった。

先発した山﨑が、マウンド上で突然右肘を押さえ、苦もんの表情を浮かべたのは、3点リードの4回2死のこと。栗原陵矢に対して、初球を投げた直後に「ブチって、右肘が鳴りました」と山﨑は後に振り返っている。

私は、業務委託契約を結んでいる西日本スポーツの仕事で、ソフトバンクのファームを取材するために、バックネット裏上方のスタンドで試合を見ていた。

スコアカードを見直してみると、ボールの印を入れたその横に「右肘」「瞬間止」とメモが添えてあった。

その後、山﨑が右肘内側側副靭帯再建術、いわゆる「トミー・ジョン手術」を受けたという一報を聞いた時、あの時の怪我か、という複雑な思いを抱いたことを覚えている。

右肘を痛めた時も、長いリハビリの時も、その傍らで見守ってきたのが、怪我をした時の2軍監督の中嶋聡だった。

右肘の回復具合も考慮しながら、十分な登板間隔を空けることで、山﨑のスケールの大きい投球ぶりを、先発として生かしていく。山本由伸、宮城大弥、田嶋大樹、山﨑福也《やまさきさちや》の先発ローテーションに、１９０センチの長身右腕が加わる。

バラエティーに富み、左右のバランスを考えても、うってつけの組み合わせだ。

9月29日のロッテ戦（ＺＯＺＯマリンスタジアム）は、オリックスが負ければ、ロッテに優勝マジックが出るという一戦だった。

先発した山﨑は、6回途中まで2失点で踏ん張り、プロ初勝利をマークした。

エース・山本と同期だから、プロ5年目での開花だった。この年、オリックスはドラフト本指名で9人を指名。うち7人が投手で、1人はプロ入り後に野手へ転向している。

その「本指名で6投手以上」を指名して、その全員が1軍勝利を挙げたというのは、長いドラフトの歴史の中でも、史上初のことなのだという。


「加藤チルドレンたちが躍動しています。英断をありがとうございます」

山﨑の担当スカウトだった由田は、初勝利の直後に、加藤にＬＩＮＥでメッセージを送ってきた。その由田は、２０２０年にスカウトから育成コーチに転身している。

「スカウトだった人をコーチにして、コーチだった人をスカウトにする。俺は、そこも変えたかった。自分たちが選手を獲ったその意向とか意志を、コーチ会議とかできっちり伝えるようにしてくれたらいいんだからね」

そうした人事も、オリックスでは活発化している。

２０１９年オフには、１軍打撃コーチの下山真二と２軍外野守備走塁コーチの早川大輔、２０２１年には１軍投手コーチで、かつての新人王・小松聖がスカウトに転身している。

さらに２０２０年、日本初の女性スカウトとして、北京五輪の女子ソフトボール金メダリストで、日本のエース・上野由岐子とバッテリーを組んだ捕手・乾絵美を抜擢している。

「僕の勝手な目標として、前例を作っていきたいというのがあるんです」

乾のスカウト就任を球団側に強く勧めたのは、編成部副部長の牧田勝吾だった。

「東京五輪が開催される年に、オリックスに金メダリストがいるにもかかわらず、その人を表舞台に出さないというのは、もったいない。オリックスは勝てない、２年連続最下位というところから、いろんなことをやってるんだよというところを、世に広めないといけないんです。東京都知事が女性だし、これからは女性の首相も出てくるかもしれない。そういう時代になっている以上、組織の中に女性がいないと、そこは発展しない。僕の中で、それは絶対なんです」

しかも乾は、世界の頂点に立った経験を持っているのだ。

多角的に選手を見て、評価を下していく上で、世界と戦ったという豊富な経験に裏打ちされた〝目〟が入ることは、オリックスのスカウティングにとっても、実に貴重なのだ。

乾は、26歳で現役を引退すると、２０１０年にオリックスの球団職員に転身。小学生向けのアカデミーの指導者を務めていた。

２０２０年のドラフト３位指名、明石商の外野手・来田涼斗、２０２１年ドラフト２位の関西大の内野手・野口智哉は、小学生時代に、12球団がそれぞれフランチャイズとその近隣地域から有力選手を選抜し、各チームのユニホームを着て戦うという「ＮＰＢ12球団ジュニアトーナメント」で「オリックスジュニア」のメンバーに入っている。

乾はジュニアチームのコーチを務め、その２人のメンバー入りを推薦、指導した経験もあるのだ。

「そのことだけでも、乾さんをスカウトに呼んだのはプラスなんですよ」

あらゆる角度から、あらゆる可能性を見出していく。

牧田が、大下誠一郎という〝異才〟の獲得を決断したのも、その理由だった。

6

大下は、２０１９年（令和元年）の育成ドラフト６位指名でオリックスに入団した。

白鴎大では2年生で主将に抜擢されるなど、人を引き付ける魅力に満ちあふれているガッツマンを中嶋が抜擢したのは監督代行に昇格してから、およそ3週間後のことだった。

　２０２０年9月14日に育成から支配下登録され、その翌日に1軍で「8番・三塁」でスタメン出場。プロ初打席は、１―１の同点に追いついた直後の2回1死一、三塁の場面だった。

「がんばろうＫＯＢＥ」のワッペンを右袖につけた、ブルーウェーブの復刻ユニホームに身を包んだ神戸の試合で、大下はプロ初打席初本塁打の鮮烈なデビューを飾った。お立ち台に立つと「やったばい！」と福岡弁で吠えた。

　この男の「だみ声」は、コロナ禍で人数制限がかかり、声を出しての応援が禁止されている球場内に、面白いほどに響き渡っている。

　オリックスという球団には、この〝にぎやかし〟の存在がいなかった。

　中嶋が試合中、のど飴を差し出し「なめとけ」。その声も、重要な戦力なのだ。

　決して１４３試合、年間通して戦えるだけの実力や体力は伴っていない。しかし、その闘志あふれるプレースタイルは、チームにスパイスを加える役割としては最高だ。

　２０２１年、ロッテとの優勝争いが激化していた9月7日、助っ人のアダム・ジョーンズが、コロナワクチンの副反応で欠場。広島でファームの試合に出場していた大下が、急遽《きゅうきょ》神戸での1軍の試合に呼ばれた。

新幹線に飛び乗り、試合直前に到着。2点を追う8回に登場すると、代打本塁打を放ってチームに勢いをつけると、9回にはサヨナラ打を放ち、チームは首位に再浮上した。

「大下は、上がってきたその日〝だけ〟打つんです。すごいですよね」

そう笑う牧田が、大下に見出していたものも、その〝胆力〟だった。牧田自身は27歳でプロ入りしたが、7年間でわずか91試合の出場にとどまった。

「僕は大成しなかった。だから、僕と真逆の選手を獲れば大成するんですよ」

その自虐的な基準も、口説き文句の一つだ。物静かで実直な牧田にとって、大声を張り上げ、ガッツ丸出しでプレーをする大下は、まさしく〝真逆のタイプ〟だった。

大学時代も、牧田が試合を視察に行くと、大下はグラウンドからスタンドを見渡し、顔見知りのスカウトと目を合わせると、帽子を取り、ペコリと頭を下げて「こんちはーっ」

挨拶された側は、少々照れ臭いとはいえ、イヤな気持ちはしない。

「牧田さーん、先週、いなかったですよね？　僕、ホームラン打ったのに、見てくれてなかったんですかー？」

そんな個人的なことまで、大声で聞いてくる。

「ごめんな、大下君、って、ついこっちが謝っちゃう。そういう空気を、彼は作れるんですよ。ウチには、キャプテンシーのある選手が少ない。そこを求めていたんですが、そこに大下はぴったりと当てはまったんです」

牧田が獲得を決断した〝心の熱さ〟を、中嶋も高く評価したのだ。

中嶋が、2軍監督から監督代行に昇格した直後、その的確な選手起用に、オーナー代行兼球団社長の湊通夫は「選手を平等に見ていますよね」と高く評価していた。

「成績を見ながら、平等に入れ替えている。選手から見たら、やったら出してもらえる。考え方としては、楽なんだろうと思いますね。自分が出続けるためには何をすべきか。自分で考えなくちゃならない。それを今、やってる最中なんでしょう。2軍の時から、ずっとそこからやっていた。選手に考えさせる習慣ですね。一見、つっけんどんですが、コミュニケーション能力は高いですよ」

京セラドーム大阪でのナイター前。中嶋は一人で舞洲に立ち寄り、ファームの選手たちの動きを視察し、スタッフと話し合う時間も持つ。

ファームでの成績、練習内容、普段の行動。それらを自分で確認し、コーチ陣の意見に耳を傾け、総合的に判断した上で1軍に抜擢する。選手が開花しようとする、その変化を見逃さない「啐啄《そったく》の機」宗佑磨が、紅林弘太郎が、山﨑颯一郎が、杉本裕太郎が、卵の殻を突き破ろうとしていたそのタイミングが、見事なまでに揃った時が「２０２１年」という年だったのだ。

終章　T—岡田

1

もし、あの時、結果が逆だったら、どうなっていたのだろうか。

しかし、時というものは過去から現在、そして未来へと一方通行で流れていく。遡ることなど、誰にもできない。だから、戻ってやり直せることは、決してあり得ない。

プロ野球界のみならず、勝負の世界では、だからこう言うのだ。

この世界に「たら」と「れば」はない——。

優勝という結果は、そのスタートからゴールまで、まるでそうなるかのように、必然的な流れと勢いで、運ばれてきたかのように見える。

その〝歓喜の終結〟となった地点から過去を振り返ることを「結果論」という。

それを承知の上で、これからオリックスの「運命の分かれ目」の瞬間を描いていきたい。

あの日、もしオリックスが負けていたら、ロッテが優勝していたかもしれないのだ。

２０２１年（令和３年）９月30日。

ZOZOマリンスタジアムで行われていたロッテとの3連戦は、その3戦目を迎えていた。

3試合のうち、一つでも負けた瞬間に、ロッテに優勝へのマジックが点灯する。

28日は4回、T—岡田の14号3ランが飛び出し、5—2で逆転勝利。

29日は5回、スティーブン・モヤの10号3ランで逆転、15—2の大勝で山﨑颯一郎がプロ初勝利。

オリックスは、まさしく徳俵に足がかかった状態で踏みとどまっていた。

3戦目は、9回を迎えた時点で2点のビハインドだった。最後の攻撃に挑むオリックスに対し、ロッテのマウンドには、守護神・益田直也が上がっていた。

「ひたすら、益田が抑えてくれることを、ベンチで強く願っていたんだ」

ロッテの野手総合兼内野守備コーチ・森脇浩司の、それが偽らざる本心だった。

この3連戦が始まる前、首位のロッテと2位オリックスとのゲーム差は「3」だから、周囲の見方はロッテに対して楽観的だった。

上にいるチームは、3連敗さえしなければいい。仮に1勝2敗でも、ゲーム差は1しか縮まらない。しかも、一つでも勝てば、優勝マジックが点灯する。

そうなれば、優勝へのムードも一気に高まっていくだろう。

ただ、森脇は長年の経験を踏まえ、内心ではこう考えていたという。

「そりゃ、世論はいろいろあるよ。オリックスは３つ勝たないとダメだ、ロッテからすれば一つ勝てばいいや、みたいなね。でも僕的には、この３連戦というのは、勝ち越して初めて、優勝争いの主導権を握れるという風に思っていたんだ」

頂点をつかみ取る。その厳しい戦いの最前線に森脇は長く立ち続けてきた。

現役引退後の１９９７年（平成９年）からダイエー、ソフトバンクで13年にわたって指導者のキャリアを積んだ。２００６年には、胃がんで倒れた監督の王貞治から「森脇に任せておけば大丈夫だから」と代行監督も託されている。

２０１１年は巨人の２軍内野守備走塁コーチを務め、２０１２年にオリックスの１軍チーフ野手兼内野守備走塁コーチに就任。岡田彰布の休養に伴っての監督代行は９試合。翌２０１３年から、オリックス監督に昇格した。

「いろいろなパターンの優勝争いを経験してきたからね」

数々の修羅場の経験に裏打ちされたその洞察力は鋭い。

そこから導き出された２０２１年の〝流れ〟は、過去のパターンとはまた違った、新しい要素が絡んでいたと、森脇は冷静に分析していた。

まず西武が低迷、最終的には42年ぶりの最下位に転落した。

さらに、２０２０年まで４年連続日本一という常勝軍団・ソフトバンクにも主力選手に故障者が続出、本来の力を出し切れないまま、こちらもBクラスの４位に沈んでいた。

「ロッテとオリックスが上に出たという要因には、それがあるよね。ホークスが本来の力を出しておけば、この構図にはなっていなかったよ。結局、そこなんだよね」

その混戦の中から抜け出してきたのが、ロッテとオリックスの２球団だった。

９月28日からの千葉での３連戦。

10月12日からの大阪での３連戦。

この直接対決６試合が、２０２１年の優勝の行方を決める重要な戦いになった。

千葉での3連戦は、想定外の連敗発進となったロッテだが、その時点でも2位・オリックスには1ゲーム差をつけ、まだ首位をキープしていた。

星勘定というのは、危機管理の一種でもある。３連戦の最後に確実に勝っておけば、オリックスとのゲーム差を再び「2」として、勝負の10月に突入できる。

だから、まず負けないことだ。

2点リードの9回、益田をマウンドに送り出した。

ベンチにすれば、ここまでの試合展開はパーフェクトに近い。最善は尽くした。最後は守護神にすべてを任せるだけだ。

2死一、三塁のピンチを招いた。それでも、あと一つアウトを取れば勝てる。

ここで打席に立ったのが、T―岡田だった。

なんか、あの時に似ている……。

一塁側ベンチからグラウンドを見つめていた森脇は、ちょっとした胸騒ぎを覚えていた。

２０１４年、監督2年目の森脇が率いたオリックスは、わずか2厘差で優勝を逃した。

「水泳なら指先のタッチの差。競馬なら鼻差になるんだろうね。負けた時って、あまり振り返りたくもないものなんだけど、やっぱり貴重な経験なんだよ。そういうものと向き合うことによって、大きな気づき、財産というものがある。自分をさらに成長させていくものがそこにはたくさんあると思うんだよね」

10月2日、敵地・福岡でのソフトバンクとの一戦。オリックスが勝てば、残り2試合で優勝マジックが「1」となり、優勝へ大きく近づく。しかし、負ければその瞬間にソフトバンクの優勝が決まる。

伸るか反るかの大一番。まさしくギリギリの戦いだった。

「あの時の選手は、あれだけの優勝争いを誰もそれまで経験していなかったんだよね」

その前年まで、5年連続でのBクラスだった。

オリックスはそれこそ毎年のように、シーズン半ばにもなれば、チームとしての目標が失せてしまうような、緩んだ戦いを続けてきた。

最後の最後まで優勝の可能性をかけて戦うというその充実感は、想像を超える緊張感と背中合わせでもある。森脇の目には、選手たちが心身ともに疲れ切っているのが見えていた。

その「10・2決戦」は、延長10回の激闘の末、サヨナラ負けに終わった。

ソフトバンクの選手たちが、歓喜の輪を作っていたピッチャーズマウンドのすぐ横、一塁と本塁の間で、T―岡田は呆然と立ちすくんでいた。

やっとの思いで三塁側ベンチに戻ると、膝から崩れ落ちるようにベンチに座り込んだ。

白いバスタオルを頭からかぶり、止まらない悔し涙を隠した。

「何か、自分にしか感じることのできない現実。それこそ、舞台に立った人しか味わえない。

それを、味わってくれと。決して素通りはしないでくれと。そういう思いで舞台に立って、勇敢に戦っていけば、必ずその経験は生きてくるんですよ」

その体験こそが、選手を大きく変えていく。森脇は、その大切さも知っている。

2

T―岡田の成績は、安定感を欠いていた。

２０１０年、監督の岡田彰布にその潜在能力を見出され、４番に抜擢された22歳は33本塁打を放ち、初の本塁打王に輝いた。

しかし、翌２０１１年は16本、２０１２年は10本と漸減していく。

「ずっと４番にな、ホントはTがそないして（本塁打王の）次の年からもある程度、ようなってたらな……。やっぱり、Tがちょっと尻すぼみになったもん。なんかな、やっぱり気持ちが弱いんよ。この部分は変えられんのよ、こっちが。本人が打席で一人になった時に、どないするかやもん」

岡田が、残念そうに嘆いたのも無理はない。

２年目の２０１１年は４位、３年目の２０１２年は最下位に終わり、シーズンを全うできないまま、岡田は途中休養を余儀なくされた。チームの低迷は、主砲としての成長を見込んでいたT―岡田の不振とリンクしていると言わざるを得ないだろう。

ルーキーイヤーの２００６年、４年目の２００９年に２軍打撃コーチとしてT―岡田を指導した藤井康雄も、コンスタントに実力を出し切れない愛弟子に物足りなさを感じていた。

「僕から言わせれば、T―岡田なんですよ。もうベテランで、チームの顔として、ガンガンとチームを引っ張っていく立場の年齢ですからね。ホントに勝っているチームなら、T―岡田あたりがバリバリで、チームの中軸で、そこに吉田正尚みたいなスターが出てきて、太田（椋・２０１８年ドラフト１位）とか紅林（弘太郎・２０１９年ドラフト２位）とか、若い２人がポーンと入ってくることで、時代が回っていくんです。その継承という部分が、途切れちゃってますからね」

森脇の監督１年目となる２０１３年は４本塁打。シーズン中に左太ももを痛めるなど、わずか58試合の出場にとどまっていた。

周囲の期待は、徐々にしぼみ始めていた。

２０１４年、森脇は、T－岡田に対して、一風変わった〝要求〟を出し続けた。

「Tを取って、名前を変えるのも一つじゃないか？」

「ひげボウボウにして、キャンプに乗り込んできたらどうだ？」

嫌味でも、イジってネタにしているわけでもない。

迷いの霧の中で、行き先を見失っているかのような現状を打破すべく、森脇がT－岡田に促し続けたのは、思考や物事を見る視線の「変化」だった。

「人間の力って、すごいものなんだよ。本来できないことが、急にできるようになることはないんだけど、何か知恵を絞ったり、どこかスイッチを切り替えたりすれば、その秘められたパワーで、案外できるようになるもんだと、僕は思っているんだ。そういう考える時間を味わうことによって、そこに独自の創意工夫が加わって、引き出しっていうものが増えていくと思うんだよ」

不本意な成績に終わった２０１３年オフ、森脇はT－岡田に「体を絞ったらどうだ」と体重を減らすことを提案している。

「痩せたら、打球が飛ばなくなるような気がする」

不安を漏らしたT－岡田に「同じことを繰り返せば、野球生命にかかわるだろ」

１０４キロの体重を、98キロに落として、Ｔ―岡田は宮古島キャンプにやって来た。

心が変われば、意識が変わり、行動も変わる。

激しい優勝争いを繰り広げたその年、Ｔ―岡田は24本塁打を放ち、一塁手としてゴールデン・グラブ賞も獲得。26歳の主砲は、復活の狼煙《のろし》を上げた。

自身初出場となるクライマックスシリーズの大舞台。

そこで、眩いばかりの輝きを放つ瞬間が訪れることになる――。


２０１４年10月12日、京セラドーム大阪。

２位に終わったオリックスは、３位・日本ハムとのクライマックスシリーズ・ファーストステージで、その２戦目に挑んでいた。

初戦を落とし、負ければ後のないこの試合も、１点ビハインドで８回を迎えていた。

２死一、二塁。４番のＴ―岡田がここで打たなければチームは負けるだろう。そして、敗戦の瞬間に、シーズンの戦いも終わってしまう。

その第４打席。そこまでの３打席はすべて三振に終わっていた。

カウント３ボール。普通なら１球待つ場面だ。

T―岡田は、その直球を強振した。ファウルになったとはいえ、後のない場面で、その積極的な気持ちは、得てしていい結果を生むものだ。

続く5球目、谷元圭介（現中日）の投じた147キロストレート。

完璧に捉えた一撃は、右中間スタンドへとまっしぐらに飛んでいった。

土壇場で飛び出した逆転3ランは、京セラドーム大阪の歓声を独り占めにした。

右手を突き上げたT―岡田にまるで呼応するかのように、スタンド中のファンが総立ちになった。興奮は最高潮だ。その達成感と喜びは、打った者しか味わえない。

「これで、味をしめてくれたらいいんだよ」

森脇の思いは、この言葉にすべて盛り込まれている。

続く第3戦は台風接近の影響で、ドームでの試合でありながら、異例の「中止・順延」となった。T―岡田の3ランでついたはずの勢いが途切れたオリックスは第3戦に敗れ、ファーストステージでの敗退が決まってしまった。

とはいえ、あの逆転弾の〝衝撃度〟は「7年」という長い月日が経っても薄れない。

つい思い入れたっぷりにこう記したのは、私もあの時、京セラドーム大阪の記者席からT―岡田の一打を見届けた一人でもあるからだ。

あれは、すごかった。京セラドーム大阪で、あれだけの歓声が湧き起こったことは、オリックスの試合を長く見続けてきた中でも「ない」と断言できる。

3

時と場所が、あちらこちらへ動いてしまった。

9月30日の千葉に、話を戻そう。

打たなければ、オリックスが負ける。追う展開。塁上の走者は2人。

あの日と同じような状況と空気感の中で、T―岡田は打席に向かったのだ。

1ボールからの2球目。益田が投じたのは、宝刀のシンカーだった。

左打者のT―岡田にとっては、外角へ遠ざかりながら沈んでいく厄介な球だ。

引っ掛けてくれれば内野ゴロ。逆方向に流されても、スタンドインはないだろう。そのバッテリーの狙いが、わずかに狂った。

真ん中寄りに、すっと浮いてきた。T―岡田は、その失投を見逃さなかった。

思い切り引っ張った一撃は、千葉の夜空に鮮やかな放物線を描くと、右翼席へ飛び込んだ。15号３ラン。最後の最後に、４―３と試合をひっくり返した。

すべてがロッテに流れていた「勢い」をせき止めるどころか、そのベクトルを自分たちの方に力づくで振り向ける、まさしく起死回生の一発だった。

状況は、一変した。

一塁側ベンチにいた森脇の視線の先に、三塁ベースを回ったT―岡田の姿が目に入った。

「最後の最後の逆転３ラン。『あれ』が、あの瞬間に甦ってきたのは確かですね。『あれ』はそこに携わった人しか出てこないと思うんだけど、あの３ランの瞬間、あの時のクライマックスの３ランが、確かにパッとダブったよね」

感情が秒刻みで揺れ動く。その空間の中に身を置けるのは、頂点を狙う戦いに挑む権利を手にした、ひとつかみのプレーヤーしかいない。

７年前の体験を、単なる思い出に終わらせるわけにはいかない。

身をすり減らすような戦いの中で得た教訓を生かすことができるのは、もう一度、優勝争いという輪の中に飛び込んでいく以外にないのだ。

２０１７年、T―岡田は初の１４３試合、つまりシーズン全試合出場を果たし、31本塁打をマーク。しかし翌２０１８年は13本塁打、２０１９年には20試合出場で、わずか１本塁打。乱高下する成績が、ベテランと呼ばれる年齢と混ぜ合わせられることで、「もう、そろそろ限界だな」という、周囲のうがった見方を生んでしまうことになる。

「ああいう場面で、ここ何年も打っていなかったですから」

７年前の「味」が、T－岡田に甦った瞬間だった。

十中八九、手にしていた白星を奪い取られたT－岡田の逆転弾で、ロッテにとっては想定外ともいえる「３連戦３連敗」となってしまった。

森脇は「決して絶望的ではなかったよ」と語気を強めた。

「横並びになったというところで、一方は勢いがついて、一方は意気消沈するとか、いろいろあるかもしれないけど、それは日々、切り替えの中で戦っていくんでね。幸い、何日か後に、折り返しの３連戦が敵地である。逆にそこできっちりと戦うことで、優勝争いの主導権をどちらかが握るという格好になるんでね」

３連敗でゲーム差なしとされ、翌10月１日、試合のなかったロッテは、ソフトバンクに勝ったオリックスに首位を明け渡してしまう。

翌2日、オリックスに思いもよらぬアクシデントが襲う。主砲・吉田正尚が右手首に死球を受け、右尺骨を骨折。長期の戦線離脱を余儀なくされたのだ。

それでも、吉田離脱後の6戦をオリックスは4勝2敗で乗り切っている。

ロッテも、10月に入ってからの8試合で3勝4敗1分け。

ゲーム差が詰まったり、広がったりの一進一退。簡単に決着の日は訪れない。

「千葉で3連敗した以上は、折り返しのオリックス戦で3連勝しないと、最終的には届かないんじゃないかという風に、僕は読んでいたんだけどね。やっぱり3連敗に対しては、そこは3連勝。それが、僕の頭の中での思いだったんだ」

10月12日からのオリックスとの最後の直接対決3連戦。今度は、首位オリックスを2位のロッテが「2・5差」で追う形で迎えることになった。

3連勝なら、ひっくり返せる。ロッテは、一気に捲るつもりだったのだ。

結果から、先に記しておこう。

ロッテの2勝1分け。その「1分け」は、初戦だった。

先発の左腕・小《お》島《じま》和哉が7回まで4安打無失点の好投を見せていた。

2点をリードしていた8回も、2死一塁まで来た。球数も100球に届いていないこの場面で、迎えた打者は2番・宗佑磨だった。

左対左の対戦でもある。ここを小島が乗り切れば、9回は守護神・益田も控えている。

この勝負どころで、宗が同点の8号2ランを放った。

勝ちたい思いは、どちらも同じだ。優勝をかけた闘いの中で、打った宗はベンチで涙を流し、打たれた小島も、試合後に人目をはばからずに悔し泣きした。

森脇は、そのひりひりとした緊張感の中で戦い続けた自軍の選手たちを称えた。

その一方で、かつて指揮を執った〝古巣〟と優勝を争うという運命の巡り合わせに「一人の人間としては、ホントに良かったなと言える自分がいるよね」と小さく笑った。

「小島の完璧なまでのピッチングだったからね。それを、やや宗が上回ったというところなんだろうね。もちろん、誰がいいとか、誰が悪いとかじゃないんだ。ただ、負けはしなかったけども、2勝1分けだった。もちろん2勝1分けで、その後のゲームだって、やりようによってはもう少し勝率を上げることだってできたし、そうすれば優勝にも十分、手が届いていたと思うんだ。でも、何となく、節目節目というところで、オリックスとホントに、うまい具合に日程も組まれていたな、と思ったりもしたよね」

森脇は、２０２１年からロッテの野手チーフ兼内野守備コーチに就任した。

３年ぶりの現場復帰だった。ただ、ロッテのユニホームに身を包みながらも、自らが監督を務めたオリックスの動向は、もちろん気はなる。

２０２１年の優勝に貢献した内野手の安達了一、ストッパーの平野佳寿、中継ぎの比嘉幹貴は、あの「10・2決戦」で、森脇とともに優勝をかけて戦った選手たちだ。

ロッテとの試合前、欠かさず律儀に挨拶に来るのが、Ｔ―岡田と安達だという。

「もう冗談なんだけどね、『お前らの顔を見たら、闘争心がなくなってしまうから、あんまり来るな』って言ったんだよ。再びロッテに来て、今回こうして戦って、ましてやホントに優勝を争うというお互いの立場の中で、オリックスというチームはもちろん、個人個人を見ても、強くなったよね。安達でもＴでも、やっぱり強くなったなと。そう感じさせてくれたことを、ホントにうれしく思うよね」

敵と味方に分かれることになった２０２１年。森脇はその垣根を超えて、グラウンドで会うたびに、自ら歩み寄ってくるＴ―岡田を、つい〝激励〟したのだという。

「別に、肩で風を切って、とかそういうのじゃなくていいんだ。でも『お前は調子が良くなくても、そんなことで絶対に肩をすぼめる必要はないんだよ』って、そういう風に言った覚えがあるんだ。最後の最後に、そこまでキツイ一発を打たなくてもいいだろ、っていうのを打ったよね。あれは素晴らしい集中力だった。そんな一挙手一投足があったからこそ、最後に優勝というところにまで行ったんだと思うしね。敵ながら、ホントに、今回のオリックスの優勝は素晴らしかったと思うよ」

あの日の9回、T―岡田が打たずに、ロッテがそのまま勝っていれば？

あの日の8回、宗が凡退して、ロッテがそのまま逃げ切っていれば？

この2つの「れば」を、今季の最終成績に組み入れてみた。

オリックスは、白星が1つ減り、黒星が2つ増え、引き分けが1つ減る。

そうすると「69勝57敗17引き分け」となり、勝率は「・５４８」

ロッテは、白星が2つ増え、黒星が1つ減り、引き分けが1つ減る。

そうすると「69勝56敗18引き分け」となり、勝率は「・５５２」

後付けの結果論だと言われるかもしれない。しかし、その星勘定と、その後の戦いぶりを検証すると、あの夜のホームランの〝価値〟が、よりくっきりと浮かび上がってくる。

T―岡田の一撃が、その後の戦いの流れを大きく変えたのだ。

全日程を終えていたオリックスは〝相手待ち〟の状況で、10月27日を迎えていた。

ロッテが楽天に敗れるシーンが、京セラドーム大阪のビジョンに映し出されていた。

一塁側ベンチから、笑顔の選手たちが飛び出してきた。

仰木彬が、神戸の夜空に舞ってから９１３４日という、長い月日が経っていた。

時代は「平成」から「令和」へと移り、オリックスは「優勝から最も遠ざかっているチーム」という、ありがたくない看板を背負い続けていた。

その〝負の歴史〟にも、ピリオドが打たれた。

中嶋聡は、京セラドーム大阪の真ん中で、選手たちの手で3度、宙に舞った。

前年最下位からの優勝は、その１日前にセ・リーグを制したヤクルトに次ぎ、史上7例目の快挙でもあった。

就任1年目でオリックスを25年ぶりの優勝に導いた中嶋は、前身の阪急に在籍した経験のある選手として、ＮＰＢでプレーした「最後の選手」でもある。

阪神・淡路大震災を乗り越え、仰木の下でつかんだ95、96年のリーグ連覇と日本一を、中嶋はレギュラー格の捕手として経験している。

ＦＡで移籍した西武では、１９９９年（平成11年）４月７日、ルーキー・松坂大輔のデビュー戦でマスクをかぶり、日本ハムでは兼任コーチを務めながら、プロ野球最長タイとなる「実働29年」のキャッチャー人生を全うしている。

前身の阪急時代から数えると、中嶋は第24代の監督となる。

西本幸雄、上田利治、仰木彬。

阪急、オリックスを優勝に導いた３人の名将は、いずれも現役時代には阪急、またはオリックスでもプレーした経験がない。

中嶋聡は、球団史上初となる「阪急・オリックスでプレー経験のある優勝監督」になったのだ。

エピローグ　3つの跡地

阪急電鉄の神戸線は、大阪・梅田から神戸・三宮へと、阪神間を東西に貫いている。

その中間点にあたるのが「西宮北口」になる。

かつては、西宮北口駅横の地上で、神戸線と今津線が交差していた。電車が通るたびに線路が切り替えられる「ダイヤモンドクロス」は、鉄道マニアの垂涎の的でもあった。

阪急の本拠地・西宮球場は、かつて西宮北口駅のすぐ南側にそびえたっていた。

2004年9月に解体されたその跡地は「阪急西宮ガーデンズ」という、地上5階建ての巨大なショッピングモールに様変わりしている。

その4階に「スカイガーデン」と名付けられた広場がある。

屋外のスペースには、パラソル付の椅子や木のベンチが設置され、そこで本を読む人がいれば、飲み物を手に会話を楽しむカップルが向かい合う姿もある。

広場の真ん中では、小さな子供たちが歓声を上げて走り回っている。

のどかな昼下がりに降り注ぐ柔らかい光は、何とも心地よい。

最上階の5階、駐車場へと通じる階段が2カ所あり、その間を繋ぐような恰好で、最大400人が座れる観覧席が設置されている。

それを正面に見て、左側の階段のすぐ脇。その地面に、白いホームベースが埋め込まれたスペースがあり、その斜め上の壁には「西宮スタジアム」と記されている。

添えられた白黒の写真は、西宮球場の正面を捉えたショットだ。

かつて西宮球場の本塁があった場所。阪急ブレーブスのラストゲームで、この本塁を守ったのは高卒2年目の中嶋聡（現監督）だった

その〝小さなメモリアルスペース〟は、西宮球場の「本塁」があった地点なのだ。

阪急からオリックスへの球団譲渡が発表されたのが、1988年10月19日。

近鉄が連勝すれば優勝という、

ロッテとのダブルヘッダーを戦ったあの「10・19」。その日から４日後の10月23日、阪急ブレーブスのラストゲーム（ダブルヘッダー）が西宮球場で行われた。

２試合目先発は阪急のエース・山田久志。通算２８４勝を挙げたアンダースローのベテランは、西宮でのラストゲームのパートナーに、同じ秋田出身の19歳・中嶋聡を指名した。

そのゲームで中嶋は２号３ランを放ち、山田の完投勝利を打って守ってアシストした。当時、高卒２年目。少々強引にその事実と引っつけるのなら、２０２１年の紅林弘太郎と全く同じ立場だったといえる。

つまり、中嶋聡は、阪急ブレーブスのホームベースを〝最後に守った〟キャッチャーだったのだ。

西宮ガーデンズから伸びる連絡通路は、西宮北口駅の東改札口に連結している。

そこから再び阪急電車に乗り、梅田へ出た。

大阪メトロを乗り継ぎ、近鉄電車の始発駅・阿部野橋から、準急でおよそ15分。

藤井寺駅の南口を降りると、かつてはすぐ正面左に、近鉄の本拠地・藤井寺球場が見えた。

２００６年（平成18年）に解体され、その跡地には、四天王寺小学校、四天王寺東中学校、四天王寺東高校が建てられている。

その正門の東側。白い砂利が敷き詰められた小さなスペースに「白球の夢」と名付けられた、高さ１１０センチのブロンズ製のモニュメントが設置されている。

その台座には、小さなプレートがつけられている。

「近鉄バファローズ本拠地　藤井寺球場跡　１９２８−２００５」

それが、この地に「近鉄バファローズ」がいたことを物語る唯一のものだ。

私が、プロ野球の番記者としての第一歩を記したのは、１９９４年の近鉄だった。

阿部野橋駅から近鉄電車に乗ると、ラルフ・ブライアントによく会った。

近鉄の本拠地・藤井寺球場跡地に立つモニュメント

「ユーは、どこから？　おー、神戸？　遠いね」
気さくに話しかけてくれた。その頃から、大阪ドームがどこにできるかという話が浮上しており、その中に「天王寺公園」が候補地の一つに挙がっていた。
「ここにできないかな？　そうすると、球場に

かつての「青濤館」と伝説の「イチロー部屋」

通うのが楽になるんだ」

ブライアントは、いつまで現役をやる気なんだろう?

そう思いながら「ブライアント、天王寺にドームを造って!」という原稿を書いた覚えがある。番記者としての乏しい取材力を、お笑いください。

今度は、三宮から神戸市営地下鉄に乗り、およそ20分。総合運動公園駅で降り、左手の方向に「ほっともっとフィールド神戸」を見ながら、ライトスタンドの後方へと抜けると、静かな住宅街へ入っていく。

駅から歩くこと、およそ15分。

そこに、かつてイチローや田口壮が暮らした、神戸の「青濤館」があった。

「406号室」は「鈴木一朗」の名札がつけられたまま、伝説の「イチロー部屋」としてイチローがメジャーへ移籍した後も、そのまま残されていた。

新人の入寮時には、部屋の中までお邪魔させてもらった。持ってきたグッズや新しい家具を背景にした写真を撮り、そのエピソードやプロでの抱負を聞くのがお決まりの取材だった。

ある時、こっそりと「４０６号」の前まで行って、写真を撮ったことがある。

ここに、イチローが住んでいたのか。

扉の向こうには、誰もいない。なのに、扉の前に立っただけで、どことなく、背筋がピンと伸びるような緊張感が走った。

寮に隣接していた室内練習場は、ナイター終了後のイチローが、真夜中になっても投球マシンを相手に、打撃練習を行っていたという〝伝説の場所〟でもあった。

その青濤館も室内練習場も、ファームの機能を大阪・舞洲へと移転した後、２０２０年に解体された。

２０２２年秋頃には、地上10階建ての大型マンションが建つ予定だという。

阪急から、オリックスへ。

ブレーブスから、ブルーウェーブへ。

近鉄から、オリックスへ。

ブルーウェーブから、バファローズへ。

その「歴史のバトン」が受け継がれていった場所が、この「３つの跡地」でもある。

ここまでたどってきたオリックスの「25年」という歴史の中で、それらはすべて、記憶と思い出の中にだけ存在する〝過去の遺産〟へと、その姿を変えていた。


時は、流れていく。

だから、25年ぶりの優勝をつかみ取ったその主役たちは、阪急も、近鉄も、ブルーウェーブも、それらを〝実像〟としては知らないのだ。

何しろ、２番を打ち、サードで好守を連発した宗佑磨が生まれたのは１９９６年。仰木オリックスが巨人を破って、日本一になったその年だった。

先発ローテーションの一角を担って13勝を挙げ、優勝に貢献した左腕・宮城大弥も、近鉄が最後に優勝した２００１年に、沖縄で生まれたのだ。

Ｔ－岡田が涙を流した７年前、主砲の吉田正尚は青山学院大の３年生で、杉本裕太郎も社会人のＪＲ西日本でプロを夢見ていた無名のプレーヤーだったし、エースの山本由伸は丸刈り頭の、ひょろりとした宮崎の高校生に過ぎなかった。

だから、新たなる歴史の担い手である彼らには、今回の優勝をこう表現した方が、むしろしっくりとくるのかもしれない。

オリックス・バファローズ誕生から、17年目の初優勝――。

そして最後に、この本を「優勝」で締めくくれるという〝至上の幸運〟をもたらせてくれた「令和のV戦士たち」の奮闘に、心からの称賛と感謝を贈りたい。

オリックス年度別成績（1995～2021）

年度	ペナント結果	勝	敗	分	勝率	ゲーム差	監督	主な出来事
1995（平成7年）	優勝	82	47	1	0.636	12	仰木彬（2年目）	阪神・淡路大震災
1996（平成8年）	優勝、日本一	74	50	6	0.597	7	仰木彬	巨人を4勝1敗で下し'77年以来の日本一
1997（平成9年）	2位	71	61	3	0.538	5	仰木彬	オフに中嶋聡FA権行使で西武移籍
1998（平成10年）	3位	66	66	3	0.500	4.5	仰木彬	イチロー史上初5年連続首位打者
1999（平成11年）	3位	68	65	2	0.511	10.5	仰木彬	イチロー8月に死球で右手首骨折
2000（平成12年）	4位	64	67	4	0.489	8	仰木彬	サーパス神戸　契約金0円選手（～02年）イチローメジャーへ
2001（平成13年）	4位	70	66	4	0.515	7	仰木彬（8年目）	谷佳知NPB新記録52二塁打　田口壮メジャーへ
2002（平成14年）	最下位	50	87	3	0.365	39	石毛宏典	'63年以来39年ぶり最下位
2003（平成15年）	最下位	48	88	4	0.353	33.5	石毛～レオン	中村GM　平井正史・山崎武司トレード　開幕1カ月で石毛解任
2004（平成16年）	最下位	49	82	2	0.374	29	伊原春樹	球界再編騒動　ブルーウェーブとしてラスト
2005（平成17年）	4位	62	70	4	0.470	26	仰木彬	12月15日仰木彬氏死去
2006（平成18年）	5位	52	81	3	0.391	28.5	中村勝広	清原和博巨人から移籍　中村紀洋米から復帰
2007（平成19年）	最下位	62	77	5	0.446	17	コリンズ	タフィ・ローズ2年ぶり日本復帰
2008（平成20年）	2位	75	68	1	0.524	2.5	コリンズ～大石	5月コリンズ辞任　清原引退　サーパス終了
2009（平成21年）	最下位	56	86	2	0.394	26	大石大二郎	中村勝広本部長退任
2010（平成22年）	5位	69	71	4	0.493	7.5	岡田彰布	交流戦優勝　T-岡田本塁打王
2011（平成23年）	4位	69	68	7	0.504	20.5	岡田彰布	勝率1毛差で4位
2012（平成24年）	最下位	57	77	10	0.425	17.5	岡田～森脇	9月25日岡田休養
2013（平成25年）	5位	66	73	5	0.475	15	森脇浩司	糸井嘉男が日本ハムから移籍
2014（平成26年）	2位	80	62	2	0.563	0	森脇浩司	本社50周年　勝率2厘差でV逸
2015（平成27年）	5位	61	80	2	0.433	30	森脇～福良	6月2日森脇休養 谷佳知現役引退　キャンプ地移転
2016（平成28年）	最下位	57	83	3	0.407	30	福良淳一	田口壮2軍監督就任
2017（平成29年）	4位	63	79	1	0.444	30.5	福良淳一	2軍本拠地神戸から舞洲へ移転
2018（平成30年）	4位	65	73	5	0.471	21.5	福良淳一	オフに金子千尋・西勇輝・中島宏之移籍、小谷野栄一引退
2019（平成31年、令和元年）	最下位	61	75	7	0.449	16	西村徳文	中嶋聡2軍監督就任　6月福良GM就任
2020（令和2年）	最下位	45	68	7	0.398	27	西村～中嶋	8月20日西村監督辞任
2021（令和3年）	優勝	70	55	18	0.560	2.5	中嶋聡	交流戦優勝　山本由伸投手4冠　杉本裕太郎本塁打王

参考文献

『球界再編は終わらない』日本経済新聞社編（日本経済新聞社）
『アメリカン・ベースボール革命』ベン・リンドバーグ、トラビス・ソーチック著（化学同人）
『ビッグデータ ベースボール』トラヴィス・ソーチック著（角川書店）
『マネー・ボール』マイケル・ルイス著（早川書房）
『野球における体力トレーニングの基礎理論』中垣征一郎著（ベースボール・マガジン社）
『プロ野球ビジネスのしくみ』小林至&別冊宝島編集部編著（宝島社新書）
『プロ野球ビジネスのダイバーシティ戦略』小林至著（ＰＨＰ研究所）
『歴史に学ぶプロ野球16球団拡大構想』安西巧著（日経プレミアシリーズ）
『教えないスキル』佐伯夕利子著（小学館新書）
『微差は大差』森脇浩司著（ベースボール・マガジン社）
『頑固力』岡田彰布著（角川ＳＳＣ新書）
『オリの中の虎』岡田彰布著（ベースボール・マガジン社新書）
『動くが負け』岡田彰布著（幻冬舎新書）
『裏方力』瀬戸山隆三著（同友館）
『ＭＬＢでホームラン王になるための打撃論』根鈴雄次著（竹書房）
『野茂&イチロー』スポーツ・グラフィックナンバー編（文春文庫）
『地味を笑うな』平野佳寿著（ワニブックス）
『石毛宏典の「独立リーグ」奮闘記』石毛宏典著（アトラス出版）
『プロ野球「経営」全史』中川右介著（日本実業出版社）
『平成史』佐藤優、片山杜秀著（小学館）
『ベースボールマガジン2020年5月号別冊新緑号』（ベースボールマガジン社）
『ベースボールマガジン2020年7月号別冊薫風号』（ベースボール・マガジン社）
『ベースボールマガジン2021年8月号』（ベースボール・マガジン社）
『ベースボールマガジン2021年11月号別冊紅葉号』（ベースボール・マガジン社）
『オリックス・バファローズまるわかり！大百科』（ベースボール・マガジン社）
『プロ野球日本ドラフト全史』（ベースボール・タイムズ）
『ドラフト解剖2021』（ベースボール・タイムズ）

喜瀬雅則（きせまさのり）

1967年神戸市生まれ。スポーツライター。関西学院大学経済学部卒。'90年に産経新聞社入社。'94年からサンケイスポーツ大阪本社で野球担当として阪神、オリックス、近鉄、ダイエー、中日、アマ野球の番記者を歴任。2008年から8年間、産経新聞大阪本社運動部でプロ・アマ野球を担当。産経新聞夕刊連載「独立リーグの現状　その明暗を探る」で'11年度ミズノスポーツライター賞優秀賞を受賞。'17年7月末に産経新聞社を退社。以後は業務委託契約を結ぶ西日本新聞社を中心にプロ野球界の取材を続けている。著書に『牛を飼う球団』（小学館）、『不登校からメジャーへ』『ホークス3軍はなぜ成功したのか？』（いずれも光文社新書）、『稼ぐ！プロ野球』（PHPビジネス新書）がある。

オリックスはなぜ優勝《ゆうしょう》できたのか　苦闘《くとう》と変革《へんかく》の25年《ねん》

2021年12月30日初版1刷発行
2022年1月25日　　3刷発行

著　者 —— 喜瀬雅則
発行者 —— 田邉浩司
装　幀 —— アラン・チャン
印刷所 —— 堀内印刷
製本所 —— ナショナル製本
発行所 —— 株式会社光文社
東京都文京区音羽1-16-6（〒112-8011）
https://www.kobunsha.com/
電　話 —— 編集部03（5395）8289　書籍販売部03（5395）8116
業務部03（5395）8125
メール —— sinsyo@kobunsha.com

 ISBN 978-4-334-04582-1

光文社新書

1171
保健所の「コロナ戦記」TOKYO2020－2021
関なおみ

'20～'21年にかけ、保健所と都庁の感染症対策部門の課長としてコロナ対策の第一線で指揮を執り続けた公衆衛生医師の記録。国立国際医療研究センター・大曲貴夫氏との対談も収録。

978-4-334-04578-4

1172
火星の歩き方
臼井寛裕
野口里奈
庄司大悟

気球でまわる火星一周の旅から、標高2万m超のオリンポス登山、自然の造形美あふれる極地ツアーまで。3人の研究者による、火星の魅力がとことん詰まったガイドブックの決定版！

978-4-334-04580-7

1173
JJとその時代
女のコは雑誌に何を夢見たのか
鈴木涼美

JJに象徴される雑誌は、なぜ多くの女性の心をとらえたのか。単なるファッション情報だけではない、女性が託したもの、夢見たものとは何か。雑誌の時代への限りない愛着をこめた挽歌。

978-4-334-04583-8

1174
〈問い〉から始めるアート思考
吉井仁実

「問い」は「答え」より大きな力を持つ。生きることは「問い」の模索である――。「目に見えないものを見る」には？ アートディレクターと考える、アイデア&イノベーションの育み方。

978-4-334-04581-4

1175
オリックスはなぜ優勝できたのか
苦闘と変革の25年
喜瀬雅則

下馬評を大きく覆し、2年連続最下位からのペナント制覇は、いかに成し遂げられたのか？ 逆に、なぜかくも長き暗黒時代が続いたのか？ 元番記者が豊富な取材で綴る。

978-4-334-04582-1